ON NE PARLE PAS
LA BOUCHE PLEINE

Alain Kruger
et ses invités

ON NE PARLE PAS LA BOUCHE PLEINE

Albin Michel

À Odette,
et ses tomates farcies.

Pour Élisabeth,
nos enfants et petits-enfants,
présents et à venir.

Mise en bouche

Poulpe poêlé à l'anis en branche

Tout commence par une devinette : « Tu n'as pas une idée d'émission pour la grille d'été ? » Réponse immédiate et téméraire : « Oui, ça s'appelle *On ne parle pas la bouche pleine*, ça raconte le monde vu du ventre. » Proposition miraculeusement acceptée, j'embarque deux compagnons d'équipage : France Oberkampf, cuisinière voyageuse repartie depuis sur les routes, et Bruno Verjus, mon ami gastronome. Bruno quittera la table des studios de France Culture pour créer le restaurant Table, aujourd'hui multi-étoilé, reconnu par les épicuriens les plus avertis et encensé par les classements planétaires.

Heureusement, pour mettre en ondes les appétits de notre petite bande de néophytes radiophoniques, notre réalisatrice Marie-Ange Garrandeau rit et danse en montant nos premiers épisodes.

Cet été 2011, sans quitter la maison ronde, nous avons rêvé de gastronomie du bout du monde. Nous avons célébré la nature et ses adorateurs. Autant de rencontres avec des personnalités de la vie culturelle et agri-culturelle.

À l'occasion de la trois-centième, nous avons conversé avec la cheffe naturopathe Angèle Ferreux-Maeght et le plus fameux compositeur d'*Anagrammes renversantes*, Jacques Perry-Salkow. Quand on a parlé de *tripes*, Jacques a dit *esprit*, pour *ripailles*, il a reconnu *le plaisir* et pour *On ne parle pas la bouche pleine*, il nous a offert un délicieux *Poulpe poêlé à l'anis en branche*. Quand on regarde le monde vu du ventre, qu'est-ce qu'on y voit d'abord : la France, ce pays de cocagne aux trois cents fromages. Jacques nous a révélé que *La Gastronomie française* se renverse en une anagramme en forme de cri révolutionnaire : *Fromages ! s'écria la Nation*.

Pendant huit ans, j'ai vécu des moments merveilleux : quand l'écrivain Daniel Mendelsohn nous a raconté l'*Odyssée*, première comédie gastronomique de l'humanité ; quand la maraîchère Annie Bertin a enterré son petit couteau au pied d'un arbre devant la maison de radio afin de passer les portiques de sécurité ; quand, avec Rosalie Varda, nous avons découvert que, du « cake d'amour » de *Peau d'Âne* à la galette des *Parapluies de Cherbourg*, on ne mange que des pâtisseries dans les films de son père Jacques Demy. Mon petit scooter a transporté le vigneron Aubert de Villaine, venu questionner la valeur des choses, celle de sa Romanée-Conti et des « climats » de Bourgogne. Lors de la venue de Maryse Condé, les couloirs de la radio frissonnaient d'émotion.

J'aime entendre les intonations qui font chanter la langue française. J'éprouve une tendresse particulière pour celles de nos voisins italiens. Quel bonheur d'écouter dans notre langue le Vénitien Massimo Mori, le Napolitain Elio Bombace, le Génois Roberto Panizza, le Lucquois Michele Farnese ou le Romain Giovanni Passerini, sans oublier toutes ces voix qui nous ont fait voyager autour de la Méditerranée ou jusqu'à l'île de Pâques, avec la mélodie suave du poète chilien Luis Mizón.

Mon fils Yvannoé m'a fait découvrir la Japonaise Lei Saito, venue composer des banquets « très délicieux », et, avec Laurent Derobert, des fragments de « cuisine existentielle ». L'écrivaine Ryoko Sekiguchi a chanté l'indicatif de l'émission et débattu avec son complice François Simon du malentendu franco-japonais.

Quand Valérie Solvit, l'éditrice gourmande de la revue *Louchebem*, est entrée dans le studio accompagnée du cinéaste Claude Lanzmann, je préfère le laisser vous raconter :

> En 1934, ma mère a quitté son mari et ses trois enfants. Elle est partie sans un sou, elle a travaillé en usine, où elle sertissait des boîtes de sardines. Au bout d'un an, nous l'avons revue une fois par semaine dans sa petite chambre et elle nous servait de la viande de cheval crue, hachée, avec du sel et du poivre. C'était un délice absolu – sûrement l'amour de notre mère ?

Valérie Solvit a enchaîné sur sa passion pour la queue de bœuf :

> Joliment préparé par un bon boucher, ça ressemble à une rosace, on dirait un vitrail d'église. Mais quand on a des amis, une seule queue de bœuf ne suffit pas ; il en faut deux, trois, quatre… L'os prend beaucoup de place au milieu de la chair. Quand cette rosace sublime arrive, on la prépare comme un pot-au-feu : dans une marmite, de l'eau, du gros sel, des clous de girofle. Je n'y rajoute rien d'autre. Je la fais cuire la veille, voire l'avant-veille. Je ne dégraisse pas. Une fois qu'elle est cuite, recuite et reposée, je prépare des pommes de terre avec la peau, je les coupe en rondelles. Et on peut manger ce plat chaud, tiède ou froid. Avec du persil plat, des oignons en rondelles défaites et de la moutarde de Dijon.

Il y avait comme une chaîne de l'amitié entre les invités qui se recommandaient les uns les autres. Lors d'un reportage en Cévennes, la réalisatrice Delphine Lemer a enregistré le poète et apiculteur Yves Élie à Pont-de-Montvert, où se sont croisés la vigneronne Dominique Hauvette, son confrère Éric Pfifferling et le paysan boulanger Henri de Pazzis.

Lors d'un salon du livre, les agronomes Lydia et Claude Bourguignon ont entonné « Vive le pinard », chanson des poilus de la Grande Guerre, reprise en chœur par l'assistance et les invités du plateau voisin. Mais les Bourguignon ont surtout rappelé que l'on est ce que l'on mange (et, en creux, ce qu'on refuse de manger), il faut un œil pour regarder la nature, un cœur qui sache la ressentir et la volonté de la suivre plutôt que de s'évertuer inutilement à vouloir la dompter.

Nous sommes allés avec Anne Perez Franchini dans la cuisine de Guy Savoy, à l'hôtel de la Monnaie, pour un projet de série *Dans la cuisine de…* Le chef dont la devise est « La cuisine est l'art de transformer instantanément en joie des produits chargés d'histoire » nous a accueillis pour un concert harmonieux de pianos, batterie de cuisine, fouets et mandolines, avec des notes salées et sucrées. Je n'oublie pas son soutien quand l'émission s'est arrêtée, ni celui d'Antoine Compagnon.

Alors comment choisir parmi près de cinq cents émissions ? Dans cette première livraison de notre petite encyclopédie culturelle de la gourmandise, avec Hélène Monsacré, mon éditrice, nous avons procédé par associations d'idées et de sujets. Sur la page suivante, vous pourrez en découvrir le menu.

Alain Kruger

PS : L'indicatif de l'émission reprend le ballet branquignol du film *Le Grand Restaurant* (1966), dont l'anagramme est *Gars d'un rare talent*, ce qui caractérise parfaitement l'acteur au tempo intemporel : *Louis de Funès*, que Jacques a renversé en *Liesse d'un fou*. Ce ballet a inspiré Solange Gautier pour la couverture et les illustrations du livre.

Tous les épisodes sont disponibles en podcast sur le site de France Culture.

Le Menu

Tables et tréteaux, Grand Siècle et Ancien Régime

Cuisiniers artistes et passeurs de légendes, beauté du geste et intelligence de la main

Nourritures terrestres et spirituelles, l'agriculture, les cultes, les cultures

Fables et autres choses
qui semblent plus vraies que raisonnables

Qui mange qui chez La Fontaine ?

Patrick Dandrey

Je cherche des écrivains pour qui se mettre à table est une fête.

Michel Déon, *La Cour des grands*, 1996.

Patrick Dandrey, professeur émérite à la Sorbonne, président des Amis de Jean de La Fontaine, célébré par Fabrice Luchini, a publié une demi-douzaine d'essais sur l'auteur des fables, dont La Fontaine expliqué aux adultes *(Hermann, 2022), et presque une centaine d'articles consacrés au poète qui cherchait à ajouter aux fables attribuées à Ésope « de la nouveauté et de la gaieté ».*

Patrick Dandrey nous propose un menu découverte de ces Fables choisies mises en vers par M. de La Fontaine, *titre original du premier recueil d'apologues publié au mitan de sa vie, en 1668. Sous le regard gourmand de Maître Gaster, avec Patrick Dandrey passionné de la culture du XVII*e *siècle français, nous pourrions débuter notre dégustation par « Chantez, chantez, petits oiseaux, jusqu'à la saison nouvelle », un air de cour de Michel Lambert (1610-1696), un contemporain de La Fontaine (1621-1695).*

Lambert et La Fontaine

C'est une belle idée de commencer par un air de Michel Lambert. Compositeur et interprète, Michel Lambert, beau-père de Lully, ne s'est pas illustré dans les grands spectacles, comme l'opéra à la française qu'allait créer son gendre : lui brillait plutôt dans l'air de cour, petite forme vocale avec accompagnement instrumental restreint – un peu comme la fable, forme courte et modeste, par rapport aux tragédies et aux poèmes lyriques de grand format. Bref, Lambert et La Fontaine font tellement bien la paire que le premier se trouve être le seul musicien (et chanteur) de son temps que le second ait évoqué dans une de ses fables : *Le Lion, le Singe et les deux Ânes*. L'un des deux Ânes, pour vanter la belle voix de son compagnon qu'il trouve infiniment mélodieuse (!), n'a pas de comparaison plus élogieuse que : « Vous surpassez Lambert. » C'est dire que, à l'époque, Lambert était considéré comme le modèle absolu du beau chant. Quelques années plus tôt, dans *Le Songe de Vaux* composé à la gloire de son protecteur Nicolas Fouquet, propriétaire du domaine de Vaux-le-Vicomte, La Fontaine avait mis en scène un duel de fantaisie entre un cygne mourant et le même Lambert. Et tant pis pour la réputation légendaire du chant des cygnes à l'agonie : c'est encore Lambert, s'accompagnant au théorbe, qui gagnait le tournoi.

Cela dit, le chant du cygne aura sa revanche dans une fable plus tardive : *Le Cygne et le Cuisinier*. Un Cuisinier « ayant trop bu d'un coup » y prend un Cygne pour un « Oison [qu'il veut] mettre au potage ». Le couteau sous la gorge, le Cygne « se plaint en son ramage ». Et son chant alerte le cuisinier ivre :

« Quoi ! je mettrais, dit-il, un tel chanteur en soupe ?
Non, non, ne plaise aux dieux que jamais ma main coupe
    La gorge à qui s'en sert si bien. »

Ainsi, dans les dangers qui nous suivent en croupe,
    Le doux parler ne nuit de rien.

On me permettra d'ajouter à cet éloge de la voix des poètes celui de l'oreille des cuisiniers…

Qui mange qui ? Le festin universel des fables

On mange beaucoup dans les fables ; et même, pour le dire ainsi, qu'on s'y « entre-mange » à satiété. Chaque animal y mange ou y est mangé ! C'est un cycle infernal, un cercle peut-être pas vicieux, mais implacable, une hécatombe en forme de ronde : tout mangeur court un jour le risque d'être mangé, et même l'homme, prédateur le plus redoutable, d'être dévoré par le Lion ou le Loup ! Voyez par exemple la fable *Le Loup et le Chasseur* : un Chasseur, qui a tué un Daim et ajouté à son carnage un Faon, veut s'offrir par-dessus le marché un Sanglier. Il l'abat d'une flèche et, non content de ce tableau, voyant « le long d'un sillon une Perdrix marcher », la met en joue. Mais le Sanglier qui n'était que blessé revient à la charge, tue son meurtrier et vient mourir sur son cadavre. Un Loup qui passe par là trouve ce gibier tout prêt et se prévoit quatre semaines de bombance, une par cadavre, car ce Loup-là mange aussi de l'homme. Mais, par avarice, notre Loup entend ne rien perdre et commencer son festin par la corde de l'arc :

> « La corde de cet arc : il faut que l'on l'ait faite
> De vrai boyau ; l'odeur me le témoigne assez. »
> En disant ces mots, il se jette
> Sur l'arc qui se détend, et fait de la sagette
> Un nouveau mort : mon loup a les boyaux percés.

Comptons bien : cinq morts en chaîne, n'en réchappe que la Perdrix, qui doit en rire encore. La voracité a étouffé l'appétit. C'est le moment de se rappeler une sentence d'Ésope, le père des fables : La langue, disait-il, peut être la meilleure ou la pire des choses. En effet : la langue qui a su conter avec tant de brio cette hécatombe burlesque est aussi la cause matérielle de cette voracité insatiable.

Peut-être est-ce la morale cachée de cette fable, derrière la morale ostensible qui blâme la « fureur d'accumuler » : que la langue si subtile de La Fontaine, mise au service de son goût et de notre appétit de poésie, tente comme elle peut de rattraper, de racheter, de rédimer la prédation universelle, la voracité sans mesure et le carnage permanent qu'exige la vie – laquelle a un fameux coup de langue. Un festin de paroles contre une gloutonnerie de brutes, en somme !

Dégustation de la parole

Voyez, dans la fable célèbre entre toutes du *Corbeau et le Renard*, ce que fait le Renard, si subtil et moqueur, quand il s'est « saisi » du fromage qu'il a su tirer du bec du Corbeau par ses habiles flatteries. Le mange-t-il ? Pas tout de suite : « Le Renard s'en saisit et *dit...* » Il dit, il parle, il moralise à la place du fabuliste, il enseigne au Corbeau que « tout flatteur/Vit aux dépens de celui qui l'écoute »... Comme s'il fallait différer la nutrition au profit de la leçon (qui « vaut bien un fromage sans doute »), pour éviter de parler la bouche pleine ! Comme s'il fallait satisfaire le goût de la belle parole et l'appétit de la profitable leçon avant de satisfaire le plaisir plus concret de manger : manière de substituer la dégustation à la dévoration. Or, dans *dégustation*, prenons-y garde, il y a *goût*, terme commun aux plaisirs de l'oreille et de l'estomac.

Fables entre nature et culture

Allons plus loin : *Le Corbeau et le Renard*, seconde fable du recueil, suit, comme on sait, *La Cigale et la Fourmi*, fable liminaire. Or, dans celle-là aussi, il n'est question que de manger, que d'appétit (frustré) et de réserves qu'on ne partage pas. Ici, au lieu de fromage, on mendie un « petit morceau de mouche ou de vermisseau » ou quelque « grain » amassé en prévision de l'hiver. C'est toute la différence entre la nourriture immédiate, sans apprêt, telle que la donne la nature, et la nourriture élaborée, le fromage, produit de la culture humaine.

On pourrait même dire à ce propos que les fables, toutes les fables, oscillent entre ces deux pôles, entre la nature et la culture. Elles vont de l'un à l'autre, campent à mi-distance entre les légumes du marché et le bouillon qu'on compose avec eux, entre le cru et le cuit : c'est le monde de la table tout entier présenté, des mets bruts à leur élaboration culinaire. Or ce doublet, on peut l'étendre aussi depuis la langue qui mâche jusqu'à la langue qui parle. D'un côté, la langue poétique de La Fontaine joue à imiter la simplicité de la nature, du mets brut : elle affecte la naïveté et vise le naturel, elle prétend s'adresser, sans apprêts, sans façons, directement et spontanément, aux enfants. Mais en même temps, nous le savons bien, nous qui sommes, avouons-le, un peu plus âgés que des enfants, il n'y a rien de plus cultivé, de plus sophistiqué même, que cet art de paraître naturel, de feindre la spontanéité des bambins.

Le secret de la cuisine poétique de La Fontaine, le voilà : c'est d'imiter la spontanéité de la nature par un art infiniment cultivé, c'est de transformer la prédation et la dévoration immédiates et sauvages en une gastronomie profondément élaborée et cultivée, tout en conservant leur saveur naturelle aux mets apprêtés. La fable de La Fontaine, c'est au fond un modèle réduit de gastronomie, un banquet raffiné, savamment composé, apparemment sans façons, à partir des simples légumes du potager et de la viande des animaux sauvages ou domestiques, mais plein des saveurs cultivées de la sagesse, lentement mitonnée et assaisonnée des épices de l'ironie…

La Fontaine en diction ancienne « restituée »

Prenons occasion de la mention du *Corbeau et le Renard*, justement, pour évoquer la tentative passionnante de restitution de la diction ancienne, celle du XVIIe siècle, par le comédien et cinéaste Eugène Green, cet Américain tombé amoureux de la langue française. Certes, le modèle sur lequel Green tente de calquer son phrasé et sa prononciation est inspiré des manuels oratoires, des ouvrages destinés à l'éloquence de la chaire ou du prétoire. On pourra donc considérer qu'il est moins directement applicable aux fables que, par exemple, à la tragédie : les fables n'étaient pas destinées à être proférées en scène, au contraire du théâtre.

Mais justement, la manière très élaborée, attentive, méditée, dont Eugène Green prononce chaque vers, chaque mot, chaque syllabe, son souci de les ciseler, un peu comme dans l'interprétation d'une partition de musique classique ou de chant lyrique, offrent l'avantage d'accuser la différence de nature entre les deux voix que fait entendre *Le Corbeau et le Renard*, comme d'ailleurs la majorité des fables : au style narratif du récit le fabuliste aime ajouter et opposer le discours au style direct d'un ou de plusieurs personnages – en l'occurrence, la « leçon » du Renard. Pour dire ce petit discours, ce fragment de harangue, Eugène Green prend un ton d'orateur, il enfle sa voix, cisèle chaque mot, le roule en bouche, le déguste, en fait monter la saveur. C'est un plaisir de gastronome. Dans cette sophistication, on ressent comme un plaisir de mâcher les mots pour les savourer. Le discours direct, c'est un peu comme un fruit frais ou un légume cru qu'on croque avec lenteur, avec attention, au lieu de l'avaler. J'aime qu'on articule bien, patiemment, presque laborieusement le vers de La Fontaine, parce qu'articuler, c'est manger le langage en le savourant, c'est en extirper le goût, les arômes, le sucre. Oui, on ressent ici un plaisir de ce genre, un plaisir de déguster.

Mais, en même temps, cette diction venue de si loin, cette insistance sur les consonnes doubles, cette prononciation bien mâchée des syllabes finales (« Mon bon Monsieu*rrr* »), qu'aujourd'hui nous escamotons, donnent à ces vers un effet d'étrangeté, presque d'exotisme. Cette nourriture, que l'on croyait très ordinaire, quotidienne, mille fois savourée, Eugène Green la relève par la façon dont il la remâche.

Relever le goût par quelques traits nouveaux

Cela me rappelle ce que La Fontaine écrivait lui-même dans la préface de son recueil de fables: «J'ai [...] considéré que, ces fables étant sues de tout le monde [il s'agissait en effet de fables d'origine antique, connues de tous], je ne ferais rien si je ne les rendais nouvelles par quelques traits qui en relevassent le goût.» Relever le goût par quelques traits nouveaux – l'expression est presque culinaire: ces «traits», ce sont des allusions, des jeux verbaux, des images nouvelles, des effets de changement de registre, qui jouent le rôle d'épices redonnant du goût à des mets affadis par l'usage. Et il y a effectivement, dans la manière dont La Fontaine ressert les récits ésopiques, dont il remet au four ces récits hérités, un art supérieur de les revivifier en les salant, en les épiçant, en les assaisonnant. Et ces dosages-là sont, on le sait bien, un des secrets de la cuisine parfaite.

À ce propos, on me pose souvent la question de savoir si le poète était bien conscient de tous les effets que nous analysons dans ses vers, de cet art de gastronome que nous lui prêtons. Et, à dire vrai, je ne suis pas certain que La Fontaine élaborât tout cela dans la sueur et la peine, en tirant la langue, en remâchant sa plume et son écriture. Il travaillait certes terme à terme ses vers, il remettait l'ouvrage sur le métier – ou sur le plan de travail de sa cuisine: on le sait par quelques brouillons conservés, quelques lettres à son ami le poète François de Maucroix, qui avouent ses hésitations, ses reprises, ses ajustements. Mais je crois qu'il faut faire aussi dans son travail la part belle à l'intuition immédiate, à la trouvaille spontanée, à l'inspiration naturelle. C'est la jetée du sel dans le plat par un grand chef: il ne compte pas les grains, mais il n'y en a jamais un de trop ni de trop peu. Et pour la composition des vers, dirai-je, c'est un peu la même chose.

Je vais vous donner une preuve amusante et curieuse de ce naturel dans et malgré le labeur acharné du poète, de cette spontanéité paradoxale qui pouvait aller jusqu'à la désinvolture. Savez-vous que La Fontaine est, à ma connaissance, le seul poète français « régulier » (je ne parle pas des Modernes) à avoir oublié un jour de faire rimer un vers avec un autre ? Les vers français, parce qu'ils riment, vont naturellement par deux, au moins par deux. Or dans sa fable *La Cour du Lion*, le bonhomme a tout simplement oublié une rime, laissé un vers orphelin. Le voici, dans son jus :

Sa grimace déplut. Le monarque *irrité*
L'envoya chez Pluton faire le *dégoûté.*
Le Singe approuva fort cette *sévérité*,
Et, flatteur excessif, il loua la *colère*
Et la griffe du prince, et l'antre, et cette *odeur* :
Il n'était ambre, il n'était *fleur*,
Qui ne fût ail au prix. Sa sotte *flatterie*
Eut un mauvais succès, et fut encor *punie.*

Trois rimes en *–té (irrité, dégoûté, sévérité)*, deux rimes en *–eur (odeur, fleur)*, deux, pas très riches, en *–ie (flatterie, punie)*. Mais une *colère* qui reste sans rime. Erreur volontaire ou étourderie négligée de réédition en réédition, jamais corrigée ? On me permettra, en tout cas, de trouver magnifique cette bizarrerie : parce qu'il y a là une désinvolture de grand apprêteur de mets, de celui qui sait que le goût supérieur ne s'embarrasse pas de règles, qui osera mélanger le salé et le sucré, le doux, l'aigre et l'acide, qui osera des choses qui ne se font pas ! On sent à cet endroit, chez La Fontaine, comme un goût, volontaire ou non, de surprendre par son naturel, sa désinvolture, son audace. Et une chose que j'affectionne justement dans la diction des fables par Eugène Green, c'est qu'on n'a jamais entendu une fable dite comme cela : il sait rendre encore surprenante la plus ressassée d'entre elles. Or la surprise ne fait-elle pas partie du plaisir de la table, du goût et de la dégustation ?

L'appétit glouton des acteurs de la fable

Certes, à compter le nombre d'animaux qui tombent sous la dent d'un autre et, pour finir, de l'homme (ou l'inverse, voir le Lion dans *Les Animaux malades de la peste*, grand dévoreur de moutons et éventuellement du berger qui va avec), on se dit que le combat pourrait cesser faute de combattants ! C'est que, de manière symbolique, cette immense chaîne de dévoration dépeint à sa manière la loi de la jungle qui gouverne la vie sur terre, où le plus faible est dévoré par le plus fort, qui à son tour nourrit un plus puissant.

Et si la fable peut mieux que n'importe quel autre genre littéraire exprimer cela, c'est que, en donnant la parole, donc la pensée, à tout ce qui existe, les hommes, les animaux, bien sûr, mais les végétaux aussi, et même les choses, une montagne (qui accouche d'une souris !) ou un pot (de terre ou de fer), on souligne cette évidence : tout ce qui est, tout ce qui vit ou qui existe est appelé à disparaître sous l'effet d'un autre être, animé ou inanimé.

Les physiciens parlent d'entropie, et la fable, parce qu'elle est principalement humaine et animalière, d'appétit. C'est-à-dire que, à sa façon, l'univers des fables, l'univers de la dévoration universelle, de la dévoration effective ou par image, de la dévoration par le meurtre, les désirs, les passions, la peine et la fatigue, la vieillesse ou la maladie, cet univers réduit, ce « microcosme », constitue une miniature du grand, du « macrocosme », dont il déduit les lois sans pitié qui le régissent. La Fontaine, qui ne veut pas utiliser de si grands mots venus du grec, traduit « microcosme » par « petit monde » : oui, les fables sont un petit monde de la dévoration universelle, qui donne la clef du grand.

Elles offrent ainsi à leur lecteur toutes les délectations de la miniature. Dix ans après les premières, celles de 1668, les plus connues, inspirées d'Ésope, La Fontaine en publiera un second recueil en partie tiré de modèles orientaux, notamment d'un fabuliste (un peu légendaire lui aussi) nommé Bidpaï, qu'on appelait au XVIIe siècle

Pilpay. Plus délicatement et finement ciselées, ces fables d'inspiration nouvelle complètent l'univers dessiné par les premières, en y ajoutant un goût nouveau, des saveurs un peu différentes. En s'emparant de ces sujets nouveaux qui étendent les frontières de son univers, de son microcosme et de son tableau de la dévoration universelle, le poète répond au besoin ressenti par lui de changer la saveur des assaisonnements dont il avait « relevé le goût » (c'est son expression littérale) des précédentes. Les « traits familiers », les effets de connivence souriante et de naïveté joyeuse dont il avait relevé celles de 1668 ne convenaient plus à l'apprêt de ces mets nouveaux : « Il a donc fallu, écrit-il dans l'Avertissement du recueil de 1678, que j'aie cherché de nouveaux enrichissements, et étendu davantage les circonstances de ces récits, qui d'ailleurs me semblaient le demander de la sorte. »

Autrement dit, La Fontaine a haussé la dégustation en festin. En renouvelant les mets, il a changé leur apprêt, multiplié les plats et les accommodements, mis le « Grand Couvert », ajouté sur l'humble table des premières fables les saveurs de l'Orient. Si bien que, dans le recueil définitif des quelque deux cent quarante fables qu'il publiera à l'extrême fin de sa vie, en 1694, on trouve de quoi faire un repas global, un repas total, un festin de roi.

Un festin de paroles

Ce festin global, je le propose à votre appétit, je vous propose de le composer avec moi. Pour commencer et se mettre en appétit, prenons un potage, un tout simple potage, un « brouet » rustique, celui du *Satyre et le Passant* :

Ils n'avaient tapis ni housse,
Mais tous fort bon appétit.

C'est une juste ouverture, de commencer par l'appétit. Ensuite, passons aux huîtres, celle du *Rat et l'Huître* : « Blanche, grasse, et d'un goût à la voir, nonpareil. » C'est un joli trait de style, cette vue qui déguste, ce goût « à la *voir*, nonpareil » : on mange aussi avec les yeux.

Des huîtres, venons-en aux poissons. Foison de poissons dans les *Fables* : de quoi faire une matelote, ne manquent pas même les viviers ! Dans *Les Poissons et le Cormoran*, l'oiseau, qui vit de poissons, voit venir avec inquiétude la vieillesse :

Sa cuisine allait bien ; mais lorsque le long âge
Eut glacé le pauvre animal,
La même cuisine alla mal.

Il se constitue donc un vivier en usant d'un trou d'eau « que Nature creusa de ses mains » sous un rocher : il y dépose des poissons qui lui serviront de repas, « un jour l'un, un jour l'autre ». C'est la philosophie résignée de la dévoration universelle :

Ils y perdirent peu, puisque l'humaine engeance
En aurait aussi bien croqué sa bonne part ;
Qu'importe qui vous mange ? homme ou loup ; toute panse
Me paraît une à cet égard ;
Un jour plus tôt, un jour plus tard,
Ce n'est pas grande différence.

Revenons à nos gloutons. Pour détailler le contenu du vivier, on peut se référer à la fable *Le Héron* : on y trouve la Carpe, le Brochet, la Tanche et le Goujon, bel assortiment de poissons de rivière. Et, pour les accompagner, voici « l'oseille et la laitue » du *Jardinier et son Seigneur*. À propos de vivier, me revient, dans *Les Poissons et le Berger qui joue de la flûte* : « Un vivier vous attend, plus clair que le cristal. » Je vous le disais, le petit monde de La Fontaine est universel : il vous parle d'un Berger, rien de plus terrestre et terrien ; mais il le place au bord d'une « onde arrosant les prairies », élément aquatique ; il peint ce vivier « plus clair que le cristal », hémistiche aux sonorités délicatement cristallines, si claires qu'on croirait voir la lumière le traverser ; et pour y « attirer des Poissons », ce Berger peu futé compte sur un air de sa flûte. L'eau, la terre, le feu et l'air, les quatre éléments discrètement réunis, quoique à peine suggérés : c'est du grand art…

Quittons le Berger qui n'a pu remplir son vivier avec le seul secours de sa flûte pour aller au poulailler. Par exemple, celui de la fable *Le Fermier, le Chien et le Renard* : « Poules, poulets, chapons, tout dormait. » Choisissons parmi eux « Un citoyen du Mans, chapon de son métier », que dans la fable *Le Faucon et le Chapon* un « beau cuisinier, armé d'un grand couteau » poursuit pour le mettre à la broche… Nous voici donc au cœur de la basse-cour, quelque part en province bien française, sans orientalisme aucun : le fabuliste qualifie le Chapon tour à tour de « notre Manceau » et de « Normand et demi », périphrases dont la saveur annonce celle de la chair rôtie de l'oiseau qui

> Devait le lendemain être d'un grand soupé
> Fort à l'aise, en un plat, honneur dont la volaille
> Se serait passée aisément.

Veut-on du Chapon passer à un Lapin ? Voici ceux que le fabuliste embusqué « foudroie à discrétion », dans le *Discours à M. le duc de La Rochefoucauld*, tandis que « L'œil éveillé, l'oreille au guet,/ [Ils] s'égayaient et de thym parfumaient leur banquet. » Des lapins gastronomes, qui relèvent de thym leur salade… Car il y a aussi, chez La Fontaine, un art de rehausser les saveurs par les parfums, un art de joindre le nez à la bouche, de mêler savamment ou négligemment l'oseille, le serpolet, la laitue et toutes les herbes du jardin…

Finissons le repas avant l'indigestion. On le terminera peut-être par un fromage de Hollande, celui dans lequel *Le Rat qui s'est retiré du monde* devient « gros et gras », trouvant « au fond de l'ermitage/

Le vivre et le couvert.» Et, pour le fruit, la vigne du *Renard et les Raisins*, ou carrément le verger entier du *Philosophe scythe*...

La vigne nous mène droit à la boisson. On boit, en effet, à la table des fables, et parfois plus que de raison. Passons sur *Les Deux Chiens et l'Âne mort*, qui veulent boire une rivière tout entière. Ce n'est pas d'eau le plus souvent qu'on s'emplit outre mesure dans *Les Fables*: voyez plutôt *L'Ivrogne et sa Femme*. Mais, si l'on reste gourmet sans devenir trop gourmand, on aimerait bien savoir de quels vins se désaltèrent les personnages mis à table par celui qui s'est un jour défini comme «un enfant de Champagne»: au cours du banquet que met en scène la fable *Simonide préservé par les dieux*, quand le toit de la maison s'effondre, voici que les poutres tombent sur le festin et «brisent plats et flacons», nous dit sans plus précision le fabuliste... Mystérieux flacons! C'est que la fable est chose légère, sans rien en elle qui pèse ou qui pose: quelques détails, jamais de précisions trop appuyées.

En voici un peu davantage, tout de même, dans *Testament expliqué par Ésope*: un père meurt, laissant trois filles, dont une est grande buveuse. Le lot que les Avocats consultés pour le partage de l'héritage lui attribuent est décrit en une demi-douzaine de vers que voici:

> En l'un les maisons de bouteilles,
> Les buffets dressés sous la treille,
> La vaisselle d'argent, les cuvettes, les brocs,
> Les magasins de malvoisie,
> Les esclaves de bouche, et, pour dire en deux mots,
> L'attirail de la goinfrerie.

La gastronomie a peut-être évolué en goinfrerie, *Le Festin de Babette* en *Grande Bouffe*, mais les délicatesses de mœurs et de saveurs n'ont pas déserté tout à fait: quelle jolie formule avait imaginée le Grand Siècle, celle de «maisons de bouteilles», pour désigner ce que les Italiens nommaient alors des *villas*, ces demeures de campagne où l'on allait se délasser, boire et manger en paix, offrir fêtes et festins à des amis choisis ! C'était l'aurore de la civilisation des résidences secondaires...

Si l'on écoute *Le Petit Poisson et le Pêcheur* interprété par Louis de Funès, c'est la prière du premier, écologiste avant l'heure plaidant pour être rejeté à la rivière, parce que sa taille encore menue, laisse insensible l'appétit du pêcheur :

> Vous irez dans la poêle ; et vous avez beau dire,
> Dès ce soir on vous fera frire.
>
> Un tien vaut, ce dit-on, mieux que deux tu l'auras :
> L'un est sûr, l'autre ne l'est pas.

Dans une tout autre manière qu'Eugène Green, Louis de Funès me semble avoir parfaitement fait ressortir le contrepoint, dans cette fable, entre son caractère allègre, joyeux, primesautier et ce qui se cache derrière, qu'on ne verrait peut-être pas de prime abord : une forme d'angoisse, une peur de manquer que connaissent toutes les civilisations agraires, précaires, soumises aux caprices du temps, de la terre et du ciel. L'époque de La Fontaine connaît bien cela : elle correspond au pic majeur du Petit Âge Glaciaire européen (1350-1850), avec ses famines, ses terribles hivers, la misère et le dénuement dans les campagnes. Un bon « tien » plutôt que deux « tu l'auras », c'est la devise de ces temps rudes et implacables : cette fable l'exprime par le principe qu'il faut tout de suite consommer ce que l'on tient, sans laisser au temps la possibilité de nous en frustrer.

Il me semble donc que, en transparence de la dévoration dans les fables, de l'image réitérée de la prédation et de la consommation, se devine une angoisse des temps anciens, une angoisse immémoriale, et réactualisée : celle de la famine. Évidemment, de nos jours, quand on pêche un poisson trop petit, on le remet dans l'eau, et c'est très bien. Mais, en ce temps-là, il était prudent et sage de s'en nourrir le jour même, faute de savoir de quoi serait fait le lendemain.

Les affamés des fables

Il y a beaucoup d'affamés dans les fables de La Fontaine. Pensons, par exemple, à ce Renard « pressé par une faim canine », dans *Le Loup et le Renard*, qui, sottement, croit voir un fromage au fond d'un puits, parce que la lune s'y reflète : il y saute et doit attendre que quelqu'un vienne l'en sortir... Qui survient ? Un Loup qui, lui, a « le gosier altéré ». On connaît la suite, tirée du *Roman de Renart*. Résumons : l'un a faim, l'autre a soif, et leur besoin les prend successivement au même piège. Conclusion :

Ne nous en moquons point : nous nous laissons séduire
Sur aussi peu de fondement ;
Et chacun croit fort aisément
Ce qu'il craint, et ce qu'il désire.

Quelle crainte, quel désir sont plus élémentaires que ceux de la pitance ? Dans *Le Loup et le Chien*, c'est avec un Chien, un dogue « gras » et « plein d'embonpoint », qu'un Loup qui « n'avait que la peau et les os » croit pouvoir faire affaire et obtenir en entrant en domesticité chez le maître du dogue

Force reliefs de toutes les façons,
Os de poulets, os de pigeons ;
Sans parler de mainte caresse.
Le Loup déjà se forge une félicité
Qui le fait pleurer de tendresse.

La vue du cou du Chien, pelé par le collier qui l'attache, lui fera y renoncer : la liberté se paie au prix de la faim, sinon de la famine.

Car bien des animaux des fables sont des êtres faméliques. Quelque morale qu'on leur prêche, qu'on nous prêche, « Ventre affamé n'a point d'oreilles » : le Milan croquera le Rossignol en dépit de sa belle voix. C'est cette hantise de la faim qui fait la toile de fond du *Petit Poisson et le Pêcheur* : le Poisson a beau être petit, il vaut toujours mieux que (le risque de) rien. On reconnaît ici une forme d'anxiété ancestrale et viscérale, qui se rattache au passé le plus lointain de l'humanité, une anxiété et une nécessité dont la compensation trouve son expression dans la prédation universelle, je dirais même dans le carnage. Peut-être le raffinement cultivé des fables, la mélodie des vers, le charme des images et la vivacité complice de la narration s'exercent-ils à rattraper ce que ce carnage pourrait avoir de trop atroce. Une façon, en somme, de compenser la noirceur de la mort qui rôde, puisque nous vivons de la mort, nous, les humains, qui nous nourrissons d'êtres vivants ou de plantes vives, les uns que nous tuons, les autres que nous arrachons et broyons. En ce sens, on pourrait dire que la gastronomie, comme la poésie, constitue une façon de racheter cette fatalité, de transformer en bien et en beau ce qui, au fond et en soi, est un mal.

La gastronomie poétique des fables

Car nous mangeons, pour tout dire, des cadavres. Il faut donc bien que la poésie vienne fleurir leurs tombes. Et ces fleurs de poésie, ce charme, on peut les trouver dans la gastronomie, entendue comme une barbarie cultivée, un art d'apprêter les chairs d'animaux dépecés ou les fibres de végétaux taillés, découpés ou déterrés, un art d'agrémenter de délices une destinée qui est presque toujours de malfaisance et de mort. Ils ne sont guère sympathiques, en ce sens-là, les acteurs de la fable, en particulier les animaux humanisés qui nous ressemblent : on ne peut le dire qu'à mi-voix, mais enfin, tout de même, à se contempler à travers eux, on éprouve l'impression que la vie humaine n'est pas toujours très belle. Alors, pour la sauver, le fabuliste reprend une image ancienne, antique même : celle du banquet.

Dans *La Mort et le Mourant*, après que la Mort a fustigé un agonisant qui découvre trop tard qu'il est l'heure de passer de vie à trépas, l'algarade se conclut par ces termes :

La Mort avait raison : je voudrais qu'à cet âge
On sortît de la vie ainsi que d'un banquet.

Comme elle est ambiguë, cette image du banquet ! Banquet plein de délectations, évidemment, mais pas toujours, ni pour tous. Ainsi dans *La Mort et le Bûcheron*, le pauvre paysan, accablé de tant de maux, notamment de famine, en arrive à appeler la Mort de ses vœux, même s'il se reprend *in extremis*. S'il l'a étourdiment sollicitée, « C'est, dit-il, afin de m'aider/À recharger ce bois [...] ». Banquet peut-être, mais quand la vie se fait si amère qu'on en souhaite la fin, la digestion est difficile.

À lire cela, on se dit que les fables de La Fontaine sont tendues entre une lucidité bien amère et une capacité de songe heureusement compensateur. J'ai qualifié cette tension, dans un livre ancien (*La Fabrique des Fables*, Klincksieck, 1991), de « songe vigilant » : les fables ne sont-elles pas comme un rêve qui porte en lui la lucidité de son réveil ? C'est ce que figure l'alternance entre le récit, tissé d'imagination, et la moralité, tissée de résignation : le récit met les dures réalités qu'il raconte à distance d'imagination, de fantaisie et de fantastique – songe ou cauchemar –, avec ses animaux doués de la parole et ses humains dialoguant avec eux ; la moralité, elle, nous ramène à la réalité.

Or, au fond, dans un certain sens, la gastronomie ne fait-elle pas de même ? Ce que la nature nous donne dans sa brutalité, légumes arrachés, fruits pelés, viandes sanguinolentes bouillies, rôties ou grillées, la cuisine y apporte une admirable et délectable élaboration. De même la fable de La Fontaine, qui parvient à être à la fois naturelle et élaborée : son naturel procède de la synthèse entre la nature brute et son élaboration, entre la spontanéité et la sophistication. Tout comme un plat parfait semble avoir été donné tel quel par la nature, sans apprêts, sans effets, on éprouve parfois l'impression que le vers de La Fontaine coule tout seul, de source, qu'un rien d'effort aura suffi au poète pour tirer tous leurs sucs de ces saynètes anciennes en les rajeunissant – comme un bon plat d'autrefois revisité discrètement par un chef qui en fait jaillir sans peine ni travail toutes les saveurs du monde. Mais, en réalité, quand on analyse de près le tour de main – mon Dieu, comme c'est élaboré, pensé, mesuré, testé ! C'est cela aussi que nous attendons d'un bon plat, d'un grand chef : qu'il nous donne l'impression que nous retrouvons le goût essentiel et premier des aliments, alors qu'il les a merveilleusement et magnifiquement élaborés, et de surcroît assortis les uns par rapport aux autres. Ce que La Fontaine savait si bien faire, avec ce sens inné de l'harmonie du tout dans le soin du détail…

Voyez, par exemple, ce Héron « au long bec emmanché d'un long cou » qui un jour déambule « sur ses longs pieds » le long d'une rivière. Un vers de merveilleuse transparence qui glisse comme un rayon de lumière sur l'eau nous apprend alors que, ce jour-là, « L'onde était transparente ainsi qu'aux plus beaux jours ». Dans tous ces détails ajoutés, nous louons la main du peintre. Et nous pensons naïvement qu'il plante un décor afin d'y placer l'acteur et l'action, sans raison à la beauté parfaite de ce décor que de faire un bel effet. En murmurant silencieusement ce vers incroyablement musical qui peint la transparence lumineuse et l'ondoiement parfait de l'eau, pardon, de l'onde, on se dit naïvement qu'il s'est laissé aller à nous offrir un moment de pure poésie, sans autre usage que la délectation de sa transparence : comme un brin d'herbe aromatique ou quelques fleurs comestibles pour décorer l'assiette.

Mais ne nous y trompons pas : si un grand chef décore ainsi son assiette, c'est que le goût aussi y trouve son compte. De même pour ce vers qui n'est pas seulement décoratif : s'il vient préciser que l'onde est transparente, c'est aussi pour nous faire savoir que les poissons y sont parfaitement visibles, que le Héron n'est pas empêché de les pêcher par l'effort qu'il aurait à faire pour les dénicher dans une eau trouble – il n'a qu'à se pencher pour les prendre ! C'est donc que son abstention ne procède pas de paresse, mais de pose et de dédain. Cette rapide évocation, apparemment de poésie pure, préparait en réalité la moralité : « Ne soyons pas si difficiles [...]. Gardez-vous de rien *dédaigner.* » Mal en a pris au Héron de faire le poseur :

Mais il crut mieux faire d'attendre
Qu'il eût un peu plus d'appétit.

Nous dirions aujourd'hui qu'il chipote. Or il ne faut pas différer l'appétit, nous dit prudemment La Fontaine. Quand les mets sont là, qu'ils s'offrent, il faut plutôt le devancer. Le Pêcheur le savait bien, qui n'a pas remis à l'eau le Petit Poisson. Malheur à ceux qui bâillent devant le menu : ils devront se contenter ensuite d'un limaçon. Et nous conviendrons vous et moi que, quelle que soit la qualité du chef, le limaçon, ce n'est quand même pas mangeable !

La Fontaine en son temps

Comment La Fontaine était-il apprécié, savouré, dégusté en son siècle ? Comme aujourd'hui, soyons-en certains ! Il m'arrive souvent, dans le cadre de conférences, de cours ou d'entretiens radiophoniques, de lire quelques vers des fables. Sans prétention, sans métier, en amateur honnête... En dépit de quoi, immédiatement, sur les visages des auditeurs, quels qu'ils soient, ou au moins dans leurs regards, je vois s'esquisser comme un sourire, une lueur d'amusement, presque d'enchantement. Dans ce sourire, je crois revoir ceux de Molière, de Mme de Sévigné, des (rares) contemporains de La Fontaine qui nous ont laissé un témoignage sur l'effet produit sur eux par les *Fables*. Cet effet, il a mis tout son art à le viser, à le ménager, à l'analyser, parce que rien de son art ne lui échappait, d'autant qu'il savait et voulait par-dessus tout plaire et toucher : lui aussi, comme son cousin Racine, devait considérer que « la principale règle est de plaire et de toucher ».

Le sourire de complicité et d'enchantement que suscite la manière de La Fontaine fabuliste, son art d'agrémenter et d'enluminer les récits ésopiques ou, si j'ose le dire ainsi, la sauce dont il agrémente ses plats, lui-même l'a défini un jour sous le beau nom de « gaieté ». Il écrit avoir cherché à ajouter aux fables du bon Ésope « de la nouveauté et de la gaieté », en précisant même pour être clair : « Je n'appelle pas gaieté ce qui excite le rire, mais un certain charme, un air agréable qu'on peut donner à toutes sortes de sujets, même les plus sérieux. » Voilà une définition qui pourrait tout aussi bien être transposée à la bonne cuisine : elle aussi suppose (paraphrasons le poète) « un certain tour de main, un goût délectable qu'on peut donner à toutes sortes de mets, même les moins digestes ».

Manger et être mangé

On m'objectera que tout dans les fables n'est pas gai, après les scènes de mise à mort et de dévoration que j'ai évoquées plus haut. Rien de moins gai que la plus cruelle peut-être de toutes : *Le Loup et L'Agneau.* Quelle violence, que de cruauté ! Mais quel charme aussi, quelle perfection ! André Gide en disait : « Pas un mot de trop ; pas un trait, pas un des propos du dialogue, qui ne soit révélateur. C'est un objet parfait. » Quant à la violence et à la cruauté de ce grand méchant Loup de fort mauvaise foi, n'oublions pas que La Fontaine, qui toujours balance et contrebalance tout, lui a donné la parole pour présenter sa défense dans une autre fable, plus tardive, *Le Loup et les Bergers.* Cette fable met en scène un Loup complexé, qui conçoit des remords sur sa façon d'agir. Pour corriger la mauvaise réputation de ses semblables à la dent insatiable, il décide de devenir végétarien :

« Je suis haï, dit-il, et de qui ? De chacun.
Le Loup est l'ennemi commun.

> [...] Eh bien ! ne mangeons plus de chose ayant eu vie :
> Paissons l'herbe, broutons ; mourons de faim plutôt. »

Voilà un Loup plein de bonnes résolutions, n'est-ce pas, qui rattrape la mauvaise image de son cousin du *Loup et l'Agneau* ! Oui, mais voilà :

> Disant ces mots, il vit des Bergers pour leur rôt
> Mangeant un agneau cuit en broche.
> « Oh, oh, dit-il, je me reproche
> Le sang de cette gent. Voilà ses gardiens
> S'en repaissant eux et leurs Chiens ;
> Et moi, Loup, j'en ferais scrupule ?
> Non, par tous les dieux non ; je serais ridicule. »

Et c'est ainsi que l'homme, en fin de compte, se révèle pire que le Loup auquel nous en voulons tant d'avoir dévoré l'aimable Agneau. Les fables sont coutumières de ces effets d'inversion dans le miroir, de contrepoids et de contre-pesée, qui font que rien n'est présenté comme absolument définitif, que rien ne parle jamais d'une seule voix : toute chose, toute condamnation, tout éloge, tout conseil et toute maxime sont susceptibles d'être contextualisés, éprouvés, pondérés selon l'optique, les circonstances, les besoins et les usages. Même le Loup peut bénéficier, disons, d'un « repêchage » : après tout, l'homme aussi se conduit comme un loup, et serait même, dit-on, comme un loup pour l'homme...

Et donc, si le Loup n'avait pas dévoré l'Agneau, peut-être aurait-ce été le Berger. Mais comme le Loup, dans l'imaginaire pas très zoologique des fables, est susceptible de manger de l'homme, ils auraient pu mourir tous les deux, comme dans *Le Loup et le Chasseur*, et l'Agneau tirer provisoirement son épingle du jeu et aller brouter quelque végétal, à la façon du Cerf ingrat qui, après avoir été sauvé des chasseurs par une Vigne qui le cache, « Broute sa bienfaitrice » *(Le Cerf et la Vigne)*.

De toute façon, la Mort, autre personnage récurrent des fables, aura raison de tout ce petit monde. Ne cherchons pas de fin à la cascade des prédations et des dévorations. Tout tourne sans répit, d'une mort naît une naissance, et ce qui nous semble injuste, insupportable, irréparable, se perd et s'annule dans un équilibre universel et impitoyable. Le monde de La Fontaine ne file pas vers l'avant, vers un progrès de justice et d'humanité. Il ne regarde pas non plus vers l'arrière avec nostalgie en idéalisant le passé. Il est comme suspendu dans un équilibre mouvant, une circularité presque « écologique » : toute chose y a son cycle, toute vie son terme, toute mort sa compensation par une vie nouvelle. Le sentiment qui ressort de la lecture des fables, c'est en fin de compte celui d'une fatalité combinée à beaucoup d'émotion, en même temps qu'elle est fondée sur un constat d'évidence.

Telle est la sagesse paradoxale d'une fable que j'aime beaucoup et par laquelle je souhaiterais conclure : *Le Cochon, la Chèvre et le Mouton*. On y raconte qu'un Cochon mené au marché avec une Chèvre et un Mouton tout placides pousse, lui, des cris « à rendre sourds les gens ». On s'étonne, il s'explique : la Chèvre peut bien penser qu'on la mène au marché pour la décharger de son lait, le Mouton de sa laine, « mais quant à moi qui ne suis bon/Qu'à manger, ma mort est certaine ». D'où ses lamentations. Voilà un constat bien lucide, qui pourrait faire de cette fable une pure et simple méditation sur la mort – en termes de charcuterie – par un cochon plein de sage lucidité sur le destin de tout ce qui vit. C'est ce label de sagesse que conférait à l'animal le modèle antique imité par La Fontaine. Mais, contrairement à la tradition, lui ne loue pas la lucidité de ce Cochon bien avisé. Certes, il le reconnaît,

Dom Pourceau raisonnait en subtil personnage ;
Mais que lui servait-il ? Quand le mal est certain,
La plainte ni la peur ne changent le destin,
Et le moins prévoyant est toujours le plus sage.

Voilà une sagesse paradoxale qui renchérit de lucidité sur la lucidité en vantant l'imprévoyance, au nom d'un fatalisme bien entendu. Surprenant La Fontaine, toujours là où on ne l'attend pas ! Alors, à mon tour, permettez-moi d'opérer une petite modification de circonstance sur ces vers – on ne le répétera pas. J'aimerais lire :

Quand le mal est certain,
La plainte ni la peur ne changent le *festin*,
Et le moins prévoyant est toujours le plus sage.

Acta est fabula !

De la panse de Sancho aux jeûnes de Don Quichotte

Florence Delay

Florence Delay (1941-2025), l'inoubliable Jeanne d'Arc de Robert Bresson, a changé de monture et d'armure. Cette agrégée d'espagnol est une amoureuse passionnée de Don Quichotte et du « Siglo de Oro », *ce Siècle d'or durant lequel écrivains, peintres et poètes nourrissaient une véritable obsession de la faim et de la soif. L'académicienne française nous entraîne au sud de la Castille dans une cavalcade gastronomique sur les terres de* L'Ingénieux hidalgo Don Quichotte de la Manche *(1605) de Miguel de Cervantès (1547-1616).*

> Dans un village de la Manche, dont je ne veux me rappeler le nom, vivait il n'y a pas longtemps un gentilhomme de ceux qui ont lance au râtelier, bouclier antique, maigre roussin et lévrier chasseur. Un pot-au-feu, avec un peu plus de bœuf que de mouton, un salpicon presque tous les soirs, des œufs frits au lard le samedi, des lentilles le vendredi, quelque pigeonneau de surcroît le dimanche, consumaient les trois quarts de son bien.

Ainsi débute l'un des plus grands livres de l'humanité. Un roman où la faim et la soif sont partout : dans le bissac de Sancho Panza, dans ce que l'on ne trouve pas dans les auberges, dans les repas partagés avec les bergers, les chevriers et même les seigneurs. Il est étonnant que le menu de l'hidalgo vienne immédiatement au début du récit pour nous indiquer sa situation sociale. En fait il est pauvre, puisque les trois quarts de son bien passent dans sa nourriture. La base, c'est le pot-au-feu – il est bien précisé qu'il y a plus de bœuf que de mouton, parce qu'à l'époque le mouton est beaucoup plus cher. Le soir, comme on peut le faire avec notre pot-au-feu, on prépare un salpicon, c'est-à-dire une salade avec les restes du bœuf froid coupé en petits cubes, des oignons et de l'ail hachés.

Le samedi, au menu de notre hidalgo, ce sont les *duelos y quebrantos*, que le premier traducteur français de Cervantes, César Oudin, a eu l'heur de traduire par « œufs frits au lard ». Ce plat traditionnel de la cuisine de la Manche apparaît pour la première fois dans le roman de Cervantès. Sur ce plat, des centaines de pages ont été écrites. Littéralement *duelos y quebrantos* signifierait « douleurs et pertes », ce qui n'a pas grand-chose à voir avec le plat. Certains chercheurs pensent que c'est une expression des nouveaux convertis, ces Juifs convertis pour ne pas être expulsés d'Espagne, exprimant la souffrance de devoir manger du porc, ce qui était interdit par leur religion. D'autres chercheurs pensent qu'il s'agit du plat familier des vieux chrétiens pour ne pas rompre l'abstinence observée le samedi dans la très catholique Castille. Le jeûne, c'était le vendredi, on mangeait alors des lentilles. Le samedi, les œufs frits au lard n'étaient pas une vraie rupture de jeûne – qui avait lieu le dimanche. Ce plat était autorisé car on ne cuisinait pas la viande de l'animal mais ses extrémités (cervelle, pieds, etc.), sa graisse.

« Mangez-moi, mangez-moi ! »

Dans un fameux épisode, au chapitre 59 de la deuxième partie de *Don Quichotte*, le chevalier et son écuyer arrivent épuisés et moulus (on saura pourquoi) dans une auberge. Quand vient l'heure du souper, Sancho, qui l'attend avec une folle impatience, demande des poulets, un couple de poulets. L'hôte répond qu'il n'y a point de poulets, parce que les milans les ont décimés.

Finalement ce qu'a l'aubergiste réellement et véritablement, ce sont deux pieds de bœuf qui ressemblent à deux pieds de veau, ou deux pieds de veau qui ressemblent à des pieds de bœuf, cuits avec leurs pois chiches, leurs oignons et leur lard, et, à l'heure présente, ils disent : « Mangez-moi, mangez-moi ! » Sancho trouve son bonheur dans ces pieds de veau – ou de bœuf –, cuits, bien sûr, avec les *garbanzos*, ces pois chiches qui sont à la base du pot-au-feu de là-bas, qu'on appelle *cocido*.

Siglo de Oro

La littérature du Siècle d'or est hantée par la faim. Je songe en particulier à deux chefs-d'œuvre : *El Buscón, L'Aventurier Don Pablos de Ségovie* (1626) de Francisco de Quevedo et *La Vie de Lazarillo de Tormes* (1554), cette merveille publiée anonymement et considérée comme le premier roman picaresque. Leurs héros, tant l'aventurier Don Pablos de Ségovie que Lazarillo, ont faim. Et leur première préoccupation, c'est de manger. Je me souviens d'une scène extraordinaire dans le roman de Quevedo. Le héros, Pablos, est placé dans la pension pour étudiants du licencié Cabra. Or tous les pensionnaires sont presque morts de faim tant leur hôte est avare. Il leur sert un bouillon où nage un unique pois chiche. Tous jettent leur cuiller à la poursuite de ce pois chiche orphelin perdu dans un bouillon misérable…

L'Espagne a créé un genre romanesque extraordinaire : le roman picaresque. C'est le roman des *pícaros*, des gueux, des voyous, de ceux qui se trouvent au bas de l'échelle qu'occupent en haut les chevaliers. Là aussi, les scènes de quête de nourriture sont très frappantes.

Les chevaliers errants aussi doivent se nourrir

Dans le *Don Quichotte* inachevé d'Orson Welles, il y a une scène où le chevalier est dans un temps de jeûne. Il jeûne par amour et pour imiter les chevaliers errants qui traversent de longues périodes sans manger. Ce qui désole Sancho, toujours affamé et parlant la bouche pleine. Il voudrait que son maître se nourrisse un peu. Don Quichotte lui répond : « Non Sancho, je ne peux pas ! » Sancho s'inquiète pour lui : « Les chevaliers errants aussi doivent se nourrir ! » Je ne sais pas alors ce qu'il se met sous la dent. La plupart du temps, il mange ce qu'il a dans sa besace, du pain, des oignons et, les jours fastes, du fromage de brebis, le *queso manchego*, le bon fromage de la Manche. On le mange souvent, de l'autre côté des Pyrénées, avec du *dulce de membrillo*, de la gelée de coing. Au Pays basque, on le mange plutôt avec de la confiture de cerise – les cerises d'Itxassou étant les meilleures.

Quand j'étais petite, j'avais toujours faim, et j'avais trouvé toute seule la solution de Sancho : un quignon de pain et un oignon cru. Mais, au bout d'un certain temps, maman ne m'a plus embrassée. Elle m'a dit : « Tant que tu mangeras du pain et de l'oignon, tu seras privée de baisers. »

Mon ami Sancho est aussi assoiffé qu'affamé. Soif d'eau, soif de vin ? A-t-il une ou deux gourdes ? En tout cas, il a souvent besoin de sommeiller et, quand il se réveille, il constate tristement que la gourde est moins lourde à porter.

Rire et pleurer comme des enfants

On a le sentiment que l'on rit et que l'on pleure en permanence dans le *Quichotte*, comme des enfants. Je dois dire qu'il sc passe quelque chose de très étrange. C'est que nous éprouvons exactement ce qu'a dû éprouver Cervantès. Parce qu'il commence par écrire un livre comique, et puis, il s'éprend véritablement de son chevalier et de son écuyer. Et cette émotion devient surtout prégnante dans la deuxième partie du livre, elle rend la mort de Don Quichotte et les larmes de Sancho insupportables.

Il faut rappeler que le brave Sancho Panza suit le chevalier car Don Quichotte lui a promis une île. Lorsque s'ouvre la deuxième partie du *Quichotte*, beaucoup de personnages que nous rencontrons ont lu la première partie et sont au fait des aventures des deux protagonistes : ils créent une *comedia*, un théâtre pour Sancho. Les organisateurs sont un duc et une duchesse pleins d'esprit. Ils donnent à Sancho son île. On va observer comment Sancho gouverne. Il est très heureux et, le premier soir, il se retrouve devant une table couverte de mets absolument extraordinaires. Il croit rêver. Il voit des francolins de Milan, des faisans de Rome, du veau de Sorrente, des perdrix de Moron, de l'oie de Lazaros. Mais dès qu'il commence à vouloir goûter un plat, hop ! Une baguette lui frappe les doigts. C'est le médecin. Un épouvantable docteur qui, à chaque assiette que convoite Sancho, va lui expliquer qu'il n'est pas question qu'il y touche. Sancho s'approche d'un plat de perdrix, le docteur invente un aphorisme d'Hippocrate qui interdit la perdrix. Ensuite, Sancho aperçoit un civet de lapin et le docteur explique que c'est impossible d'en manger, parce que c'est une bête à poil, difficile à digérer. Enfin, devant un pot-pourri, *olla podrida*, le médecin arrête de nouveau Sancho : « Ah non, lui dit-il, ça c'est pour les chanoines, les doyens de collège, ou les noces paysannes, mais pas pour… », jusqu'au moment où Sancho éclate de rage et envoie au diable ce médecin qui l'empêche de manger.

C'est une scène extraordinaire, parce qu'elle ridiculise la fausse médecine. En même temps, elle chasse toute idée de diète de votre tête. Heureusement Sancho se venge, au repas suivant. Le docteur a eu si peur de sa colère qu'il le laisse tout manger et Sancho lui fait la leçon :

> « Monsieur le docteur, dorénavant, ne vous souciez pas de me faire manger des plats fins, ni des mets délicats, parce que j'en aurais l'es-

tomac détraqué. Le mien est habitué à la viande de chèvre, au lard, aux salaisons, aux navets et aux oignons. Et si d'aventure on lui donne autre chose, des mets de château, il fait des mines de dégoûté. Ce que peut faire le maître d'hôtel est de me donner ce qu'on appelle un pot-pourri, et plus il est pourri, meilleur il est. »

Sancho, évidemment, a tous mes goûts. Je l'écoute avec ravissement parce que moi aussi je n'aime que la nourriture lourde, les cassoulets, les saucisses, les salaisons, etc. J'étais un peu intriguée par cet *olla podrida*, ce pot-pourri, parce qu'il s'agit de viandes qui cuisent très longtemps, jusqu'au moment où elles se défont, c'est pour cela qu'elles ressemblent à un fruit trop mûr, *podrido*. Voilà comment les linguistes expliquent l'utilisation du mot « pot-pourri ».

Né pour mourir en mangeant

Sancho voudrait nourrir son maître, et son maître, pris dans ses rêveries, refuse :

> « Mange Sancho, mange mon ami, sustente-toi. Ta vie t'importe plus qu'à moi, et laisse-moi mourir sous le poids de mes pensées et sous le coup de mes malheurs. Moi, Sancho, je suis né pour vivre en mourant, et toi, pour mourir en mangeant. Et pour que tu voies la vérité de ce que je te dis, considère-moi je te prie, imprimé dans des histoires, illustre par mes armes, courtois dans mes actions, respecté des princes, sollicité des demoiselles et, au bout du compte, alors que j'attendais des palmes, des triomphes et des couronnes, obtenus et mérités par mes valeureuses prouesses, je me suis vu ce matin piétiné, foulé et moulu par les pieds d'animaux immondes et répugnants. Cette pensée émousse mes dents, paralyse mes mâchoires, engourdit mes mains et m'occit complètement l'envie de manger que je pense me laisser mourir de faim, ce qui est la plus cruelle des morts. »

Cid Hamet Aubergine

La première partie du *Quichotte* n'est pas attribuée à Cervantès, mais à un écrivain maure, Cid Hamet Ben Engeli. Le livre est en fait considéré comme une traduction – une idée borgésienne géniale de Cervantès. À un moment, dans la deuxième partie du livre, Sancho Panza voit son maître et l'interpelle :

> Mais voilà, il paraît que notre histoire court partout, le bachelier Samson qui revient de l'Université de Salamanque a lu toutes nos aventures, et il paraît que c'est un écrivain maure qui s'appelle Cid Hamet Aubergine.

Sancho entend Ben Engeli comme *berenjena*, c'est-à-dire « aubergine », parce qu'il ne pense qu'à la nourriture. « Tiens, dis Don Quichotte, Cid est un mot arabe, c'est un seigneur certainement. » Et Sancho lui répond, prononçant aubergine à la place de Ben Engeli : « J'ai toujours su que les Maures adoraient les aubergines. »

Voilà que le nom propre devient nom commun et une vérité, parce qu'il est vrai qu'il y a beaucoup d'aubergines dans la cuisine arabe.

Dans le roman de Cervantès, comme dans tous les romans picaresques, les hommes ne se traitent pas avec humanité. Le seul grand humain, c'est Cervantès, qui comprend tout, les uns, les autres, les Juifs convertis, les Maures, les captifs, les Maritornes, les chevaliers, les écuyers…

Cervantès est un bel homme. Je l'admire et je l'aime. Sa vie fut très dure, il perdit une main en 1571, à la bataille de Lépante, fut captif en Alger pendant des années, tenta en vain de s'évader, fut enfin « racheté » par les frères Trinitaires. On trouve des traces de sa captivité dans son œuvre. Il connut la faim et la soif. Sans doute pendant sa captivité à Alger, puis dans cette prison de Séville où, injustement incarcéré, il commença d'écrire le *Quichotte*.

Victor Hugo : « Madame Magloire, vous mettrez un couvert de plus »

Jacques-Noël Pérès

Jacques-Noël Pérès est un théologien luthérien, passionné de patristique mais aussi des romans de Victor Hugo (1802-1885). Il nous offre l'occasion de goûter la bonne soupe de Madame Magloire dans Les Misérables. *Dans toute son œuvre où la table est accueillante, l'amour et l'humour sont présents. Choses lues, vues, bues et dévorées.*

J'aime beaucoup *Les Misérables* (1862), c'est tellement beau ! Quand Jean Valjean dit : « Cent neuf francs quinze sous que j'ai gagnés au bagne par mon travail en dix-neuf ans », c'est assez impressionnant. Voilà un homme qui est épuisé, qui se croit dans une auberge – en réalité la demeure du vieil évêque de Digne qui loge avec sa sœur et sa gouvernante –, et cet homme demande timidement : « Je suis fatigué, douze lieues à pied, j'ai bien faim. Voulez-vous que je reste ? » L'évêque répond, indirectement, puisque c'est à sa gouvernante qu'il s'adresse : « Madame Magloire, vous mettrez un couvert de plus. » Tout est dit. Jean Valjean, c'est une forme de repentir, c'est l'évolution d'un homme vers la conversion même, une conversion dans tous les sens du terme. Cet homme qui, dans la vie, va évoluer de façon si extraordinaire.

La soupe de Madame Magloire

Victor Hugo explique comment Madame Magloire a fait sa soupe : « avec de l'eau, de l'huile, du pain, du sel, un peu de lard, un morceau de viande de mouton, des figues, un fromage frais, et un gros pain de seigle. Elle avait même ajouté à l'ordinaire de Monsieur l'évêque une bouteille de vieux vin des Mauves » – un vin du Vivarais en Ardèche. « Et le visage de l'évêque prit tout à coup cette expression de gaieté propre aux natures hospitalières : "À table !" dit-il vivement. » On imagine le visage de l'évêque, comme à mon avis, le visage de Victor Hugo, lorsqu'il recevait à sa table. Il avait un excès d'amour, dit Hugo, et : « Qu'est-ce que cet excès d'amour ? une bienveillance sereine débordant les hommes (…), il était indulgent pour la création de Dieu. »

Monseigneur Myriel, c'est Victor Hugo, d'une autre manière. Dans la façon de recevoir ce forçat, on reconnaît celui qui a accueilli tous les proscrits à sa table. Chaque fois qu'il disait *Monsieur*, le visage de l'homme s'illuminait, comme l'écrit Hugo, « *Monsieur* à un forçat, c'est un verre d'eau à un naufragé de la *Méduse*. L'ignominie a soif de considération ».

À Guernesey, dans sa maison de Hauteville House où il a écrit *Les Misérables*, au troisième étage, juste à côté de sa toute petite chambre, il y a une pièce qu'on appelait « le radeau de la Méduse ». Le tableau de Géricault date des années 1818-1819, donc rien à voir avec les années 1860 pendant lesquelles Victor Hugo a vécu à Guernesey, mais il a donné ce nom à cette pièce comme si on y accueillait les naufragés. Les naufragés du radeau avaient faim et, pour se nourrir, ils se sont mangés entre eux. Manger son prochain, c'est briser le tabou ultime : on est rejeté à tout jamais. Dans cette chambre, Hugo accueillait les proscrits, il leur ouvrait sa porte. Quand je dis sa porte, c'est aussi sa table. Et à Guernesey, il était lui-même un proscrit.

Discours de l'exil

J'ai la chance de posséder un tout petit fascicule de trois centimètres sur sept : c'est le premier tirage, cent mille exemplaires, des *Discours de l'exil* (1851-1854). C'est un minuscule qu'on se passait sous le manteau, un ouvrage interdit. Il faut avoir de très bons yeux pour arriver à lire, par exemple : « Banquet polonais, Anniversaire de la révolution de Pologne, 20 novembre 1852, à Jersey. » À cette époque, Hugo est encore à Jersey. Il est à table avec des Polonais. Il va leur tenir un très long discours. Et dans ce discours, il y a de très belles pages sur l'Europe, qu'on devrait lire aujourd'hui : « La barbarie, marée montante, écumait sur la Pologne comme l'océan sur la falaise. Et la Pologne disait à la barbarie, comme la falaise à l'océan : tu n'iras pas plus loin. Cela a duré trois cents ans. Quelle a été la récompense ? Un beau jour, l'Europe, que la Pologne avait sauvée de la Turquie, a livré la Pologne à la Russie. »

En lisant aujourd'hui cet important discours, on est frappé par l'actualité des propos : « Qui a fait cette chose sans nom ? Les diplomates, les cervelles politiques du temps, les hommes d'État de profession. Ce n'est pas seulement ingrat, c'est inepte ; ce n'est pas seulement infâme, c'est bête. » Voyez le regard qu'il porte sur ceux qui dirigent ! Son souci, ce sont les Polonais, alors aux prises avec les Russes qui veulent la mainmise sur cette pauvre Pologne. Et lui, c'est dans un discours à table qu'il tient ces propos tout à fait remarquables.

Hugo, un bon vivant

Dans toute l'œuvre de Victor Hugo, la table est importante. Quand je dis la table, c'est aussi la nourriture, c'est aussi la boisson. Il faut que toutes ces choses soient réunies. Cela fait partie de la vie en société. La table, c'est le moment où l'on est réellement en société. Et c'est là que Victor Hugo prend toute son ampleur, toute sa présence. D'ailleurs, dans *Les Châtiments* (1853), il met en cause les cagots, ces faux dévots qui jeûnent :

Parce que, jargonnant vêpres, jeûne et vigile,
Exploitant Dieu qui rêve au fond du firmament,
Vous avez, au milieu du divin évangile,
Ouvert boutique effrontément.

Hugo s'en prend à tous ceux qui transforment la religion en quelque chose de triste. Pour lui, le jeûne fait partie de ce jargon qui ne veut pas parler de Dieu, parce que c'est tenir boutique, c'est faire commerce de choses qui ne devraient pas en faire l'objet. Toujours dans *Les Châtiments*, dans le poème « Un autre » :

Des miracles du jour il colle les affiches
Il rédige l'absurde en articles de foi,
Pharisien hideux, il trinque avec les riches
Et dit au pauvre : ami, viens jeûner avec moi.
Il ripaille à huis clos, en public, il sermonne,
Chante *Landerirette* après Alléluia,
Dit un pater, et prend le menton de Simone…
Que j'en ai vu de ces saints-là !
Qui vous expectoraient des psaumes après boire.

Victor Hugo a parfois de la nourriture une approche ogresque. Comme dans ce *Bon conseil aux amants* (1837), cette fable humoristique où Hugo, âgé de trente-cinq ans, évoque « Un brave ogre des bois, natif de Moscovie » qui, amoureux d'une fée, a la mauvaise idée de croquer son marmot. Il conclut sagement : « Or c'est maladroit. Vous qui cherchez à plaire/Ne mangez pas l'enfant dont vous aimez la mère. » Quand on connaît l'appétit d'Hugo pour les femmes, on se demande si ce n'est pas un conseil qu'il se donne à lui-même.

Saucisson chevaleresque

Victor Hugo a eu une vie compliquée. Né en 1802, « ce siècle avait deux ans », il est mort en 1885. Le XIXe siècle qu'il a traversé fut le siècle des révolutions ! À Guernesey, Hugo avait même réservé une chambre à Garibaldi, parce qu'il espérait accueillir le général qui combattait pour unifier l'Italie. En France, Hugo était un admirateur de Louis-Philippe, à qui il consacra des pages remarquables dans *Les Misérables*. Il aimait aussi beaucoup sa bru, la duchesse d'Orléans, « Qui souffre, ver de terre amoureux d'une étoile », dans *Ruy Blas*. Il fut terriblement marqué par la défaite de Sedan qui entraîna la chute de Napoléon III, que ce fils de général d'Empire appelait Louis Bonaparte ou « Napoléon le petit ».

Après Sedan, la famine s'installe et Hugo raconte à sa manière dans ses carnets, publiés dans ses œuvres posthumes sous le titre *Choses vues*, la façon dont il a vécu ces années 1870-1871 : « Nous mangeons du cheval sous toutes ses formes. J'ai vu à la devanture d'un charcutier cette annonce : saucisson chevaleresque. » La consommation de ce saucisson, qui ne devait pas être bien gras, prit alors une autre ampleur… « Ce n'est même plus du cheval que nous mangeons, c'est peut-être du chien, c'est peut-être du rat, je commence à avoir des maux d'estomac, nous mangeons de l'inconnu. »

L'année suivante, il raconte : « J'ai faim, j'ai froid. Tant mieux, je souffre ce que souffre le peuple » ; tout de suite, sa faim prend une autre dimension. « Décidément, je digère mal le cheval. J'en mange pourtant, il me donne des tranchées. Je m'en suis vengé au dessert par ce distique : “Mon dîner m'inquiète et même me harcèle/J'ai mangé du cheval et je songe à la selle.” » Victor Hugo ne perd jamais son sens de l'humour. « Ce matin, nous avons déjeuné avec de la soupe au vin. On a abattu l'éléphant du Jardin des Plantes, il a pleuré, on va le manger. »

On a attribué à Mac-Mahon des répliques étranges : « Que d'eau ! que d'eau ! » Mais dans *Choses vues*, à la date du 26 janvier 1878, on peut lire un petit dialogue humoristique, d'invitation à dîner, dans lequel Hugo met en scène le président de la République de l'époque, le maréchal de Mac-Mahon, et le général Ducrot que Mac-Mahon vient de désavouer. C'est une histoire qu'on lui a rapportée et qu'Hugo reproduit :

> Mac-Mahon. – Voyons, Ducrot, raccommodons-nous !
> Ducrot grogne…
> Mac-Mahon. – Voyons, Ducrot, mon vieux camarade, venez dîner avec moi aujourd'hui !
> Ducrot. – Je ne peux pas.
> Mac-Mahon. – Pourquoi ?
> Ducrot. – Je vais ce soir à *Hernani.*
> Mac-Mahon. – Amenez-le ! »

Nourritures spirituelles et confitures

Victor Hugo me fascine, car ses actes sont dictés par l'idée qu'il se fait de Dieu et de l'homme, l'homme portant l'image de Dieu. On a souvent dit de lui qu'il était athée. C'est vrai qu'il brocardait facilement les clercs, mais, au fond de lui-même, l'évêque des *Misérables,* le chrétien tel qu'il devrait être, lui correspond parfaitement.

Je vois aussi chez Hugo cet attrait pour la vie de l'esprit, qui englobe même le spiritisme. Pour rester sur le sujet de la table. Ses séances de tables tournantes à Jersey, ses conversations avec les esprits les plus illustres, sont une manière d'aller au-delà du visible.

L'important, pour Hugo, était de se demander ce qu'il pouvait faire pour et avec les autres. Moi, je lis Victor Hugo de cette manière. Peut-être ai-je une vision un peu fantasmagorique ? C'est cela que j'aime chez Victor Hugo : il dit les choses telles qu'elles sont souvent avec une touche l'humour. On le voit aussi dans la relation entre Jean Valjean et Monseigneur Myriel. Le forçat, le proscrit, accablé de misère, commet un acte épouvantable en dérobant l'argenterie de celui qui l'a accueilli, nourri et logé. Lorsqu'il est arrêté, l'évêque lui dit : « Je vous avais donné les chandeliers aussi pourquoi ne les avez-vous pas emportés ? » Il y a toujours chez Hugo cet élan vers un salut possible, vers la rédemption. Il faut savoir donner ce qu'il faut à qui en a besoin. Comme à sa petite-fille Jeanne dans *L'Art d'être grand-père* (1877) :

> Jeanne était au pain sec dans le cabinet noir,
> Pour un crime quelconque, et, manquant au devoir,
> J'allai voir la proscrite en pleine forfaiture,
> Et lui glissai dans l'ombre un pot de confiture.

À Guernesey, dans le fumoir, il y avait deux portes : d'un côté, celle du cabinet où l'on enferma Jeanne et, de l'autre, celle par laquelle le grand-père alla porter de la confiture à la petite fille. Victor Hugo était très attentif à sa petite-fille : à un certain moment, il fallait lui donner de la viande crue pour qu'elle prenne des forces. Il a d'ailleurs expliqué comment, selon lui, la nourriture était un moyen à la fois d'être heureux et de reprendre des forces.

Dans son roman *Les Travailleurs de la mer* (1866), Gilliatt le marin se rend dans le garde-manger de la pieuvre : « Vision lugubre, et où se laissait prendre sur le fait l'horreur profonde des choses. Les crabes avaient mangé l'homme, la pieuvre avait mangé les crabes. » Un retournement des choses s'opère. Chacun a le droit de manger.

De Victor Hugo je retiens cette phrase dans *Faits et croyances* (1840) : « Lire, c'est boire et manger. L'esprit qui ne lit pas maigrit, comme le corps qui ne mange pas. » Alors je voudrais inviter chacun à lire ou, plutôt, à dévorer Victor Hugo.

De Lagaffe à la « Gastonomie »

Sergio Honorez

Sergio Honorez, longtemps directeur éditorial des Éditions Dupuis, également homme de radio et de télévision, notamment pour la chaîne du service public belge francophone, la RTBF, nous entraîne dans les cases de la rédaction du Journal de Spirou *avec un personnage inégalable de la littérature : Gaston Lagaffe et, au-delà de Lagaffe, Sergio Honorez nous parle de son génial créateur et compatriote le Bruxellois André Franquin (1921-1997). Il évoque quelques recettes mythiques de Gaston, ce cuisinier hors pair, créateur de la morue aux fraises, des crêpes montgolfières et, par accident, inventeur de la chimie culinaire. Sergio Honorez en profite pour dégoupiller quelques boîtes de sardines, des Pilchard à la sauce tomate.*

Gaston Lagaffe fait son apparition dans les pages du *Journal de Spirou* en 1957. À l'origine, il n'est qu'un trublion graphique, conçu pour égayer – voire saboter – les colonnes jugées trop austères. On le découvre d'abord en coin de page, dans de petits gags en un dessin, ou surgissant sans prévenir : sa grosse tête s'interpose, masque un paragraphe, déborde sur une légende, comme s'il prenait un malin plaisir à perturber l'ordre établi.

Gaston, miroir déformant de son créateur

André Franquin insufflait beaucoup de lui-même dans Gaston. Pourtant, quand il crée Gaston, il est tout l'inverse de son personnage : loin d'être un somnolent dilettante, Franquin carbure au travail. Il abat six à sept planches par semaine – un rythme considérable. Mais derrière cette cadence se devine un rêve plus doux : Gaston, c'est aussi l'homme que Franquin aurait aimé être. Un homme libre, affranchi des horaires, des contraintes, des urgences. Un poète du quotidien, un saboteur bienveillant du monde productif.

Gaston, cuisinier expérimental

Gaston est, officiellement, un employé de bureau, salarié des Éditions Dupuis, et plus particulièrement de la rédaction du *Journal de Spirou*, préposé au courrier et aux archives, et à toutes ces tâches floues qu'on confie à ceux dont on ne sait trop que faire. Théoriquement, il doit tout faire ; en pratique, il réussit surtout à tout faire de travers. Sous la plume de Franquin, il devient l'antithèse du salarié modèle : au lieu de classer, il invente ; au lieu de suivre les consignes, il les détourne. Il transforme son bureau en laboratoire, en cuisine, en salle de sport ou en local de musique. Il lui arrive même de marier chimie amusante et cuisine gastronomique, par exemple.

La morue aux fraises

La morue aux fraises, « plat signature » de Gaston, est devenue légendaire, elle a même inspiré une chanson, interprétée par Yvan Delporte – rédacteur en chef du *Journal de Spirou* dans les années 1960, mais surtout complice fidèle de Franquin. Ce plat improbable, véritable provocation culinaire, semblait à son créateur parfaitement immangeable. Et pourtant, il y ajoutait sans retenue une touche de chantilly ici, un filet de chocolat chaud par-dessus…

Chaque ingrédient rendait l'ensemble plus absurde, plus baroque, plus drôle. La fantaisie de Franquin et de Delporte était sans limite.

La « gastonomie »

C'est dans un numéro spécial du *Journal de Spirou* qu'Yvan Delporte imagine pour Gaston certains plats « gastonomiques ». Par exemple, les quenelles de cervelle aux airelles, les choux de Bruxelles à la cannelle, la paella au chocolat, les salsifis aux fruits confits, la potée au chou relevée au cachou, le navarin au marasquin, l'aiglefin au massepain, le boudin au gratin, l'oursin au Boursin, le goulasch à la pistache, le cassoulet de poulet au sorbet, les croquettes de crevettes aux rillettes, les paupiettes de blanquette aux cacahuètes, les crêpes Suzette à la vinaigrette... Il a inventé des accords improbables, qui feraient sans doute aujourd'hui le bonheur de certaines émissions culinaires.

Bande dessinée épicée

Franquin a un goût prononcé pour la cuisine asiatique, et ne recule pas devant un plat généreusement pimenté. Mais ce penchant n'est pas né par hasard. En 1948, il embarque pour les États-Unis dans les valises de Jijé (Joseph Gillain, 1914-1980), patriarche du *Journal de Spirou*, accompagné de toute sa tribu et d'un jeune dessinateur prometteur : Maurice de Bevere, que l'on connaît sous le nom de Morris, le père de *Lucky Luke*.

Le voyage a des allures d'aventure initiatique. Morris rêve de décrocher un poste chez Walt Disney. Hélas, les studios traversent alors une grave crise syndicale et ne recrutent plus. Jijé, quant à lui, espère séduire la presse américaine... avant de découvrir, une fois installé en Californie, que les grands journaux sont tous basés sur la côte Est. Quand ils ne peuvent plus rester sur le sol américain, ils se retrouvent à Tijuana, au Mexique, où ils séjournent quelque temps. Franquin, qui ne parle pas un mot d'espagnol, improvise : au restaurant, il commande en pointant du doigt les plats posés sur les tables voisines. C'est ainsi qu'un jour, sans le savoir, il choisit une spécialité locale redoutablement épicée. Le premier coup de fourchette est aussi le dernier : pris à la gorge, les larmes aux yeux, il découvre à ses dépens que le feu peut aussi se manger.

Gaston lui aussi aime manger épicé… Je me souviens d'un gag où Gaston concocte une sauce si furieusement épicée qu'elle déclenche une véritable alerte rouge dans les bureaux du journal. Le pauvre Lebrac, victime de l'expérience, arrache son pull en suffoquant et tente de calmer l'incendie intérieur avec un extincteur ! Un moment où l'humour frôle l'hystérie.

Dans l'une de ses toutes dernières planches, la sauce franchit un cap : elle devient littéralement vivante. Elle glougloute, gronde, s'échappe du bocal comme une créature chimico-culinaire évadée d'un laboratoire fou. À ce stade, on ne sait plus très bien si l'on est encore dans un bureau ou dans un dessin animé de Tex Avery…

Sardina pilchardus

Dans les gags de Gaston, Franquin avait un goût très particulier pour les sardines, et plus précisément pour les sardines en boîte, les Pilchard à la sauce tomate. Si *Sardina pilchardus* est le nom scientifique de la sardine, en Belgique, les Pilchard désignent ces sardines préparées dans une sauce tomate épicée et conditionnées dans une boîte de conserve de forme oblongue. Franquin appréciait cette spécialité simple et populaire, au point d'en faire l'un des plats favoris de Gaston – et de son chat, bien entendu.

Gaston pionnier de l'écologie

Gaston entretient un lien profond avec la nature et les animaux. Une sensibilité évidente, héritée de Franquin lui-même, qui a grandi entouré d'animaux, domestiques ou sauvages, et qui a toujours cultivé un rapport attentif au monde de la nature et critique envers ceux qui le maltraitent. Chez Gaston, cette sensibilité s'exprime avec tendresse et fantaisie. Il lui arrive de manier un fusil… mais c'est pour mieux tirer des carottes destinées aux lapins. Une chasse inversée, poétique, où l'arme ne blesse pas mais nourrit. Ce regard plein de douceur et d'ironie sur la relation entre l'homme et l'animal préfigure une expression plus sombre et engagée : plus tard, dans les *Idées noires*, Franquin sera beaucoup plus virulent contre les chasseurs.

Pickles

Les pickles, eux aussi, sont profondément enracinés dans la culture culinaire belge. On les sert volontiers sur un cornet de frites ou en accompagnement d'une simple côte de porc. Dans l'univers de *Gaston*, Franquin s'inspire de la célèbre marque de condiments Cross & Blackwell – qu'il détourne malicieusement en *Black & Crosswell.* Ces pickles, cornichons, petits choux-fleurs, petits oignons, sont conservés dans une sauce vinaigrée et aromatisée au curcuma.

Ivresse

Gaston n'est pas un ivrogne. Mais il aime expérimenter. Des tentatives d'innovations plus ou moins heureuses, souvent festives, toujours imprévisibles. Un jour, on le voit mettre du vin en bouteille en compagnie de ses acolytes : Jules-de-chez-Smith-en-face, Bertrand Labévue… Et à force de remplir les flacons, de goûter, de comparer, ils sont complètement bourrés, jusqu'à embouchonner le doigt de Jules.

Dans un autre élan d'ingéniosité, Gaston cherche à inventer une cigarette alcootest. Pour tester son efficacité, il mélange pour cela du Pernod fils avec de l'amer Picon – jeu de mots imparable ! Comme la *veuve Clicquot* qui « va voir son Sherry ». Chez Gaston, l'ivresse n'est jamais banale : elle devient terrain de jeu, prétexte à invention et réservoir de calembours.

Jouissance

Lorsqu'un jour Gaston emmène Mademoiselle Jeanne au restaurant – événement rare s'il en est –, tout semble réuni pour un moment tendre, presque inoubliable. Une parenthèse romantique, suspendue. Mais, fidèle à lui-même, Gaston a oublié l'essentiel : son portefeuille. Le tête-à-tête se termine donc derrière les fourneaux, à récurer la vaisselle.

À travers ses aventures gastronomiques, on devine chez lui une véritable gourmandise, un plaisir sincère à découvrir, à goûter, à expérimenter. Il ne cherche pas la conformité du petit plat bien rangé. Ce qui l'attire, ce sont les détours, les mélanges inattendus, les goûts insolites. Ce refus des habitudes alimentaires en dit long : Gaston n'a pas envie d'être comme les autres. Ce qui l'amuse, c'est de s'écarter du chemin, d'explorer, de savourer autrement. En fait, c'est un jouisseur, Gaston.

Le trombone à coulisses à boire

Ce qui serait formidable, ce serait de donner vie à toutes les inventions de Gaston. Parmi ses trouvailles, l'une des plus poétiques reste sans doute cette expérience improbable où il trempe sa trompette dans un seau d'eau savonneuse. À chaque note jouée, une bulle s'envole, parfaite, légère… Et lorsqu'elle éclate, elle libère un son nouveau, différent, inattendu.

Tout l'univers de Gaston tient peut-être dans cette image : une quête naïve et sincère pour réenchanter le réel, pour faire autrement, pour faire *autre*. Expérimenter, détourner, rêver les objets… et, surtout, refuser de se plier aux règles établies. C'est là, au fond, que réside la poésie unique de Gaston Lagaffe.

Les saucisses-torpilles

Au bureau, Gaston ne manque jamais d'idées pour transformer le quotidien en terrain d'expériences explosives. Comme cette fois où, faute d'ouvre-boîte, il s'empare d'une presse à papier pour ouvrir une boîte de saucisses. Résultat ? Les saucisses s'envolent telles des torpilles fusées, traversant la pièce comme des missiles charcutiers.

Autre épisode mémorable : en quête de sucre en poudre, Gaston décide de concasser de simples morceaux de sucre… à l'aide d'une dameuse de chantier. L'engin dévaste tout sur son passage, arrache le papier peint des locaux des Éditions Dupuis, mais au moins, miracle, il obtient son sucre en poudre.

Il y a pourtant un adversaire que Gaston n'a jamais réussi à vaincre : la noix. Tous les stratagèmes sont bons pour l'ouvrir, du plus ingénieux au plus loufoque. Il la coince entre les rails du tramway, provoquant un déraillement spectaculaire qui se termine dans la vitrine d'une pharmacie. Ou il essaie de l'écraser avec sa boule de bowling favorite, qui se coince dans un trou. Chacun de ces essais se termine par la même réflexion : « Jamais vu une noix aussi dure. »

Gaston guerrier

Ce qui est particulièrement drôle, c'est que Gaston, l'antimilitariste convaincu, déploie parfois un imaginaire étonnamment belliqueux. Ses aventures regorgent d'images d'explosions, de bombardements de saucisses en fusée, de feux d'artifice incontrôlés. Il cultive un goût marqué pour le spectacle explosif, comme cette bouteille de Grand Marnier qui, destinée à préparer des crêpes flambées, finit en cocktail molotov improvisé.

On pense aussi à *La guerre des boîtes*, relatée par Yvan Delporte dans une rubrique intitulée « En direct de la rédaction » et illustrée par Franquin. Elle met en scène la même rédaction imaginaire, où Fantasio s'oppose farouchement à ce que Gaston introduise la moindre boîte de conserve au bureau. Mais Gaston, fidèle à lui-même, déploie des stratagèmes incroyables pour se procurer ses ananas au jus, ses boîtes de thon, ses Pilchard – un combat drôle et absurde, à l'image de son esprit.

Quand Gaston découvre l'anneau métallique – cette petite nouveauté qui facilite l'ouverture des boîtes en lieu et place des ouvre-boîtes à papillon –, il commence par ouvrir des boîtes de Pilchard ou de sardines à l'huile, enchaîne avec des canettes de bière et finit par manier… une grenade fumigène.

La chimie culinaire de Gaston

Il y a d'abord ce soufflé, que Gaston concocte pour remonter le moral de son copain. Mais le soufflé finit par retomber… tout comme l'enthousiasme qu'il voulait susciter. Déprimant, le soufflé.

Puis il y a ce gâteau, laissé sans surveillance par Gaston, qui devient vite le pouf improvisé des autres membres de la rédaction. On raconte qu'il aurait ajouté un peu de latex à la pâte ; en tout cas, il en a la texture : un gâteau élastique, presque caoutchouteux. Cela illustre bien la fascination de Gaston pour les matières et les mélanges inattendus, fruit de ses expérimentations constantes.

Car, contrairement à l'idée reçue, Gaston n'est pas un oisif. Bien au contraire, il est d'une activité frénétique. Il est capable de faire de la musique tout en bricolant des expériences chimiques, de cuisiner en repeignant les murs et même le plafond. Et lorsqu'on mélange peinture au latex et pâte à crêpes, on obtient un objet tout à fait extraordinaire : la « crêpe montgolfière ». On voudrait que cette crêpe volante existe réellement – un ballon comestible, un rêve gourmand et poétique que seul Gaston pouvait imaginer.

De Mesmaeker, un personnage d'importance

En 1957, un garçon fraîchement sorti d'une école de dessin prête main-forte à Franquin sur plusieurs de ses séries. Ce garçon s'appelle Jean de Mesmaeker, initiales J. D. M., il deviendra le dessinateur Jidéhem. Un jour, alors que Franquin esquisse un homme d'affaires venu signer des contrats, Jidéhem, de la voix cassée qui est la sienne, s'exclame : « Oh ! Mais on dirait tout à fait mon père ! »

Son père, véritable modèle du personnage, était en effet un homme imposant, chargé de conclure des contrats d'achat pour un grand magasin bruxellois. Au début, il trouvait cela très drôle de se voir ainsi caricaturé dans les gags de *Gaston Lagaffe*. Mais, avec le temps, la plaisanterie tourna au vinaigre : à force de rire de lui dans les bandes dessinées, on se moquait aussi de lui dans la vie réelle lorsqu'il tentait sérieusement de faire signer un contrat.

À propos de figures importantes, il faut évoquer les éditeurs Dupuis. On ne voit jamais Monsieur Dupuis dans les gags de Gaston. On évoque sa présence. À l'origine, les Éditions Dupuis étaient avant tout des imprimeurs – une véritable institution comptant alors près de mille employés, une petite industrie à part entière. Lorsqu'il venait à Paris, Monsieur Dupuis aimait s'installer dans les grandes brasseries et, avec une pointe de fierté nationale, commander au serveur : « Donnez-nous ce que vous avez de meilleur, parce que nous sommes belges ! »

La vraie frite belge

Savez-vous comment on prépare de bonnes frites à la belge ? C'est tout un art. D'abord, il faut les laisser tremper dans l'eau pour qu'elles abandonnent une partie de leur amidon. Ensuite, il ne faut surtout pas les plonger dans de l'huile classique, mais bien les cuire dans du blanc de bœuf. Je ne dis pas que c'est un goût qu'on trouve forcément délicieux.

La cuisson des frites se fait en deux temps : une première cuisson pour saisir les pommes de terre et une seconde pour les rendre parfaitement dorées, croustillantes à souhait. Dans une des planches de *Gaston*, on le voit justement s'atteler à cette tâche dans les locaux de la rédaction. Bien sûr, préparer des frites dans un bureau n'est pas sans inconvénient : l'odeur n'est pas toujours la plus agréable.

Les brochettes

Dans les bureaux de la rédaction, Gaston ne fait pas que des frites : il s'adonne aussi à l'art du barbecue. Fidèle à lui-même, il combine plusieurs activités à la fois, dans des lieux qui ne s'y prêtent absolument pas. On est au cœur d'une rédaction de journal illustré, un lieu rempli de taille-crayons, de porte-mines, de feutres et de gommes... Quand Gaston s'en mêle, une gomme à effacer se retrouve enfilée entre un légume et un filet de dinde. Ce sont bien sûr ses collègues qui en subissent les conséquences : la scène vire à l'escrime. Avec ses brochettes devenues fleurets, Gaston se livre à un duel aussi absurde qu'effervescent. Toute une dramaturgie explosive en quelques cases.

Mais ce que l'on ressent surtout, c'est l'exaspération grandissante de Prunelle, son supérieur hiérarchique. Ce moment d'escrime culinaire est d'une intensité comique rare : on sent la tension, l'agacement, la nervosité. Prunelle, c'est un personnage qui en dit long sur Franquin lui-même. Jidéhem me confiait un jour que Franquin, derrière son apparente douceur, était un perpétuel inquiet, un perfectionniste au bord de l'implosion. Il suffisait qu'un dessin ne lui convienne pas pour qu'il déchire rageusement ses feuilles, les jette à la corbeille, en proie à une frustration intense.

Chez Franquin, la bienveillance n'excluait pas l'orage intérieur. Et dans le duo Gaston-Prunelle se jouent, en miroir, toute la complexité, la tendresse et la tension d'un auteur en lutte avec ses propres exigences.

Le Trombone illustré

En 1977, naît *Le Trombone illustré*, un supplément du *Journal de Spirou* qui marque une véritable révolution. À une époque où le journal se montre très sage, ronronnant, véhiculant des valeurs conventionnelles, voire réactionnaires, ce supplément vient bousculer les lignes. André Franquin et Yvan Delporte, tous deux farouchement antimilitaristes et gentiment anticonformistes, profitent de cette nouvelle tribune pour affirmer plus librement leurs idées, tout en reléguant Gaston au second plan.

Ce qui est particulièrement amusant, c'est que les annonces dans le *Journal de Spirou* pour la sortie du *Trombone illustré* reprennent, presque à l'identique, le ton et le style des annonces diffusées vingt ans plus tôt pour le lancement du personnage de Gaston Lagaffe. Une manière subtile de boucler la boucle et de rappeler que la liberté de ton a toujours été au cœur de leur aventure éditoriale.

Œuvre au noir et Idées noires *(1977-1983)*

Vers la fin des *Idées noires*, surgit aussi l'un des épisodes les plus ouvertement cannibales de toute l'œuvre de Franquin. Un personnage s'avance vers sa fiancée avec la grâce d'un éléphant échappé d'un rêve de Salvador Dalí. Il l'enlace, la serre, l'embrasse… si goulûment qu'il finit par la dévorer. Au sens propre. Avalée par la passion. Et ce qui reste, ce qui fige la scène dans l'esprit du lecteur, c'est cette ultime vignette où, dans un geste de politesse macabre, le personnage se tamponne délicatement les lèvres avec un mouchoir, essuyant la dernière perle de sang.

C'est peut-être dans ces *Idées noires* que Franquin atteint une maîtrise graphique absolue. Il n'est jamais aussi précis, aussi libre, aussi souverain dans son trait. Il faut voir les mains, les doigts, les regards : tout est là, dans ces infimes tensions du dessin. Il jongle avec la plume comme un prestidigitateur avec ses illusions. L'encre de Chine devient un matériau organique, expressif, vivant.

Ce perfectionnisme se manifeste jusque dans les moindres détails. Dans *Le Trombone illustré*, par exemple, il y avait chaque semaine cette demi-page de titres impressionnante, où les lettres du mot *Trombone* servaient de terrain de jeu à ses personnages. Un travail fastidieux qu'il réalisait avec passion. Un jour, il dit à Yvan Delporte : « Le prochain me prendra moins de temps, c'est dans l'espace, je vais tout mettre en noir. » Mais, fidèle à lui-même, il noircit tout, oui, mais pas au gros pinceau. Non. Il utilise un porte-plume, de 0,1 millimètre d'épaisseur, pour hachurer chaque recoin, chaque ombre, autour des lettres. Le résultat tient de la gravure à l'encre de Chine, un chef-d'œuvre d'obstination et de finesse. Franquin, c'était cela : un amoureux du trait, un artisan acharné, un dessinateur habité. Il dessinait tout le temps, jusque devant la télévision, où il s'amusait à croquer les visages qui passaient à l'écran.

Morue aux fraises à la chantilly, mayonnaise aux câpres, flambée au pastis

Pour 4 couverts

Ingrédients
400 g de morue salée et séchée
1/4 de pied de fenouil
0,5 dl de Pastis
1,5 dl de crème fraîche
4 c à soupe de mayonnaise
20 g de câpres (gros)
250 g de fraises (petites)
1 c à café de poivre rose
1 citron vert
25 g de beurre
5 branches de cresson

Préparation

Dessaler la morue à l'eau froide une soirée et une nuit en renouvelant l'eau 3 fois.

Égoutter et placer dans une marmite et couvrir d'eau froide la morue.

Ajouter le fenouil coupé en petits dés blanchis.

Porter à ébullition rapidement puis cuire à feu doux +/- 10 à 15 minutes.

Égoutter le tout puis déposer sur un linge. Replacer dans la casserole et flamber avec le pastis préalablement chauffé.

Éteindre la flamme en couvrant (non, pas avec l'extincteur de crème fraîche).

Laisser complètement refroidir.

Préparer la mayonnaise aux câpres, réserver.

Fouetter la crème légèrement poivrée et additionner du jus du citron vert, réserver au frigo.

Effilocher la morue égouttée à la fourchette.

Mélanger les petits morceaux obtenus avec la mayonnaise aux câpres.

Incorporer délicatement la crème fraîche en chantilly à l'aide d'une spatule, rectifier l'assaisonnement, réserver au frigo.

Laver les fraises, les égoutter, les équeuter.

Faire fondre le beurre mousseux et chauffer avec le poivre rose en remuant 30 secondes.

Verser les fraises entières dans le beurre et sauter délicatement maximum 1 minute.

La chair de Proust : un art violent

Yuji Murakami

Yuji Murakami, né à Hiroshima, est professeur à l'Université de Kyoto. Auteur d'une thèse sur l'affaire Dreyfus dans l'œuvre de Proust, correspondant de la Société d'histoire littéraire de la France, il a codirigé Proust et les actes critiques *(Champion, 2015), traduit en japonais* La République et le Cochon *de Pierre Birnbaum (Yoshida, 2020) et fourni une nouvelle édition critique du* Côté de Guermantes *(Le Livre de Poche, 2024). La table, c'est l'autel de la gourmandise pour Proust. Yuji Murakami évoque cet art cruel, cet art sacré que représente la cuisine pour Proust, une fabrication parfois aussi subtile que peut l'être l'écriture.*

Dans les années 1890, Marcel Proust (1871-1922) commence à aborder la table sous l'angle esthétique. Sa découverte de la beauté gastronomique comme sujet littéraire est due à deux grands maîtres, deux grands initiateurs : l'historien Jules Michelet et le peintre Jean Siméon Chardin. *La Mer* (1861) de Michelet lui a appris à regarder et savourer certaines nourritures visuellement écœurantes. Dans « Avant la nuit », nouvelle publiée en 1893, Proust défend l'homosexualité à travers la confession d'une jeune lesbienne mourante qui, au paroxysme du désespoir, s'est tiré un coup de revolver. Il y soutient la possibilité de convertir la répulsion physique en attraction par la contemplation du beau. Que l'on regarde les huîtres. Elles sont certes répugnantes à première vue, mais si on les regarde comme Michelet a regardé et même touché des méduses, Gorgones décapitées ou « Filles des mers » délicieuses, on peut surmonter la phobie instinctive et découvrir une beauté secrète, interdite au profane :

> La plupart des gens s'écartent avec dégoût de la méduse. Michelet, sensible à la délicatesse de leurs couleurs, les ramassait avec plaisir. Malgré ma répulsion pour les huîtres, après que j'eus songé [...] à leurs voyages dans la mer que leur goût évoquerait maintenant pour moi, elles me sont devenues, surtout quand j'étais loin de la mer, un suggestif régal. Ainsi les aptitudes physiques, plaisir de contact, gourmandise, plaisir des sens, reviennent se greffer là où notre goût du beau a pris racine.

Ce n'est pas un hasard si l'héroïne d'« Avant la nuit » cite les huîtres, nourriture si sensuelle, à connotation évidemment érotique (« Oh ! des huîtres, j'en ai si envie ! », déclarera Albertine au héros d'*À la recherche du temps perdu* [1913-1927], qui, lui, n'en mange jamais).

Dès le début, chez Proust, l'alimentation est intimement liée à la sexualité, et cette association a été approfondie dans un texte de 1895 sur Chardin. Il vient d'admirer au Louvre plusieurs tableaux du maître de la nature morte. *Le Buffet* et *La Raie* lui ont ouvert les yeux sur la beauté de la table après le repas ou de la table de cuisine sale, en désordre. Il retient de ces chefs-d'œuvre des détails sordides, tels que des verres de vin à moitié vides, des « couteaux actifs, qui vont droit au but » ou un autre « qui marque la précipitation de la jouissance », des huîtres traînant sur la nappe, « un reste de côtelette saignante et fade », une raie ouverte et suspendue, ou des poissons « tordus en une courbe raide et désespérée, à plat ventre, les yeux sortis ». L'intention de l'écrivain est claire. C'est une métaphore du lit défait, une description de scène après l'amour. La même obsession plaisante, qui plane çà et là dans *À la recherche du temps perdu* – songeons à la torture d'asperges à Combray –, transparaît encore dans une lettre adressée à Walter Berry plus de vingt ans plus tard, en juillet 1917 : « Avant d'avoir vu des Chardin, je ne m'étais jamais rendu compte de ce qu'avait de beau, chez mes parents, la table desservie, un coin de nappe relevé, un couteau contre une huître vide. »

On a donc affaire à une gastronomie fantastique, suggestive et symboliste, d'après laquelle une nourriture ne vaut que par ce qu'elle n'est pas. D'où ce régime d'apparence peu gourmande, presque ascétique, qu'adopte l'écrivain, aux dires de ses intimes, à commencer par Céleste Albaret, sa gouvernante, cuisinière et secrétaire de 1913 à sa mort. Selon elle, Proust ne se nourrissait, en fin de compte, quasiment que de lait, de café au lait et de croissants. Le café était torréfié tous les jours par la Maison Patin, située 8, rue de Lévis, dans le XVIIe arrondissement, non loin de chez lui. Céleste préparait des pots de café au lait, qu'elle lui apportait de façon très régulière. C'était un rituel.

Dans l'œuvre de Proust, on trouve partout des autoportraits. D'abord, dans *Jean Santeuil* (roman de jeunesse inachevé, rédigé de 1895 à 1899), c'est le héros, lecteur assidu du *Figaro*, qui déguste avec délectation les malheurs guettant les principaux acteurs de l'affaire Dreyfus, en prenant son croissant avec son café au lait bouillant et bien sucré. Ensuite, dans « Sentiments filiaux d'un parricide », texte publié précisément par *Le Figaro* du 1er février 1907, c'est Proust lui-même qui lit pendant son petit déjeuner un drame, celui d'un matricide, et des catastrophes de toutes sortes du monde entier. Et dans *Le Temps retrouvé* (1927), Madame Verdurin s'extasie, en pleine guerre mondiale, à la nouvelle si appétissante du torpillage du *Lusitania*, lequel fit des milliers de victimes au large de l'Irlande le 7 mai 1915. Elle ne regarde ni ce qu'elle mange, ni ce qu'elle boit. L'ironie est acerbe. L'office matinal s'avère un festin cannibale.

Mais Proust n'est pas Baudelaire. Son point de vue n'est pas celui d'un dénonciateur implacable du déguisement culinaire qui fait de nous des « Thyeste en repas » (selon les mots d'Agrippa d'Aubigné dans *Les Tragiques*). Il ne sort jamais de la communauté civile fondée sur le sacrifice sanglant et l'alimentation carnée. La violence culinaire et alimentaire n'est pas condamnée, mais dévoilée avec un humour, une ironie ou une fausse innocence avant d'être revoilée aussitôt par la même douceur de vivre qu'auparavant.

Cette ironie culmine dans la « tragédie » de l'arrière-cuisine de Combray, où le héros assiste malgré lui à la mise à mort d'un poulet par Françoise. La scène s'esquisse dans *Jean Santeuil* :

> Jean ignorait encore que pour avoir une belle oie rôtie qui, magnifiquement membrée et brillante de jus, excitait en son palais des désirs innocents, il avait fallu épouvanter une bête, lutter avec elle, lui tordre le cou et faire couler des mares de sang sur l'évier de la cuisine.

La cuisine y est définie comme un « art violent », alors que la gourmandise est comptée parmi les « crimes innombrables commis chaque jour depuis des siècles sans avoir été une seule fois punis ». Ces réflexions anthropologiques ne sont jamais poussées jusqu'au bout et s'éclipsent au profit du comique dans la version de *Du côté de chez Swann* (1913), qui se lit comme une parodie carnavalesque de la Passion. La narration s'attache de plus près au personnage de la cuisinière pour faire rire (« sale bête, sale bête ! »).

Le caractère humoristique de la scène devient encore plus éclatant lorsqu'on la compare à celle du *Premier Homme,* le roman inachevé d'Albert Camus – le « Proust des pauvres vies » en Algérie –, qui reprend le thème de l'égorgement du poulet. Dans le tableau réaliste et macabre de Camus, l'enfant prend part spontanément et courageusement à ce rite initiatique, alors que le protagoniste de Proust reste un spectateur protégé qui affecte l'ignorance innocente.

Une Madeleine qui a failli ne pas être

Aucune innocence non plus dans l'épisode de la Petite Madeleine qui intériorise la messe chrétienne autrement que l'office matinal du petit déjeuner. Lorsqu'une première version en a été rédigée en novembre-décembre 1908, il s'agissait d'une des tranches de « pain grillé », appelées aussi « biscottes », qu'une vieille cuisinière apportait avec une tasse de thé. Ce personnage anonyme a été plus tard nommé Françoise, et finalement remplacé par la mère du héros, alors que le pain grillé est devenu « une petite biscotte », puis une Petite Madeleine, espèce moins eucharistique que voluptueuse, décrite de manière ouvertement sexuée comme « un de ces gâteaux courts et dodus [...] qui semblent avoir été moulés dans la valve rainurée d'une coquille de Saint-Jacques ».

Cette coquille, signe symbolique du pèlerinage à Compostelle, revêt, elle aussi, une nuance érotique, le mot « valve » réapparaissant dans *La Prisonnière* (1923) précisément pour décrire le sexe d'Albertine. Ce qui contraste avec le caractère strictement spirituel de la manducation, épurée de tout appétit, de tout désir charnel.

Prostituée ou matrice narrative, la Madeleine de Proust a un caractère à la fois sacré et sensuel. La même ambivalence se reconnaît dans le baiser nocturne d'Albertine qu'évoque avec insistance *La Prisonnière*. La langue qu'elle insère dans la bouche du héros chaque nuit, avant d'aller se coucher, est « un don du Saint-Esprit » ou « un viatique » :

> [...] je sentais, sur mes lèvres qu'elle essayait d'écarter, sa langue, sa langue maternelle, incomestible, nourricière et sainte, dont la flamme et la rosée secrètes faisaient que, même quand Albertine la faisait seulement glisser à la surface de mon cou, de mon ventre, ces caresses superficielles mais en quelque sorte faites par l'intérieur de sa chair, extériorisé comme une étoffe qui montrerait sa doublure prenaient, même dans les attouchements les plus externes, comme la mystérieuse douceur d'une pénétration.

Ce « don » de la langue qui octroie au héros « une provision de calme » nécessaire comme dans un allaitement maternel est expressément comparé au baiser de la mère à Combray. L'enfant couché de *Du côté de chez Swann* percevait la figure aimante de sa mère tendue vers lui comme « une hostie pour une communion de paix où [s]es lèvres puiseraient sa présence réelle et le pouvoir de [s]'endormir ». Sans mère, nulle nourriture, nul sommeil : « Quand j'ai perdu Maman, confiait Proust à Maurice Duplay, j'ai eu l'idée de disparaître. [...] je me serais laissé mourir en me privant de nourriture et de sommeil. »

La Sainte Table

Proust était très sensible à la dimension religieuse de la table. Dans « La mort des cathédrales », article publié dans *Le Figaro* du 16 avril 1904 pour défendre les églises menacées de désaffectation par leur séparation d'avec l'État, il écrit :

> On peut dire aux églises ce que Jésus disait à ses disciples : « Excepté si l'on continue à manger la chair du fils de l'homme et à boire son sang, il n'y a plus de vie en vous » (Saint Jean, VI, 55 [*sic* ; correctement 53]), ces paroles un peu mystérieuses mais si profondes du Sauveur devenant, dans cette acception nouvelle, un axiome d'esthétique et d'architecture. Quand le sacrifice de la chair et du sang du Christ, le sacrifice de la messe, ne sera plus célébré dans les églises, il n'y aura plus de vie en elles.

Le titre de l'article et l'idée de communion comme « axiome d'esthétique et d'architecture » rappellent « La Passion, comme principe d'art au Moyen Âge » (1833) du jeune Michelet, qui rapproche le sacrifice divin de l'art culinaire tout en présentant la cathédrale comme une transposition architecturale du corps souffrant du Sauveur. La table de Proust est donc avant tout celle de la Cène, même si Dieu en est « terriblement absent ».

Les repas évoqués dans la *Recherche* sont saturés de métaphores chrétiennes. Le menu de la maison de Combray, où le héros adolescent passe ses vacances de Pâques en famille, est comparé à des ornements sculptés aux portails des cathédrales gothiques. Le dîner chez le duc et la duchesse dans *Le Côté de Guermantes II* (1921), qui consacre l'entrée du héros dans le milieu le plus fermé de l'aristocratie française et européenne, se présente comme une « communion sociale » ou une « Cène sociale », comparable à celle des douze apôtres de Jésus-Christ réunis autour de la « Sainte Table » ou de la « table mystique », douze apôtres qui faisaient partie des piliers de la Sainte-Chapelle.

Constipation des Prophètes

Cette salle à manger si chrétienne des Guermantes remonte à celle des Réveillon dans *Jean Santeuil*. Curieusement, le jeune Proust employait à cet endroit la métaphore filée du judaïsme qui faisait de la salle à manger ducale l'« arche sainte », c'est-à-dire l'Arche d'alliance placée dans le Saint des Saints du Temple de Salomon à Jérusalem. L'abandon de la métaphore du sanctuaire hébraïque montre que Proust, dans la *Recherche*, cherche à exclure toute couleur juive de la table du milieu aristocratique. Les bouches juives ne sont d'ailleurs pas conviées à la première communion de la Petite Madeleine que le narrateur rapproche ostensiblement, ainsi qu'on l'a vu, de la coquille Saint-Jacques, bête non *casher* comme l'huître.

Il n'y a rien de surprenant si Swann et Norpois dégustent respectivement une langouste et du jambon d'York Olida chez les parentes du héros. La famille maternelle de Proust, juive d'origine allemande et alsacienne, ne respectait pas les règles alimentaires stipulées par sa religion. L'écrivain ne les mentionne jamais sans dérision, et ce dès son pastiche juvénile de Flaubert-Drumont (1893) qui cite avec sarcasme les « bouchers de leur race », dénoncés alors par des agitateurs antisémites comme des empoisonneurs de l'armée française. Le particularisme alimentaire des Juifs donne constamment lieu à une moquerie douteuse dans la *Recherche*, comme le montre la référence à la consommation de pain d'épices liée à l'« eczéma ethnique » et à la « constipation des Prophètes » chez Swann, personnage d'origine juive, mais converti au catholicisme depuis la génération de ses grands-parents.

Il en va de même de l'épisode déjà cité du « drame du coucher », où le héros enfant attend désespérément le baiser du soir de sa mère. Françoise, cuisinière et servante de la maison, se dresse devant lui comme un obstacle aussi rigide et inhumain que certains codes antiques. Les critères qu'elle utilise pour juger les choses qui peuvent se faire et ne peuvent pas se faire sont, selon les termes employés dans une version de 1909, aussi incompréhensibles que la « vieille loi juive » ou « judaïque » qui montre des « scrupules soit d'une délicatesse exagérée comme de défendre, en accommodant le chevreau, de le faire bouillir dans le lait de sa mère, soit d'une pure obscurité comme, en considération de Jacob, de ne jamais manger dans un animal le nerf de la cuisse ».

Ces références rationalistes, ironiques et quasi voltairiennes aux lois alimentaires juives suggèrent que Proust connaissait en détail la *cacherout* et ses sources sacrées, qui faisaient l'objet d'une polémique à l'intérieur de la communauté juive de France en ce début du XXe siècle. Le judaïsme apparaît comme une menace inquiétante qui revient d'une manière intermittente dans l'univers chrétien, puisque le baiser maternel dont Françoise cherche à priver le héros est comparé, on s'en souvient, à l'eucharistie.

La table juive n'est pourtant jamais séparée définitivement de la table chrétienne dans la *Recherche*. Parce que rien n'est définitif chez Proust et qu'il savait bien que la table commune est un lieu de paix, destiné à instaurer ou restaurer un lien d'amitié entre les convives, vérité immémoriale, universelle, qu'on peut observer même chez certains primates non humains comme les gorilles.

Son talent d'hôte reste légendaire grâce, notamment, à deux grands dîners littéraires et mondains qu'il organisa chez ses parents pendant l'affaire Dreyfus. Le 24 avril 1899, au 9, boulevard Malesherbes se réunissent, en l'honneur de Robert de Montesquiou et de deux écrivains dreyfusards, Anna de Noailles et Anatole France, de grands aristocrates royalistes, antisémites et antidreyfusards, et des notabilités et salonnières juives, telles Mme Arman de Caillavet (née Léontine Lippmann) et Mme Émile Straus (née Geneviève Halévy), dont le salon passait pour le « quartier général du dreyfusisme ». La réaction calomnieuse du journal *La Libre Parole*, qui dénonce bruyamment l'infiltration des « grands Youtres », n'empêche pas Proust de récidiver à la sortie de la crise dreyfusienne, le 19 juin 1901, toujours en l'honneur d'Anna de Noailles, en accueillant au 45, rue de Courcelles « une soixantaine de personnes d'opinions différentes ». « Toute la vaisselle eût pu voler en morceaux », comme dans la célèbre caricature de Caran d'Ache (« Un dîner en famille », *Le Figaro*, 14 février 1898). Il n'en fut rien. L'entreprise remporta un succès exceptionnel, comme le rappelle, en 1917, dans *Salons et journaux*, Léon Daudet, devenu directeur de *L'Action française* :

> Des ennemis acharnés mastiquaient leur chaud-froid à deux mètres les uns des autres. Cependant les effluves de compréhension et de bienveillance, qui émanent de Marcel, se répandaient en tourbillons et spirales à travers la salle à manger et les salons et la cordialité la plus vraie régna, pendant deux heures, parmi les Atrides. Je crois que personne d'autre à Paris n'eût pu réaliser ce tour de force

Malheureusement, aucun témoignage ne nous est parvenu sur les menus de ces festins mémorables, en dehors de ce « chaud-froid ».

Rien d'étonnant donc à ce que la table juive survive tranquillement au sein de la *Recherche*. Voici un exemple significatif : dans la famille du héros à Combray, il est coutume de déjeuner « tous les samedis » une heure plus tôt, à onze heures, pour que Françoise puisse aller, dans l'après-midi, faire des courses au marché.

> Le retour de ce samedi asymétrique était un de ces petits événements intérieurs, locaux, presque civiques qui, dans les vies tranquilles et les sociétés fermées, créent une sorte de lien national et deviennent le thème favori des conversations, des plaisanteries, des récits exagérés à plaisir.

Ce particularisme alimentaire qui maintient et renforce l'identité et la « solidarité » de la famille de Combray en la séparant des « barbares[s] » ignorant ce qu'a de particulier le samedi, est bien une transposition parodique du *shabbat*. Racontant d'une manière humoristique la satisfaction « nationale » et « chauvine » des Combray, Proust fait observer des différences entre la grande société et cette petite société dont il adopte cette fois le point de vue.

Nostalgie de la table familiale

Il en va quelque peu autrement dans *À l'ombre des jeunes filles en fleurs* (1919), lorsque le héros est invité avec Saint-Loup à dîner chez les parents de Bloch à Balbec. Cette scène de table partagée, ajoutée pendant la Première Guerre mondiale, met en relief la singularité d'une famille juive plus ou moins assimilée, observée d'un point de vue à la fois interne et externe. Pendant le repas où l'on déguste du canard, le grand-oncle de Bloch prononce un mot yiddish et un mot hébreu, qui font partie de la langue cryptique de la famille, incompréhensible aux chrétiens et aux domestiques. Cela rend le père de Bloch furieux, puisqu'il estime que l'emploi de ces mots d'argot est « vulgaire », « déplacé » ou « trop oriental » pour les étrangers.

Proust connaissait-il le témoignage d'Alfred de Vigny sur *Un souper chez Mademoiselle Rachel* (rédigé en 1839) ? Le poète y évoquait un comportement semblable de la célèbre comédienne juive qui interdisait à sa sœur de parler le yiddish devant ses invités (« Point d'allemand ici ! »). Dans le dîner Bloch, la transformation soudaine de l'espace privé en espace public est finement observée par le bon connaisseur des codes de cette petite société israélite. La table familiale est un lieu de mémoire où s'abrite ce genre de *lessico famigliare* détaché du contexte religieux originel. C'est ainsi que Natalia Ginzburg, première traductrice italienne de *Du côté de chez Swann*, commença son autobiographie proustienne par une scène de dîner familial, couverte de mots de la tribu.

Après la mort de ses parents, survenue en 1903 et 1905, la table familiale était perdue à jamais pour Proust, resté célibataire jusqu'à sa mort. Le dîner chez les Bloch, composé pendant la guerre, semble refléter sa nostalgie des dîners dominicaux chez son oncle Georges Weil, mort en 1906: «Je pense souvent à nos dîners Place Malesherbes», écrivait-il à Mme Hecht, belle-sœur de son oncle, dans la même période, en mars 1916. Aussi ce qu'il a écrit de la «mort des cathédrales» pouvait-il s'appliquer à sa propre salle à manger, orpheline, désolée, silencieuse et sans feu, comme celle dans laquelle le héros du *Côté de Guermantes I* (1920) sanglote frileusement, «pareil aux Juifs qui se couvraient la tête de cendres dans le deuil».

Les goûters de Proust

Mais même la mort n'est pas définitive chez lui («Mort à jamais?»). Pour Michelet admirateur de la cathédrale gothique, la pierre était le pain, et le pain était Dieu. Pour Proust, les pierres tombales d'une cathédrale étaient comme de grands gâteaux de miel, car le temps les avait dorées et fondues jusqu'à leur donner une douceur et une mollesse presque comestibles, tant il adorait le sucré et le mou.

La Madeleine s'étant substituée au pain grillé et à la biscotte, Dieu céda la place à un enfant friand de sucreries. Et on en trouve partout dans la *Recherche*. L'innocence en est pourtant toujours absente. Les goûters ne mettent en lumière que la cruauté infantile et le sadisme féminin. La consommation de pâtisseries est souvent comparée à la destruction joyeuse et extatique de monuments. C'est le cas du gâteau «ninivite» abattu par Gilberte lors de son goûter. De même pour les glaces architecturales d'Albertine dans *La Prisonnière*:

> [T]outes les fois que j'en prends, temples, églises, obélisques, rochers, c'est comme une géographie pittoresque que je regarde d'abord et dont j'en convertis ensuite les monuments de framboise ou de vanille

en fraîcheur dans mon gosier. [...] [A]u pied de ma demi-glace jaunâtre au citron, je vois très bien des postillons, des voyageurs, des chaises de poste, sur lesquels ma langue se charge de faire rouler de glaciales avalanches qui les engloutiront (la volupté cruelle avec laquelle elle dit cela excita ma jalousie) ; de même, ajouta-t-elle, que je me charge avec mes lèvres de détruire, pilier par pilier, ces églises vénitiennes d'un porphyre qui est de la fraise et de faire tomber sur les fidèles ce que j'aurai épargné. Oui, tous ces monuments passeront de leur place de pierre dans ma poitrine où leur fraîcheur fondante palpite déjà.

À la recherche du paradis perdu

Cette improvisation érotique qui tourne autour de glaces de Poiré-Blanche, de Rebattet et du Ritz n'est sans doute pas étrangère à la volonté d'une profanation. On sait que Proust avait coutume de servir à son invité une glace de Poiré-Blanche (196, boulevard de Saint-Germain) comme dessert. Du confiseur Rebattet (12, rue du Faubourg Saint-Honoré), Céleste affirme que « [s]i c'étaient des petits fours, ils ne pouvaient venir que de chez Rebattet, parce que sa mère avait décidé que c'étaient les meilleurs de Paris ». Ces prédilections exclusives de Proust s'expliqueraient, toujours selon Céleste, par son attachement à des souvenirs familiaux :

> Aujourd'hui, je pense que ces envies soudaines qu'il avait correspondaient à des moments où il courait après le temps qu'il avait perdu – mais perdu comme on le dit d'un paradis. Et chaque envie correspondait toujours aussi à un fournisseur précis, datant de sa jeunesse ou, en tout cas, de l'époque où il vivait encore chez ses parents. Et tout cela se raccordait à sa mère, naturellement, qui avait grand soin de sa table et de son train de maison.

L'odeur et la saveur constituent donc toujours le meilleur *locus* de la mémoire familiale. Et la meilleure façon de la célébrer, c'était de la profaner, de la faire fondre au fond d'une gorge obscène, poussant un rire si cruel, si voluptueux.

Que mon style soit aussi brillant que votre gelée

La cuisine, c'est donc un art de la mémoire. Mais c'est aussi un art tout court. Françoise est une grande artiste puisqu'elle est aussi soucieuse que Michel-Ange de la « qualité intrinsèque des matériaux » de son « œuvre ». Néanmoins, le véritable secret d'un chef-d'œuvre ne réside pas dans les matières. En fait, dit Proust, c'est le style qui détermine la grandeur d'un artiste. Il écrit à Céline Cotin, sa cuisinière, en juillet 1909, alors qu'il passe de son projet critico-narratif du *Contre Sainte-Beuve* à la rédaction de la *Recherche* :

> Je vous envoie vifs compliments et remerciements pour le merveilleux bœuf mode. Je voudrais bien réussir aussi bien que vous ce que je vais faire cette nuit, que mon style soit aussi brillant, aussi clair, aussi solide que votre gelée – que mes idées soient aussi savoureuses que vos carottes et aussi nourrissantes et fraîches que votre viande. En attendant d'avoir terminé mon œuvre, je vous félicite de la vôtre.

Qu'est-ce que le style ? C'est une espèce de fondu, d'unité transparente dans laquelle tous les ingrédients perdent leur premier aspect. C'est une assimilation complète. C'est un vernis des maîtres. Et c'est la gelée du bœuf mode d'une cuisinière géniale. Oui, et une gelée aussi qui n'est pas si loin des textures de l'huître ou de la méduse…

Bangers and Mash
Yorkshire pudding
Fish and chips
Chicken pie
English breakfast

Les banquets expirent chez Shakespeare

Nathalie Vienne-Guerrin

Nathalie Vienne-Guerrin est professeure en études shakespeariennes à l'Université de Montpellier Paul-Valéry. Elle a notamment publié un article intitulé « Le miel et le fiel : des excès de bouche dans Timon of Athens » *dans les* Actes des congrès de la Société française Shakespeare *(2007) et dans la langue du dramaturge un* Dictionnaire des injures shakespeariennes *(*Shakespeare's Insults. A Pragmatic Dictionary, *2016), ainsi qu'une monographie,* The Anatomy of Insults in Shakespeare's World *(2022).*

Des tréteaux du théâtre à ceux du banquet, il n'y a qu'un repas et des vers. On banquette beaucoup chez William Shakespeare (1564-1616). Le banquet et ses désordres enflamment la langue et passent souvent du miel au fiel. Banquet mirage de La Tempête, *banquet maudit de* Timon d'Athènes, *privation de banquet dans* La Mégère apprivoisée, *banquet piège d'*Othello, *banquet cannibale de* Titus Andronicus… *Histoires de langues, alliances du parler et du manger, autant de festins de mots et de s(c)ènes de théâtre que Nathalie Vienne-Guerrin nous invite à déguster.*

Le banquet mirage de La Tempête *(*The Tempest, *1610)*

Commençons par la fin, par la dernière pièce de Shakespeare. C'est très intéressant de commencer par *La Tempête.* Le banquet mirage fait partie des mesures de représailles de Prospéro, duc de Milan déchu et magicien, à l'encontre des naufragés : son frère l'usurpateur, le roi de Naples et son fils, tous les trois vomis par la mer (l'image est dans le texte), se retrouvent tous sur l'île où Prospéro vit en exil. Avec l'aide d'Ariel, esprit et serviteur dévoué, Prospéro leur offre un banquet qui va s'évanouir aussitôt qu'ils le verront, un banquet qui va littéralement leur mettre l'eau à la bouche. Une véritable scène de torture : quand on échoue sur une île déserte on veut avant tout boire et manger ! Alors qu'ils se régalent d'avance devant ce banquet, le festin disparaît. C'est une scène doublement théâtrale : au théâtre, on nous offre une image du banquet et il y a là une dimension méta-dramatique.

Dans *Prospero's Book* (1991) de Peter Greenaway, on assiste à un banquet visuel. On peut écrire dix thèses sur ce film ! Il y a tellement d'images qui apparaissent ; c'est un film qui fait le lien entre le corps et l'écrit, entre le physique et l'intellect. Un film où John Gielgud joue tous les personnages ; en désincarnant tous les autres, il devient le metteur en scène. Ce qui est déjà le cas dans la pièce de Shakespeare : Prospéro dirige tout, contrôle tout, il est le démiurge, le cuisinier qui maîtrise tout.

Le banquet maudit de Timon d'Athènes *(*Timon of Athens, *1607)*

Timon est un riche héritier, tout le monde vit à ses dépens. Ses invités viennent lui « offrir le sucre » de la flatterie *(sugar of flattery).* La flatterie est à l'époque de Shakespeare considérée comme l'un des pires péchés de la langue, comme un excès de table. Tous ses invités sont des goinfres, des bouches gloutonnes *(gluttonous maws)* qui à force de lèche *(each other's leech)* engloutissent (*englut*, Acte II, scène 2) la fortune de leur hôte. Quand il se trouve ruiné, personne ne vient à son secours.

L'oreille du flatté est aussi vorace que la bouche du flatteur. Timon a dégusté le miel de la flatterie, mais il s'est fait littéralement « bouffer » par cette flopée de flatteurs sans se rendre compte de rien (« *What a number of men eat Timon, and he sees'em not!* » [Acte I, scène 2]).

Du miel au fiel

Dans la pièce on passe d'un dérèglement à l'autre. Excès de générosité *(bounty)* de Timon au début, excès de gloutonnerie des visiteurs, excès d'amertume et excès de misanthropie quand Timon réalise que ceux qu'il nourrissait lui tournent le dos.

Timon, avant de se retirer dans un *no man's land*, dans sa grotte *(cave)* pour vivre et mourir seul, veut leur donner une leçon et leur offrir un banquet, quand bien même il n'a plus de quoi les nourrir. Tous les anciens flatteurs sont les bienvenus même si, conscients de leur ingratitude, ils ne comprennent pas cette générosité. Timon met tout en œuvre pour leur donner l'impression jusqu'au dernier moment que le banquet va bien avoir lieu, créant un véritable suspense. Tous s'asseyent à la table du banquet. Mais, lorsque l'on découvre les plats, ils se retrouvent face à un repas d'eau chaude *(warm water)*. Timon leur met littéralement « l'eau à la bouche ».

Dans cette scène, Timon vomit symboliquement sur ses convives. Il le fait par ce repas, avant de le faire en paroles, en déversant sur eux un chapelet de malédictions qui se poursuit jusqu'à son épitaphe, maudissant l'humanité tout entière. Il les appelle « *mouth friends* » (Acte III, scène 6), faux amis dont l'engagement n'est que vaine flatterie : cela ne leur coûte rien de parler mais, quand il faut passer à l'acte, ils ne font rien. « *Mouth friends* » renvoie à l'hypocrisie et à la flatterie, représentées dans les livres d'emblèmes par un personnage la langue devant, posée sur un plateau, et le cœur loin derrière : la langue était ainsi figurée comme un plat que l'on sert avec hypocrisie.

*Le banquet piège d'*Othello *(*Othello, the Moore of Venice, *1604)*

Dans la scène qui est, pour moi, la plus marquante, Iago fait boire Cassio pour le piéger… Pour lui reprocher d'avoir trop bu et, surtout, pour le mettre dans une position embarrassante, parce qu'avec l'alcool vient la querelle. La consommation d'alcool était mal vue dans la société élisabéthaine. Boire de l'alcool pouvait donner lieu à beaucoup d'altercations pour ceux qui avaient le vin mauvais, comme l'illustre la mésaventure de Cassio.

Iago sait que Cassio est sensible à l'alcool et il le pousse à boire, Cassio va ainsi devenir le *trouble maker*, celui qui, par son ivresse, trouble l'ordre public. Il est fascinant de voir comment Cassio commente la perte de son honneur, *« I have lost my reputation »* (*Othello*, Acte II, scène 3) : en se laissant aller à son penchant pour la boisson, il a perdu son honneur et « mis son ennemi dans sa bouche », *« I put my enemy into my mouth »* (Acte II, scène 3). Le double sens de la langue apparaît : Iago est la mauvaise langue par excellence, c'est le calomniateur, le *devil*, le diable, celui qui fait un double usage de sa langue, qui transforme le mot *honest* en *dishonest.* Cassio, en buvant, a mis un ennemi dans sa bouche, le diable Iago est entré dans sa bouche. C'est un basculement radical dans la vie de Cassio que cette scène dans laquelle il se laisse entraîner et qui le conduit au duel, donc à la querelle déshonorable, parce que déclencher un duel sous l'effet de la boisson est déshonorant.

La privation de banquet de La Mégère apprivoisée *(*The Taming of the Shrew, *1594)*

Jean-Michel Déprats a retraduit *The Taming of the Shrew*, par *Le Dressage de la rebelle*, pour la nouvelle édition de la Pléiade (2013). C'est une farce, terme qui renvoie à la fois au genre dramatique et à la nourriture. La pièce nous raconte comment Petruchio, véritable caricature du masculiniste contemporain, entend « dresser » sa future épouse Kate, la mégère, *the Shrew*, fille aînée de Baptista Minola, riche aristocrate de Padoue.

Petruchio pense qu'elle doit avoir le ventre vide pour être plus docile. Il va l'affamer, comme on dresse un faucon. Kate étant censée être une femme querelleuse, injurieuse, rebelle, il entend par ces actes de privation dompter sa langue dans tous les sens du terme : se rendant à la fois maître de ses mots, de ses mets et de son sommeil.

Petruchio commence par l'empêcher de participer à un banquet de noce, puis la contraint à un pénible périple pour qu'elle arrive chez lui affamée. Dans une autre scène (Acte IV, scène 1), quand le repas est servi et qu'elle pense enfin pouvoir se nourrir, il jette les plats à la face des cuisiniers : « Ce n'est pas bon, elle mérite bien mieux que cela. » Il lui offre encore un mirage de banquet. La privation de nourriture revient dans le même acte et c'est au tour de Grumio, l'un des serviteurs de Petruchio, de déclarer : « Je pourrais vous offrir ceci… Ah, mais non… mais non, cela ne va pas être bon pour vous… » Et Kate de répondre : « Si ! si ! si ! » Mais, toujours, Grumio rétorque : « Mais non, cela ne va pas être bon pour vous ! » Tant et si bien qu'elle finit par conclure qu'elle n'est nourrie « que du nom de ces plats » (*« That feed'st me with the very name of meat »*, Acte IV, scène 3).

Le processus de dressage se fait à tous les niveaux. On la nourrit de mots. Et, finalement, c'est comme au théâtre : nous sommes nourris de mots !

Le banquet fantôme de Macbeth

Je crois qu'il faut rattacher la scène de banquet fantôme de *Macbeth* à l'univers des sorcières, au monde du chaudron… Il y a des cuisinières dans la pièce : ces sorcières préparent des mixtures pour empoisonner l'esprit de Macbeth au moment où il organise son banquet. Le banquet est censé symboliser l'ordre, la civilisation, la stabilité politique, signifier à chaque sujet quelle est sa place et où Macbeth devenu roi se situe par rapport à eux.

Mais le banquet est perturbé : Macbeth ne parvient pas à s'asseoir à sa place, qui est occupée par le fantôme de Banquo. Ce qui est une transgression des règles du banquet et du protocole royal. C'est un échec total ! Lady Macbeth est obligée d'interrompre la cérémonie : « Sortez immédiatement, sans souci du protocole » (*« Stand not upon the order of your going/But go at once »*, Acte III, scène 4).

Ce qui retient mon attention, c'est que, dans la mise en scène, voyant son mari délirer quand il aperçoit le fantôme de Banquo – on peut choisir de montrer ou de ne pas montrer le fantôme –, Lady Macbeth lui dit : *« You lack the season of all natures. » « Season »* renvoie à l'assaisonnement, en l'occurrence l'assaisonnement de la vie, ce qui la rend possible, la nourriture et le sommeil. Macbeth ne mange plus et ne dort plus. Autant Falstaff mange et dort, ce qui le fait ronfler – on lie une fois encore la nourriture et le sommeil –, autant Macbeth a des dysfonctionnements du sommeil et de l'appétit, des désordres, tout comme Kate, privée de nourriture et sommeil.

Les deux vont de pair : on dort bien quand on a bien mangé. Macbeth ne mange pas, forcément, au cours de ce banquet raté. Pourquoi ne mange-t-il pas ? Parce qu'il n'a plus ce goût de la vie. Et il ne dort plus non plus. J'aime bien le terme de *season*, d'assaisonnement : c'est ce qui fait le piment, le sel de la vie. Shakespeare renverse le rituel du banquet pour en faire un anti-banquet, qui au lieu de générer l'ordre établi montre le désordre, la dislocation de la société.

Le banquet cannibale de Titus Andronicus *(*The Most Lamentable Romaine Tragedy of Titus Andronicus, *1594)*

Titus Andronicus est une pièce époustouflante. À l'origine, c'est une pièce sénéquéenne. Dans *Thyeste*, la pièce de Sénèque, lors d'un banquet, Atrée fait manger à son frère, Thyeste, ses propres enfants. On devine ici les racines de ce qu'on appelle les *revenge tragedies*, les tragédies de la vengeance, qui recyclent des motifs sénéquéens. Mon collègue Yves Peyré, spécialiste des mythes, dit des choses très belles à ce propos dans son introduction à *Titus Andronicus* qui figure dans l'édition de la Pléiade (William Shakespeare, *Œuvres complètes*, *Tragédies*, I, 2002).

On trouve à la toute fin de *Titus Andronicus*, comme chez Sénèque, une scène de banquet cannibale qui prouve que la vengeance, pour Titus, est un plat qui peut aussi se manger chaud !

C'est une pièce terrible, où il est question de membres coupés, de viol… La famille de Titus, général romain imaginaire, a subi des sévices insoutenables de la part de Tamora, la reine des Goths. Les deux fils de Tamora sont notamment coupables du viol de Lavinia, fille de Titus, à qui ils ont coupé la langue, l'empêchant à la fois de goûter et de parler. Titus, pour se venger, va servir à Tamora ses deux fils en pâtés.

On assiste à la scène de dégustation et, pire encore, Titus nous livre la recette des pâtés, tout est décrit, rien ne nous est épargné ! Il y a une scène absolument fabuleuse et terrifiante où les deux fils de Tamora, capturés par Titus, sont suspendus comme des jambons et ils écoutent la description du supplice qu'ils vont endurer. Par la même occasion, Titus nous livre en détail la recette du banquet cannibale : « Je vais vous couper la gorge, tout le sang va tomber dans une bassine que ma fille va récupérer, après quoi, je vais broyer vos os, je vais broyer vos têtes honteuses, je vais les insérer dans un pâté… », le terme exact est *pie*, une tourte. « Je vais bien vous faire cuire, et je vais vous faire manger à votre mère » (Acte V, scène 2).

Ce qui est très significatif, c'est que si le banquet est normalement un rituel de civilisation, le propre même de la culture, dans le banquet de Titus, tous les codes de civilité du banquet sont inversés, ils deviennent vecteurs de sauvagerie. Et, ce qui est très dérangeant, c'est ce mélange de culture mise au service de la sauvagerie. C'est cela, je pense, que Julie Taymor rend bien dans sa version cinématographique de *Titus* (2001), avec, dans le rôle-titre, Anthony Hopkins, dont l'interprétation du cannibale Hannibal Lecter pour *Le Silence des agneaux* (1991) avait marqué la mémoire collective.

Titus entre en scène tout apprêté ; déguisé, il se présente comme un cuisinier, avec tous les ustensiles et l'apparat du banquet, créant un effet de suspense, pour finalement servir à Tamora la vérité, lui apprenant qu'elle vient de manger ses propres fils avant d'être tuée et livrée en pâture aux oiseaux de proie. Dans la toute dernière scène, on découvre en effet qu'elle-même va devenir une nourriture pour les vautours (Acte V, scène 3). Cette femme, alors appelée *« heinous tiger »* – car c'est bien une bête féroce, notre Tamora –, va être à son tour dévorée, son corps ne sera pas enterré mais livré aux animaux sauvages. C'est un monde assez terrifiant que nous présente *Titus Andronicus*, qui marie culture et sauvagerie.

Des tréteaux du théâtre à ceux du banquet

Nous n'allons pas oublier le personnage comique qui incarne la bonne chère chez Shakespeare, il s'agit bien sûr de Sir John Falstaff. Il apparaît dans *Henri IV* (première et deuxième partie, 1597) et dans *Les Joyeuses Commères de Windsor* (*The Merry Wives of Windsor*, 1602). Dans la version cinématographique que donne Orson Welles d'*Henri IV* (*Chimes at Midnight*, 1966), les acteurs montent sur les tréteaux du banquet pour jouer une pièce dans la pièce, qui est au cœur de la première partie de l'histoire. Mais Falstaff ne donne pas lieu à des scènes précises de banquet. Sir John, c'est le boire et le manger de la taverne, du quotidien, plus que celui du protocole réglé du banquet.

Les désordres alimentaires de Shakespeare

Finalement, je crois que ce que Shakespeare apprécie, ce sont les dysfonctionnements alimentaires, que l'on parle de Falstaff, dans un registre, certes, beaucoup plus vivant, ou de ces banquets qui conduisent tous au désordre. Parce que l'ordre, ce n'est pas très amusant au théâtre. Il faut s'imaginer la mise en scène : le désordre alimentaire, je pense que c'est cela qui fait le lien entre tous les cas que l'on a pu évoquer.

Il y a aussi chez Shakespeare une fascination pour la magie. On nous présente des illusions de banquets. Cette nourriture, dans le théâtre shakespearien, est à mon sens ce qu'il y a de plus festif et de plus mortifère. C'est quelque chose de très ambigu, comme la langue finalement, qui revient à cette ambivalence essentielle : elle est ce qui est à la fois le plus civilisé en apparence et aussi le plus sauvage, ce qu'il y a de plus réglé et de plus déréglé.

Dans la comédie, comme dans la tragédie, l'important est de boire et de manger

L'une des premières comédies de Shakespeare, *Peines d'amour perdues* (*Love's Labour's Lost*, 1595), est une pièce très intéressante à mon sens, car elle donne aussi à voir des mirages de banquets… Elle commence par un mirage de jeûne. Ferdinand, roi de Navarre, et trois de ses compagnons font le serment de se nourrir uniquement de livres et de philosophie : « Nous allons nous repaître de livres et non pas de chair ! » (*« The mind shall banquet, though the body pine ! »*, Acte I, scène 1). Un serment qu'ils respectent jusqu'à l'arrivée de la princesse de France et de ses dames de compagnie… Toute la pièce montre alors l'échec de ce projet purement livresque.

Vive le boire et vive le manger !

Tables et tréteaux,
Grand Siècle et Ancien Régime

La table sur les tréteaux de Molière

Patrick Dandrey

Patrick Dandrey, professeur émérite à la Sorbonne, véritable amphitryon de l'œuvre de Molière, nous invite à la table des maîtres et nous fait goûter la langue du généreux Monsieur Jourdain et de l'avaricieux Harpagon, mais aussi celles des valets gourmands, malicieux et chapardeurs, de Scapin à Sganarelle, serviteur de Dom Juan.

> « Songeons à manger.
> – Tout est prêt, Monsieur.
> – Allons donc nous mettre à table, et qu'on fasse venir les musiciens ! »
>
> Molière, *Le Bourgeois gentilhomme*, 1670, acte III, sc. 19 et 20.

Sur la scène comique, on peut bien des choses : notamment, de façon assez triviale, se mettre les pieds sous la table devant le public. Après tout, la comédie, parce qu'elle suscite cette manifestation physique immédiate, spontanée, viscérale qu'est le rire, n'a-t-elle pas un rapport immédiat, naturel, constitutif avec le corps, et singulièrement avec le ventre ? Molière lui-même, dans *L'Impromptu de Versailles*, disait du rire qu'il *« vous prend aux entrailles »*…

Dans le même esprit, Napoléon raconte que, après la bataille d'Iéna, la reine de Prusse surgit devant lui, tragique et véhémente – « Sire, justice ! Justice ! » L'empereur, embarrassé et pour s'en débarrasser, commença par la faire asseoir… Faites asseoir quelqu'un qui se dresse sur ses cothurnes, explique Bergson en commentant l'anecdote dans son essai intitulé *Le Rire* (1900), et la tragédie tourne au comique : « Est comique, écrit-il, tout incident qui appelle notre attention sur le physique d'une personne alors que le moral est en cause. » Ramener l'attention de l'âme sur le corps, et si possible sur ce que le corps a de plus trivial, c'est le secret élémentaire du rire : à l'inverse du héros tragique, le personnage comique mange, boit, dort, ronfle – et même il jouit ! Ou du moins il espère tout cela et met tous ses efforts à y parvenir. Et donc, sur la scène de Molière où l'on trouve plus de valets goinfres et de jeunes gens taillés pour l'amour que de reines de Prusse véhémentes et de conquérants embarrassés, on boit, on dort (fût-ce d'un œil) et, faute de faire l'amour, on espère du moins y parvenir et on s'y emploie ; et puis, bien sûr, on mange… Un bon comédien doit aussi savoir parler la bouche pleine, ou en tout cas faire comme si.

Ces « choses qui nous prennent par les entrailles » *(*La Critique de l'École des femmes, *sc. 7)*

Si Chaplin a créé et incarné un type comique éternel, celui de Charlot, Molière, lui, s'en est inventé deux qu'il a incarnés : Mascarille et Sganarelle. Ce sont à l'origine deux valets d'inspiration italienne.

Mascarille, c'est le *mascarillo*, le petit masque, l'équivalent français de Coviello, le valet menteur et trompeur de la scène comique italienne (la *Commedia dell'arte*), ferré en « embrouilles » (en imbroglios).

Sganarelle, lui, c'est l'*ingannarello*, dérivé du verbe *ingannare* (tromper), plutôt trompé que trompeur, même si les deux lui vont : c'est le valet qui « embrouille » et que, plus souvent, on « embrouille », un peu naïf, un peu sournois, bon vivant, toujours affamé et porté sur la bouteille, un cousin germain d'Arlequin. Goldoni, le Molière italien, lui a donné le premier rôle dans sa comédie *Il Servitore di due padroni* que nous nommons en France : *Arlequin serviteur de deux maîtres.* Qui n'a vu les prodiges d'art déployés dans ce rôle par Ferruccio Soleri qui, à partir de 1963 et pendant un demi-siècle, endossa le rôle d'Arlequin dans la mise en scène de Giorgio Strehler pour le *Piccolo teatro di Milano*, qui n'a vu et applaudi ses *lazzi* ne peut imaginer tout à fait le génie que peut avoir un *lazzo*, un de ces jeux de scène hors texte dont les comédiens *dell'arte* truffaient à plaisir l'action comique.

Dans *Arlequin serviteur de deux maîtres*, Soleri offrait notamment le fameux *lazzo* de la mie de pain : Arlequin a ouvert une lettre cachetée à la cire qu'on lui a donnée à remettre, il lui faut la refermer pour cacher son indiscrétion ; faute de cire, il mouille de salive un peu de mie de pain (goinfre et affamé, il a toujours du pain sur lui), pour que l'amidon colle la lettre ; et, bien sûr, il ne peut s'empêcher de l'avaler… Le jeu de scène pouvait être repris et durer aussi longtemps que le public riait – et le public ne s'en lassait pas. Plusieurs minutes au moins d'hilarité garantie !

Or en transparence de ces rires se profilait une vérité comique essentielle : c'est qu'Arlequin, paysan pauvre devenu valet, est habité par cette hantise élémentaire, si prégnante dans le monde ancien, qu'est la peur de manquer, la peur d'avoir faim, l'obsession immémoriale de la famine ; et voilà pourquoi il se nourrit sans avoir faim, avale même sans le souhaiter, comme par réflexe. On rit de la goinfrerie supposée, on devrait pleurer de la disette redoutée. C'est ainsi que la comédie va au ras de nos désirs et de nos angoisses, en concentrant dans un jeu de scène muet, apparemment anodin et bouffon, deux sensations élémentaires et puissantes entre toutes : l'appétit, cri de l'estomac, qui déchire le ventre, et la peur, la peur de manquer, qui laboure les entrailles. Or qu'est-ce que l'appétit, sinon la forme la plus élémentaire du désir ? Où la peur primale se porte-t-elle, sinon dans le ventre ? Le cri du ventre, les viscères qui se tordent, c'est ainsi qu'elle se manifeste. En fin de compte, appétit et peur forment la grammaire élémentaire du désir, de l'appétence, de la vie, en somme – la vie humaine et tout autant animale, condensée dans le *lazzo* de la mie de pain par Arlequin.

Venons-en à Molière : lui non plus n'a jamais dédaigné d'imaginer, de mettre en scène et d'incarner des valets habités par ces obsessions-là, par ces désirs-là. Un exemple, entre tous célèbre : celui du Sganarelle serviteur de Dom Juan, dans la scène du repas de l'acte IV de la comédie où son maître se fait servir à table. Les plats destinés à celui-ci passant devant son nez, Sganarelle ne peut s'empêcher d'en prélever au passage et en catimini un morceau dont, avant de pouvoir s'en goinfrer loin des regards, il se déforme la joue. Dom Juan à qui cela n'a pas échappé s'en amuse un peu cruellement :

> DOM JUAN
> Il me semble que tu as la joue enflée : qu'est-ce que c'est ? Parle donc. Qu'as-tu là ?
>
> SGANARELLE
> Rien.
>
> DOM JUAN
> Montre un peu. Parbleu ! c'est une fluxion qui lui est tombée sur la joue. Vite une lancette pour percer cela ! le pauvre garçon n'en peut plus, et cet abcès le pourrait étouffer.
>
> *Dom Juan*, 1665, acte IV, sc. 7.

Comique de farce, autour de la table où quelques secondes plus tard viendra s'asseoir, terrifiante et lugubre, la statue du Commandeur que Dom Juan y a conviée par bravade. Le convive de pierre n'y restera guère, lassé par l'attitude désinvolte du libertin qui s'amuse à d'autres pitreries aux dépens de Sganarelle : le Commandeur conviera l'insolent à venir le lendemain dîner à sa propre table, celle de la mort qui annihile tout appétit et toute peur. Dom Juan plaisante et rit sur un volcan… Et cela ne détonne pas : le rire est chose assez sérieuse pour défier même la mort.

*« Le véritable Amphitryon est l'Amphitryon où l'on dîne » (*Amphitryon*, acte III, sc. 5)*

Si Sganarelle doit quelque chose aux *zannis* italiens, eux-mêmes sont bien sûr les héritiers en ligne directe des valets de la comédie romaine antique. Ils ont donc pour ancêtre, parmi bien d'autres, Sosie, l'esclave d'Amphitryon, général thébain tout nouvellement marié qui est parti guerroyer loin de sa jeune épouse, dont Jupiter aimerait bien goûter les charmes.

Le sujet avait séduit jadis un poète comique latin : Plaute. Molière, lecteur et imitateur de Plaute, a offert à Sosie une seconde vie par le texte et par l'incarnation : il se distribua le rôle à la création de sa version d'*Amphitryon*, en 1668. Avant l'Arlequin de Goldoni, le Sosie de Molière figure aussi un valet serviteur de deux maîtres : car Jupiter s'est métamorphosé en Amphitryon pour tromper celui-ci avec la belle Alcmène, femme du véritable Amphitryon. Pour le coup, Sosie s'y perd et ne sait bientôt plus, tant la ressemblance est parfaite, lequel des deux est son vrai maître. Mais lorsque Jupiter sous le masque d'Amphitryon lance :

> Ayez, je vous prie, agréable
> De venir honorer la table
> Où vous a Sosie invité !

le valet n'hésite plus :

> Je ne me trompais pas, Messieurs, ce mot termine
> Toute l'irrésolution,
> Le véritable Amphitryon
> Est l'Amphitryon où l'on dîne !

En jouant sur le double sens du patronyme – car dès alors amphitryon est devenu un nom commun –, Sosie avoue plaisamment que la fidélité des valets à leur maître est souvent fidélité du ventre.

Fidélité de fripon, bien des fois aussi : tandis que Sganarelle chapardait un morceau à la table de son maître, Scapin, autre célèbre valet moliéresque, détourne le vin du sien. Sommé de rendre compte de ses fourberies et faute de savoir laquelle lui est en particulier reprochée, il les avoue toutes en cascade. Voici le rebond de ladite cascade où il est question de boisson :

> Eh bien, Monsieur, puisque vous le voulez, je vous confesse que j'ai bu avec mes amis ce petit quartaut de vin d'Espagne dont on vous fit présent il y a quelques jours, et que c'est moi qui fis une fente au tonneau et répandis de l'eau autour pour faire croire que le vin s'était échappé !
>
> *Les Fourberies de Scapin*, 1671, acte II, sc. 3.

Double et même triple plaisir de serviteur : boire aux dépens du maître, boire en compagnie d'autres serviteurs avec lesquels se moquer des maîtres et boire du vin de maître, car le vin d'Espagne, réputé le meilleur, venu à grand prix et de fort loin (l'action se passe à Naples), n'est pas d'usage parmi les valets.

Sganarelle qui pioche dans le plat de son maître, Scapin dans la cave du sien, et Sosie qui se vend à l'usurpateur d'identité de son maître pour un couvert à sa table, voilà une signature de parasitisme : le parasite n'est-il pas, étymologiquement, celui qui vient à vos côtés (para-) s'asseoir à table (-site) pour écornifler votre assiette (ou votre verre) ?

Et voilà bien la situation, la position, la fonction du valet de comédie : double inférieur de son patron, souffre-douleur et complice à la fois, indispensable parce que sans lui le maître serait nu, fragile et démuni, mais lui-même tout aussi nu, fragile et démuni sans son maître et devant lui. Chacun des deux à sa façon est donc indispensable à l'autre, chacun des deux parasites à sa manière, dans la société de la comédie qui offre une illustration en raccourci de la fameuse dialectique du maître et de l'esclave. La nourriture révèle et incarne, disions-nous, le propre de l'homme, son plus profond ressort à la fois physique (l'appétit) et moral (le désir) ; ajoutons qu'elle décèle aussi son identité d'être social.

À ce titre, l'esthétique vient tout naturellement s'y loger. Entre se nourrir, obsession des valets, et manger, à la façon distinguée des maîtres, passe l'art d'apprêter les mets, de les servir et de se tenir à table. Et comme on est toujours en l'espèce l'inférieur d'un autre, et singulièrement dans cette société d'Ancien Régime qu'un historien a définie naguère comme une « cascade des mépris », la société des maîtres redouble dans la manière de parler de la nourriture et de la boisson la hiérarchie des rangs et des fortunes. Bûcheron pauvre et laborieux faiseur de fagots, un Sganarelle qui, par exception, n'est pas valet mais paysan pauvre, chante très populairement les glouglous de sa divine bouteille, dont Lully, complice de Molière dans l'écriture musicale de cette comédie-ballet, s'est amusé à musiquer les paroles pour en faire un air de chanson à boire guillerette et (faussement) naïve :

> Qu'ils sont doux,
> Bouteille jolie,
> Qu'ils sont doux
> Vos petits glouglous !
> Mais mon sort ferait bien des jaloux,
> Si vous étiez toujours remplie.
> Ah ! bouteille, ma mie
> Pourquoi vous videz-vous ?
>
> *Le Médecin malgré lui*, 1666, acte I, sc. 6.

Chanson d'ivrogne qui vaut ce qu'elle vaut et ce que valent bien des livrets d'opéra ou d'opérette.

Bien sûr, la question finale (« Pourquoi vous videz-vous ? ») rattrape un peu la convention du tout en relevant ces vers faciles d'un trait d'humour. Mais ce sont les phrases parlées introduisant l'air à boire qui font sa vraie cocasserie. Les voici :

> La, la, la… Ma foi, c'est assez travaillé pour boire un coup. Prenons un peu d'haleine. *(Après avoir bu.)* Voilà du bois qui est salé comme tous les diables.

Un bois « salé comme tous les diables » : plaisante façon de dire que le bûcheronnage est une rude besogne, qui réclame un coup de vin pour l'oublier ou, qui sait ? faute de mieux, pour reconstituer ses forces. Nous parlions du désir et de l'appétit, de l'angoisse de manquer, de la hantise de la famine. La boisson offre un moyen d'oublier tout cela : oublier que la tâche est dure, la table pauvre, l'avenir incertain (ou trop certain), borné en tout cas par ce qu'un autre bûcheron à la même époque, le bûcheron de La Fontaine, énumère comme autant de raisons de vouloir en finir de cette triste vie et d'appeler la mort à la rescousse :

> Point de pain quelquefois, et jamais de repos.
> Sa femme, ses enfants, les soldats, les impôts,
>   Le créancier, et la corvée…
>
> La Fontaine, *La Mort et le Bûcheron*, Fables, livre I, 16.

Voilà peut-être pourquoi le vin est si fréquemment évoqué sur la scène comique : d'abord parce qu'un ivrogne qui délire et gamberge fait un jeu de scène facile, toujours assuré d'un succès d'hilarité, mais aussi parce que, aux yeux des spectateurs aisés de la ville qui vont au théâtre, une double image élémentaire, spontanée, naturelle est assignée au petit peuple des campagnes ou de la rue : celle de la faim sans pain pour la calmer ; celle du vin sans soif, pour se donner la force de travailler et oublier que le labeur est « salé ». Avec la mie de pain d'Arlequin et la « bouteille jolie » de Sganarelle, la comédie a fait le tour de l'obsession alimentaire du bas peuple vue par les mieux lotis.

Cela dit, n'allons pas chercher trop de sens là où il y en a peu : *Le Médecin malgré lui* est une petite comédie mêlée de musique et de danse qui n'excède pas la stylisation d'un scénario italien combiné à une farce gauloise. La courte scène de beuverie n'y a d'autre but que d'offrir à Lully le prétexte d'un air à boire qui enveloppe d'agréables harmonies l'éloge de la bouteille par le soiffard, pour amuser la cour aux dépens d'une certaine idée du peuple. En revanche, on va retrouver le même thème plus richement repris et modulé dans une autre comédie de plus haute ambition : *George Dandin ou le Mari confondu.* Dans cette pièce créée deux ans plus tard, en 1668, une peinture sociale un peu rosse s'en prend cette fois aux aristocrates décatis des provinces. Ils se nomment « Sotenville » – Monsieur et Madame de… Désargentés et d'autant plus guindés sur leurs prétentions de naissance et de rang, ils ont vendu leur fille en mariage à un « riche paysan » : c'est-à-dire un fermier bien nanti qu'ils regardent de haut, tandis que la nouvelle épouse trompe sans remords son malheureux mari pour se venger d'avoir été « achetée » par lui.

Dans la scène finale de la pièce, ladite épouse, Angélique, revenue en pleine nuit d'un rendez-vous galant, serait en passe d'être prise sur le fait à la porte du logis conjugal par ses parents. Mais le mari, qui les a appelés pour les rendre témoins de la mauvaise conduite de sa femme, se retrouve par une ruse de celle-ci mis lui-même dehors, tandis qu'elle, rentrée à l'intérieur, se lamente du haut du balcon sur la mauvaise vie de ce rustaud qui sort la nuit pour boire, évidemment, puisqu'il n'est qu'un rustre, si riche soit-il, donc un ivrogne.

Molière alors inverse l'effet comique traditionnel de la scène de boisson. L'ivrogne n'en est pas un, ce sont les Sotenville survenus qui se donnent le ridicule de croire voir et sentir, par pur préjugé social, les effets d'un vin que n'a pas bu leur gendre :

George Dandin
Monsieur mon beau-père, je vous conjure…

MONSIEUR DE SOTENVILLE
Retirez-vous. Vous puez le vin à pleine bouche.

GEORGE DANDIN
Madame, je vous prie…

MADAME DE SOTENVILLE
Fi, ne m'approchez pas. Votre haleine est empestée.

GEORGE DANDIN
Souffrez que je vous…

MONSIEUR DE SOTENVILLE
Retirez-vous, vous dis-je. On ne peut vous souffrir.

GEORGE DANDIN
Permettez de grâce que…

MADAME DE SOTENVILLE
Pouah, vous m'engloutissez le cœur. Parlez de loin, si vous voulez.

George Dandin, 1668, acte III, sc. 7.

Rien ne sent plus fort le vin que l'haleine d'un paysan qui n'a rien bu. Molière ici élève la scène farcesque d'ivrognerie en scène comique d'illusion égarée par un préjugé qui obsède l'imagination. Cela rappelle encore La Fontaine, dans cette fable où deux Compagnons rencontrent fâcheusement un Ours sur leur route. Voici qu'aussitôt l'un grimpe sur un arbre, tandis que l'autre se jette au sol et fait le mort. L'Ours alléché par cette promesse de festin s'arrête à celui-ci,

Et de peur de supercherie
Le tourne, le retourne, approche son museau,
Flaire aux passages de l'haleine.
C'est, dit-il, un cadavre : ôtons-nous, car il sent.

La Fontaine, *L'Ours et les Deux Compagnons*, Fables, livre V, 2.

Remugle de viande avariée ou pestilence de boisson mal cuvée, le nez trompé par l'imagination produit ici le même résultat trompeur. Et Molière renouvelle ainsi l'effet comique facile et rebattu de l'ivrogne qui déraille, en le dotant d'un fond social et d'une portée morale qui le propulsent en satire savoureuse du préjugé obstiné et de l'imagination abusée.

« La science des bons morceaux » (Le Bourgeois gentilhomme, *acte IV, sc. 1*)

Car Molière, toujours en quête de renouveau, déplace volontiers l'effet des motifs comiques qu'il hérite de la tradition, et s'ingénie même à varier ces déplacements d'une pièce à l'autre.

Prenons *Le Bourgeois gentilhomme* : un repas fameux y est offert par le comte Dorante à la marquise Dorimène avec l'argent de M. Jourdain. Celui-ci, en tiers à table avec eux, tente sans succès de courtiser la « belle marquise dont les beaux yeux [le] font mourir d'amour » : en réalité, il ne fait que tirer les marrons du feu pour son « ami » gentilhomme qui l'escroque joyeusement. Or on connaît bien le motif comique du repas ridicule : il est aussi vieux que la littérature facétieuse.

On en trouve un déjà dans le *Satyricon*, récit composé par Pétrone à Rome au Iᵉʳ siècle : le parvenu Trimalcion, ancien esclave affranchi devenu richissime, y régale avec ostentation ses amis, ses clients et quelques escrocs en rivalisant d'étalage vulgaire, de propos ridicules et de mauvaises manières. Le manuscrit de cette scène, tout récemment retrouvé, venait d'être publié six ans avant la composition du *Bourgeois gentilhomme*. Molière a donc pu le lire. Si bien qu'après avoir détaillé pendant les deux premiers actes de sa pièce toutes les carences, les approximations et les maladresses ridicules que ses maîtres ne peuvent empêcher le Bourgeois de commettre alors qu'il veut se conduire en gentilhomme, il lui suffisait d'emboîter le pas à Pétrone et à toute une tradition de banquets ridicules pour continuer sur cette voie, en faisant de M. Jourdain un nouveau Trimalcion, vulgaire, hâbleur, mal élevé et tonitruant.

Mais il n'a pas cédé à cette facilité, il n'a pas caricaturé M. Jourdain, bourgeois faisant le gentilhomme approximatif et malhabile, en goinfre ou en sagouin se tenant mal à table : la bourgeoisie parisienne ne se distinguait pas de manière si caricaturale de la noblesse. Cela aurait été une impropriété. À cet effet attendu, il a substitué un écho d'actualité et le persiflage subtil d'un travers qui ne manquait pas d'accompagner cette actualité, comme toute actualité : il a confié à Dorante, auteur de la « composition » du festin, une tirade brillante sur les progrès récents de la gastronomie, un vrai morceau de bravoure en forme d'éloge virtuose de l'art de composer un repas, avec une fine raillerie sur l'importance exagérée que certains se donnaient à apprêter ces mystères et à en traiter avec un jargon ésotérique. Faut-il rappeler que Vatel se suicidera l'année suivant la création du *Bourgeois gentilhomme* pour un retard de la « marée » (c'est-à-dire des produits de la mer) qui risquait de bouleverser l'agencement d'un festin royal ? La gastronomie est en passe de revendiquer alors par son raffinement son accès au statut d'œuvre d'art à part entière, voire de religion de la bouche !

Telle n'est pas l'ambition du festin qu'il a conçu, explique Dorante en se dévaluant avec une élégante modestie, tout en se moquant de ces nouveaux obsédés de belle et de bonne chère, qui traitent d'un repas comme s'il s'agissait d'un poème :

> DORANTE
> Comme c'est moi qui l'ai ordonné, et que je n'ai pas sur cette matière les lumières de nos amis, vous n'avez pas ici un repas fort savant, et vous y trouverez des incongruités de bonne chère, et des barbarismes de bon goût. Si Damis, notre ami, s'en était mêlé, tout serait dans les règles, il y aurait partout de l'élégance et de l'érudition, et il ne manquerait pas de vous exagérer lui-même toutes les pièces du repas qu'il vous donnerait, et de vous faire tomber d'accord de sa haute capacité dans la science des bons morceaux, de vous parler d'un pain de rive à biseau doré, relevé de croûte partout, croquant tendrement sous la dent ; d'un vin à sève veloutée, armé d'un vert qui n'est point trop

commandant; d'un carré de mouton gourmandé de persil; d'une longe de veau de rivière, longue comme cela, blanche, délicate, et qui, sous les dents, est une vraie pâte d'amande; de perdrix relevées d'un fumet surprenant; et, pour son opéra, d'une soupe à bouillon perlé, soutenue d'un jeune gros dindon cantonné de pigeonneaux, et couronnée d'oignons blancs mariés avec la chicorée. Mais, pour moi, je vous avoue mon ignorance; et, comme Monsieur Jourdain a fort bien dit, je voudrais que le repas fût plus digne de vous être offert.

Le Bourgeois gentilhomme, acte IV, sc. 1.

À travers la tirade de Dorante, Molière tient ici les deux bouts de la chaîne comique et satisfait aux deux impératifs du genre : il se fait d'un côté le peintre exact des manières de ses contemporains et, d'un autre, il décèle et exhibe les petites manies, l'infatuation, l'obsession qui les rendent ridicules. Que nous dit cette tirade bien enlevée ? Que sévit, à cette époque, une mode de la gastronomie de plus en plus raffinée, compliquée et jargonnante jusqu'au mystère, et que, en ce domaine aussi, se rencontrent des précieux ridicules et des savants pédantesques, qui à force de jargon et de prétention gâtent le savoir légitime et estimable qu'ils desservent au lieu de le servir.

Au reste, cela n'ôte rien à la beauté de cette fantaisie verbale, de cette avalanche rhétorique dont la richesse et la distinction font écho à celles du sujet qu'elle s'efforce de servir. Molière nous a conservé là un témoignage sur le raffinement de mets et de mots que connaît alors l'art culinaire : l'agencement de plats et de services composant un festin se calque sur le modèle d'un sermon ou d'une harangue, dédiés au dieu de la cuisine.

Si bien qu'en ces années où le français n'a pas encore de dictionnaire – celui de l'Académie ne paraîtra qu'à la fin du siècle, précédé de peu par ceux de Richelet et Furetière –, il nous faut recourir à des sources érudites variées pour identifier, par exemple, dans « un pain de rive à biseau doré » le pain cuit sur le bord du four (sur sa « rive »), afin que la croûte, légèrement brûlée, laisse toute sa tendreté au centre. De même, *La Nouvelle Maison rustique* nous apprend que « les “veaux de rivière” sont des veaux extrêmement gras, qui viennent aux environs de Rouen, où il y a de bons pâturages et où on les nourrit de lait ». Et l’on comprend à demi-mot et avec l’aide postérieure de Furetière que le « vin à sève veloutée, armé d’un vert qui n’est point trop commandant » est un vin que l’on boit un peu trop tôt dans sa maturation pour qu’il ait encore l’amertume de sa verdeur, mais sans que celle-ci ne « commande » sur le velouté, c’est-à-dire ne l’emporte désagréablement. Le même Furetière nous révèle qu’on nomme « opéra », par image, « une chose qui se fait rarement et extraordinairement, et avec de la dépense ou de la peine ». Ce sont là autant de délectations de langue, aux deux sens du mot, qui néanmoins confinent plaisamment à l’amphigouri à force d’images et d’allusions.

*« Il faut manger pour vivre et non pas vivre pour manger » (*L’Avare, *acte III, sc. I)*

Voilà bien un travers qui ne menace pas la parole ni la table on ne peut plus spartiates d’Harpagon. Certes, en apprenant que son avare de maître veut donner à souper, Maître Jacques, dans son emploi de cuisinier, commence par décliner lui aussi les saveurs de l’abondance verbale et culinaire : « Eh bien, il faudra quatre grands potages et cinq assiettes. Potages… Entrées… Rôt… Entremets… » Arrêté dans son élan par l’effroi d’Harpagon, il s’entend commander plus chichement « de ces choses dont on ne mange guère, et qui rassasient d’abord : quelque bon haricot bien gras, avec quelque pâté en pot bien garni de marrons ».

Bourgeois cousu d’or, un peu affairiste, surtout usurier, Harpagon mène avec la fortune de M. Jourdain le train de vie sinon d’un pauvre, du moins d’un bourgeois appauvri qui se serait ruiné : il a encore voiture, chevaux et valets, mais les valets sont mal payés et mal vêtus, les chevaux mal nourris, la voiture mal en point. À sa table, il sert des mets sinon de pauvre, du moins de ces gens gênés qui mettent dans ce qu'ils mangent et font manger une intention d'économie et de profit à peu de frais : la table d'Harpagon vit sur le principe du pot-bouille. Certes, c'est un tout autre jeu sur l'apparence et sur l'effet que la table ordonnée par Damis, l'ami de Dorante. Mais c'est bien ici encore un jeu sur les apparences et les effets dont la comédie débusque et met en scène à la fois la tromperie et la vérité à propos de mangeaille et de boisson : comme le vin qui trompe la faim et la saoulerie consécutive identifient, dans l'esprit des bourgeois et des aristocrates, le paysan même assez nanti pour ne pas être affamé ; comme aussi l'avalanche des mets compliqués d'associations et d'appellations alambiquées signent de raffinement prétentieux la table des riches ; de même, ici, il va de soi que le haricot de mouton et le pâté en pot calent et plombent l'estomac à la table des chiches. La cuisine est aussi un révélateur social et moral.

Et chacun, à son rang, enveloppe et pare de prétextes son choix, reflet de ses moyens et de sa culture. Le prétexte de Sganarelle, le plus plaisant, on l'a vu, c'est que le bois qu'il fagote est salé : la dureté du travail autorise et justifie l'ébriété. Le prétexte de Damis, le plus élaboré, consiste, en enrobant de mots alambiqués des préparations compliquées, à parer d'esthétique le besoin trivial de se nourrir. Le prétexte que fournit à la ladrerie d'Harpagon la flatterie de l'insinuant Valère, c'est la santé, appuyée de règles prétendues diététiques :

VALÈRE
Est-ce que vous avez envie de faire crever tout le monde ? Et monsieur a-t-il invité des gens pour les assassiner à force de mangeaille ? Allez-vous-en lire un peu les préceptes de la santé et demander aux médecins s'il y a rien de plus préjudiciable à l'homme que de manger avec excès.

HARPAGON
Il a raison.

VALÈRE
Apprenez, Maître Jacques, vous et vos pareils, que c'est un coupe-gorge

qu'une table remplie de trop de viandes ; que, pour se bien montrer ami de ceux que l'on invite, il faut que la frugalité règne dans les repas qu'on donne, et que, suivant le dire d'un ancien, il faut manger pour vivre, et non pas vivre pour manger.

L'Avare, acte III, sc. 1.

Mais qui écoute les médecins dans ce domaine ? Certainement pas Molière, qui n'a pas de sarcasme assez dur pour blâmer ces faux savants inefficaces et présomptueux qui vous privent de tout et vous vident par tous les bouts, à coups de vomitifs, de purges et de saignées, en vous affaiblissant au lieu de vous redonner des forces et de vous remettre en santé. *A fortiori* quand c'est un malade imaginaire que des médecins imbus de leur savoir, tout aussi imaginaire, prétendent traiter. C'est ainsi qu'Argan, le fameux malade imaginaire de Molière, dans la pièce qui porte ce titre, meurt à petit feu sous les prescriptions, les restrictions et les purgations dont l'assaillent ses médecins et leurs médecines.

Sa servante Toinette, qui l'entend d'une autre oreille, enfile la robe noire et se coiffe du chapeau pointu des médecins pour venir délivrer sous ce masque de tout autres prescriptions :

Toinette
[...] Que vous ordonne votre médecin pour votre nourriture ?

Argan
Il m'ordonne du potage,

Toinette
Ignorant !

Argan
De la volaille,

Toinette
Ignorant !

Argan
Du veau,

TOINETTE
Ignorant!

ARGAN
Des bouillons,

TOINETTE
Ignorant!

ARGAN
Des œufs frais,

TOINETTE
Ignorant!

ARGAN
Et le soir, de petits pruneaux pour lâcher le ventre,

TOINETTE
Ignorant!

ARGAN
Et surtout de boire mon vin fort trempé.

TOINETTE
Ignorantus, ignoranta, ignorantum. Il faut boire votre vin pur; et, pour épaissir votre sang, qui est trop subtil, il faut manger de bon gros bœuf, de bon gros porc, de bon fromage de Hollande; du gruau et du riz, et des marrons et des oublies, pour coller et conglutiner.

Le Malade imaginaire, acte III, sc. 14.

Bref, c'est un peu le régime qu'Harpagon destine à ses hôtes. Mais ici, il signifie tout le contraire de la tristesse mortifère que l'Avare et son avarice font régner sur sa maisonnée. Il signifie bien plutôt qu'en choisissant la nourriture la plus roborative et la plus lourde, qui est aussi la plus festive, celle des fêtes populaires d'où l'on sort gavé et éméché, on prend la vie à bras-le-corps. Après tout, puisque la médecine, à en croire Molière, vous tue par ses remèdes, ses régimes et ses diètes aberrants – de sorte que «presque tous les hommes meurent de leurs remèdes, et non pas de leurs maladies » –, en prendre le contre-pied vous assurera peut-être la santé ! Vivre pour manger est aussi une forme de sagesse, hédoniste et rabelaisienne, qui vaut bien la mesure raffinée de ceux qui mangent seulement pour vivre : c'est en tout cas une philosophie bien appropriée au genre comique. Et puis, advienne que pourra : il vaut mieux crever d'indigestion que d'inanition…

« À boire ! À la santé du Commandeur » (Dom Juan, *acte IV, sc. 8)*

Mais il y a une autre façon de mourir à table que par le trop-plein de nourriture : c'est de partager son repas avec un mort statufié qui vous prend par la main pour vous mener dîner avec lui dans son tombeau. Molière aura décidément fait l'inventaire de bien des situations de table, jusqu'à la plus imprévue : banqueter avec un cadavre ambulant ne semble pas, de prime abord, un sujet de comédie bien réjouissant. Mais peut-être, après tout, le but essentiel du rire est-il de conjurer la tristesse et la crainte en les retournant comme un gant ?

En la matière, le sujet de *Dom Juan* promettait bien du travail. Pourtant, cette histoire jaillie du fond des âges, à bien la considérer, ne manque pas d'un certain comique de situation et de répétition : car il en met du temps, le Commandeur, à précipiter Dom Juan avec lui en enfer ! D'abord, au IIIe acte, à la mi-journée à peu près, le héros réfractaire et rebelle, flanqué de son valet Sganarelle et traqué par les frères d'une nonne défroquée qu'il a abusée par un mariage postiche, rencontre par hasard le tombeau d'un Commandeur qu'il a tué en duel : moqueur, il le fait inviter à souper avec lui par Sganarelle. Miracle, la statue acquiesce ! Et puis, second miracle, elle se rend, le soir venu, à l'invitation. Pas pour manger, bien sûr, mais pour inviter à son tour Dom Juan à sa table le lendemain : fin du IVe acte. À la fin du Ve, Dom Juan croise l'effigie de marbre dans une rue, accepte d'être conduit par sa main au rendez-vous qui se révèle être celui de la mort : le rideau tombera après les dernières (courtes) paroles du blasphémateur précipité en enfer, tandis que le mot de la fin sera réservé à Sganarelle, se lamentant sur ses gages qui ne lui seront pas payés.

Ce va-et-vient d'invitations, qui annonce un peu les mêmes allers et retours burlesques mis en scène par Buñuel dans son film *Le Charme discret de la bourgeoisie* (1972), ne fait pas très sérieux. Il est hérité, à dire vrai, d'une légende vénérable et on ne peut plus antique, une légende indo-européenne de mise en garde contre le danger de troubler les morts dans leur sommeil. Un conte scandinave très ancien nous en a conservé le récit : celui de la mésaventure d'un jeune écervelé qui, traversant un cimetière la veille de ses noces, invite par dérision ou par bravade, dans l'ossuaire, un squelette à son banquet nuptial le lendemain, pour lui refaire un peu la santé. Mais voici que le mort s'y présente et propose à l'insolent de lui rendre son invitation. Celui-ci accepte, s'exécute et disparaît à jamais. Bref, un enterrement de vie de garçon qui aura mal tourné. Et, plus sérieusement, un récit propitiatoire et préventif contre le péril de troubler le sommeil des morts, crainte d'en faire des revenants qui viendront vous tirer du banquet de la vie pour vous mener à un tout autre festin servir de pâture aux vers.

L'interversion et le tourniquet du mort et du vif trouvent dans les composantes de cette légende d'où a été tirée celle de Dom Juan, dans la table mise pour le banquet de noces, dans la cuisine apprêtée, dans l'invitation au partage des mets, un contexte symbolique d'une rare force : car un repas consiste, après tout, en une ingestion de matière vivante que l'on tue, que l'on broie, que l'on dissout pour, de cette destruction, de cette mort, tirer le soutien, l'épanouissement, le prolongement de la vie. Par là, le mangeur retarde le moment d'être mangé à son tour par les vers, dissous par la terre, à l'heure prescrite où « L'argile rouge a[ura] bu la blanche espèce », comme l'écrira Paul Valéry en méditant dans le cimetière marin de Sète. Les deux scènes de repas dans son *Dom Juan*, dont la seconde n'est plus qu'un trépas, Molière les a émaciées, resserrées en quelques mots, escamotées et comme expédiées, broyées, n'en faisant qu'une bouchée de quelques répliques :

Dom Juan
Une chaise et un couvert, vite donc.
À Sganarelle.
Allons, mets-toi à table.

Sganarelle
Monsieur, je n'ai plus de faim.

Dom Juan
Mets-toi là, te dis-je. À boire ! À la santé du Commandeur : je te la porte, Sganarelle. Qu'on lui donne du vin.

Sganarelle
Monsieur, je n'ai pas soif.

Dom Juan
Bois, et chante ta chanson, pour régaler le Commandeur.

Sganarelle
Je suis enrhumé, Monsieur.

Dom Juan
Il n'importe. Allons. Vous autres, venez, accompagnez sa voix.

La Statue
Dom Juan, c'est assez. Je vous invite à venir demain souper avec moi. En aurez-vous le courage ?

Dom Juan
Oui, j'irai, accompagné du seul Sganarelle.

Sganarelle
Je vous rends grâce, il est demain jeûne pour moi.

Dom Juan
À Sganarelle.
Prends ce flambeau.

LA STATUE
On n'a pas besoin de lumière, quand on est conduit par le Ciel.

Dom Juan ou Le Festin de Pierre, acte IV, sc. 8.

Le repas de la fin de la pièce sera plus laconique encore, sans référence que d'un mot au thème du festin avec le mort :

LA STATUE
Arrêtez, Dom Juan ! Vous m'avez hier donné parole de venir manger avec moi.

DOM JUAN
Oui. Où faut-il aller ?

LA STATUE
Donnez-moi la main.

DOM JUAN
La voilà.

LA STATUE
Dom Juan, l'endurcissement au péché traîne une mort funeste, et les grâces du Ciel que l'on renvoie ouvrent un chemin à sa foudre.

DOM JUAN
Ô Ciel ! Que sens-je ? Un feu invisible me brûle, je n'en puis plus, et tout mon corps devient un brasier ardent. Ah !

Le tonnerre tombe avec un grand bruit et de grands éclairs sur Dom Juan ; la terre s'ouvre et l'abîme ; et il sort de grands feux de l'endroit où il est tombé.

Dom Juan ou Le Festin de Pierre, acte V, sc. 6.

Des pétards de feu d'artifice succédant à quelques paroles laconiques et élémentaires, le spectacle prend ici la place de la comédie. Parce que le *Dom Juan* de Molière est une comédie à machines, une comédie-spectacle, certes. Mais peut-être aussi parce que Molière s'intéresse en priorité à la rébellion de son personnage, à cet appétit dévorant d'insolence et de jouissance, à cette liberté sans frein de la jeunesse (« C'est qu'il est jeune encore », dit sentencieusement Sganarelle de son maître sans foi ni loi) et aux effets ambivalents de cette trajectoire fulgurante qui à la fois enthousiasme et terrifie, à ce sillon de souffrance et de plaisir qu'il trace, ce chemin de négation et de contradiction qui culmine dans le crime impardonnable pour l'auteur de *Tartuffe* : la conversion de son héros à la fausse dévotion, à l'hypocrisie religieuse, pour couvrir ses frasques sensuelles et sexuelles, pour masquer ce bouillonnement de désir, dans un siècle qui ignore pourtant l'usage de ce dernier terme pour désigner ce que, depuis Freud notamment, nous entendons par là. Car l'époque de Molière n'a pas encore de nom à donner à cette force qui meut son Dom Juan : on ne possède alors que des termes négatifs et péjoratifs comme concupiscence, appétit, licence, pour circonscrire maladroitement l'intuition d'une notion que désigne et symbolise désormais le nom de Dom Juan.

Ce fut donc peut-être le trait de génie de cette trame écrite par Molière dans une prose fiévreuse et enlevée, vive et cinglante, que de se refuser à délayer ou déployer la confrontation du vivant et du mort autour des deux repas qu'ils ne partagent même pas. Sans doute n'avait-elle pas besoin de plus de mots, de plus d'images, de plus de commentaire, cette rencontre formidable entre le mort implacable et le mangeur qu'il vient saisir pour le dévorer : un mangeur à l'appétit extraordinaire, à commencer par son appétit de femmes qui se traduira chez le personnage, devenu Don Giovanni dans l'opéra de Mozart, par un flair repérant à distance la moindre *odor di femmina*. À la table de ce banquet, les commensaux sont la vie et la mort, la vie à son paroxysme de vitalité et d'appétit, la mort à son sommet de rigueur laconique et pétrifiée : c'est un peu la rencontre symbolique d'Éros et Thanatos que Molière est parvenu à traiter en comédie – après les Italiens de Paris, il est vrai, et en s'inspirant aussi de leur *Convitato di pietra (L'Invité de pierre)*.

Aussi bien Molière ne s'est-il pas distribué le rôle-titre : il jouait, bien sûr, Sganarelle – Sganarelle que son maître charge d'inviter la statue à sa table ; Sganarelle qui chaparde à cette table un morceau avant que n'entre l'invité de pierre ; Sganarelle qui donne la clef du destin de Dom Juan en affirmant « désespérer » de son cas depuis que celui-ci a dépassé toute forfaiture en se faisant hypocrite, en se faisant tartuffe ; Sganarelle qui donne à la pièce son mot de la fin, avec le cri « Mes gages, mes gages, mes gages ! », terre à terre, concret, à taille de comédie, entre d'un côté la statue venue du ciel pour ouvrir au mécréant les portes de l'enfer et, de l'autre, le protagoniste précipité en enfer pour avoir cherché à se masquer de la défroque du ciel. Sganarelle, c'est l'homme normal, l'individu moyen, pas très méchant mais pas très bon non plus, pas très fiable ni très courageux, mi-crédule mi-lucide, chapardant ce qu'il peut d'existence, de subsistance ou seulement de présence furtive à la table décisive et éternelle, la table où pactisent et s'affrontent la vie et la mort.

Dom Juan rend ainsi un hommage symbolique de grande force à l'art du foyer et de la table, à ce qu'il peut signifier de profond et de puissant. Et il le fait à travers ce banquet à trois convives – enfin, deux et demi, car Sganarelle, qui n'a droit à y siéger que par faveur moqueuse de son maître, figure un demi-convive, notre représentant à nous autres humains, pauvres humains, entre ces deux symboles s'affrontant et se confrontant. Par quoi la comédie rend aussi un hommage de plus au repas partagé, à ce cadre de commensalité et de gastronomie dont la philosophie, depuis Platon auteur du *Banquet*, a fait un lieu de pensée et de parole échangées, d'alternance entre la bouche qui mange et la bouche qui converse, la vie du corps et celle de l'esprit, dans un partage de leur puissance et de leur jouissance justement médité et équilibré – car parler la bouche pleine serait plus qu'une faute de goût, ce serait une violence faite à la juste répartition de la jouissance physique et intellectuelle, à l'équilibre entre les plaisirs du corps et de l'esprit, équitablement répartis et satisfaits.

La Bouche du Roy

Marie-France Noël et Roland de l'Espée

Marie-France Noël, historienne de la gastronomie, du Centre de recherche du château de Versailles, a été l'une des commissaires de l'exposition « Versailles et table royale ». Roland de l'Espée, expert et historien d'art, est un ancien président des Amis de Versailles. Tous deux nous entraînent dans les cuisines, le potager et à la table du Roi-Soleil.

La salle à manger en tant que telle n'existe pas au XVIIe siècle. À cette époque, on dresse encore la table sur des tréteaux. Le roi soupe dans l'antichambre du Grand Couvert, ou dans d'autres endroits, selon l'envie, l'heure et la saison. C'est seulement à partir du XVIIIe siècle, sous Louis XV, qu'il y aura des salles à manger. L'arrière-petit-fils de Louis XIV souhaite une certaine intimité pour ses petits soupers.

Le Grand Commun

Les cuisines de Versailles sont difficiles à imaginer aujourd'hui, car elles ont été détruites à partir de 1789, comme une grande partie du château. Elles se trouvaient dans un grand bâtiment (aujourd'hui restauré), mitoyen du château « Le Grand Commun » ou « Grand Carré des offices communs du Roy et de la Reyne, de Monseigneur et de Madame La Dauphine ». Ce bâtiment, d'une superficie de 15 000 m^2, a été construit par Jules Hardouin-Mansart et terminé en 1684, quand la cour s'est installée à Versailles. C'est là qu'étaient réceptionnés tous les approvisionnements et préparés les plats servis au château. À cette époque, c'est une immense cantine, parce qu'il faut nourrir non seulement le roi, la famille royale et la cour – les courtisans ayant « bouche à cour » –, mais aussi le personnel, ce qui représente entre trois mille et cinq mille couverts par jour. Près de mille cinq cents personnes sont affectées au service du Grand Commun.

Les officiers de la bouche du roi

Sept offices définis par l'étiquette royale composent la bouche du roi ; ils sont eux-mêmes divisés en chapitres et il y a un officier de bouche pour chaque fonction, l'ensemble étant supervisé par le Grand Maître de la maison du roi. Ces offices sont, d'abord, le Gobelet du roi, puis la paneterie-bouche et la cuisine-bouche dédiées à la personne du roi, la paneterie, chargée du pain et du linge de table, l'échansonnerie-commun pour les boissons, la cuisine-commun, la fruiterie et la fourrière pour le bois, le charbon et le fourrage.

Outre la bouche du Roy, c'est-à-dire celle du roi et de la famille royale, il faut servir les maisons du roi, les maisons de la reine, les maisons des enfants royaux et les tables secondaires qui sont celles des grands officiers.

Ces grands officiers appartiennent à la noblesse, ils ont aussi parfois acheté leur charge. La politique de Louis XIV consiste à concentrer autour de sa personne le plus grand nombre possible de courtisans par la vénalité des offices. Ces charges jouent donc un rôle extrêmement important dans la politique d'attachement de la noblesse au pouvoir royal.

L'étiquette

L'étiquette sous Louis XIV, c'est le repas réglé. Le repas du roi devient un spectacle où tout est millimétré. On sait exactement ce qui doit composer le menu du roi : le nombre de services, d'assiettes, de potages, d'entremets, de rôtis, de fruits… Quand on dit que le repas est réglé, cela signifie que non seulement il l'est dans sa présentation, entre un et cinq services, mais qu'il l'est aussi du point de vue des dépenses pour chaque plat. La gestion est placée sous le contrôle du « Bureau », composé d'un certain nombre d'officiers de haut rang. Ils se réunissent pour décider du menu, de la façon dont on va payer les pourvoyeurs qui vont apporter la nourriture, que ce soit le pain, le vin, le poisson, la viande ou les légumes, et de la façon dont les tâches seront réparties dans les différents offices. Pâtissiers, rôtisseurs, galopins de cuisine, verduriers… chacun tient un rôle très précis.

Celui qui chapeaute le tout est le Grand Maître de la maison du roi. Selon l'étiquette royale, le Grand Maître est généralement un prince de sang, comme Monsieur de Condé, mais il est évident que ces très hauts personnages ne sont pas en cuisine. C'est un titre de prestige.

La journée gastronomique du Roi-Soleil

La journée du roi est ponctuée par quatre principaux repas, parfaitement ritualisés : il y a d'abord, au petit matin, le déjeuner – quelque chose de léger, le plus souvent un bouillon ; puis vient le dîner, qui correspond à notre déjeuner ; puis le souper et, enfin, le *media noche*, qui, au milieu de la nuit, acte le passage d'un jour maigre à un jour gras. De manière aléatoire, la journée du roi peut encore être ponctuée par la « collation », une sorte de repas froid d'inspiration italienne, et, dans des circonstances exceptionnelles, par le festin.

Le déjeuner a lieu au « Petit lever du roi », vers 6 h 30. Louis XIV est très matinal, c'est un trait de sa personnalité. Il travaille tôt et, le soir, danse très tard, parfois même jusqu'au matin. Au déjeuner, pas question de manger des croissants ou de boire un café ; on se contente d'un bouillon, une préparation très sophistiquée à partir de la « grosse viande » du dormant. Le dormant désigne une grosse pièce de bœuf ou de venaison qui est cuisinée et présentée, mais à laquelle on ne touche pas. Elle repart en cuisine et, à partir de cette pièce, on cuisine d'autres plats pour le lendemain. Elle sert en particulier à confectionner, avec des légumes, le bouillon.

Le souper est en général similaire au dîner. Il y a toujours le même nombre de plats, mais il peut être agrémenté de mets un peu plus recherchés, parce qu'on prend le temps de manger.

Le *media noche*, enfin, comme son nom l'indique, vient d'Espagne, comme la reine ; c'est un repas au milieu de la nuit qui permet, à la fin d'un jour maigre, de manger gras. Les jours maigres, ce sont les jours de carême, comme le vendredi, un jour pendant lequel on ne mange que du poisson.

Le repas spectacle

Le roi ne mange pas toujours en compagnie – ni bien sûr avec n'importe qui. Le roi mange seul à son « Petit Couvert » et avec la famille royale au « Grand Couvert ». Les princes de sang se tiennent alors en retrait et observent. Le repas du roi devient un spectacle, accompagné des musiciens installés sur une estrade lors du Grand Couvert. Dans les salons de Versailles où est dressée la table du roi, assister au repas est un grand privilège : les petits hobereaux qui arrivent de province, s'ils sont correctement habillés, s'ils ont un chapeau et une épée, peuvent venir quant à eux assister au repas des puissants. Cela veut dire qu'il y a dans le château une course effrénée pour regarder le roi manger, ou pour voir les princes et les tables secondaires.

Tel est le paradoxe : si l'« étiquette » fait que l'on ne peut approcher la personne du roi, n'importe qui portant une épée à son côté peut entrer à Versailles. La fameuse formule « sous quel titre, sous quel nom voulez-vous vous faire annoncer ? » date de cette période. Il suffit de porter une épée pour accéder à la vision du souverain du pays le plus peuplé d'Europe, comptant alors plus de vingt millions d'habitants.

Si vous êtes à la table du roi, enfin, si vous avez « bouche à cour », vous pouvez regarder le roi manger. Ensuite, les officiers du Serdeau, ces officiers de bouche qui recevaient des mains des gentilshommes les plats desservis de la table royale, vont les redistribuer sur les tables principales et les tables secondaires. Il existe une véritable organisation pyramidale : une fois que les personnes autorisées à manger à la cour – l'ensemble des nobles logés à Versailles, et quelques invités comme des ambassadeurs ou des visiteurs extraordinaires – se sont restaurées, les reliefs de repas redescendent en cuisine. Les cuisiniers, les galopins et les autres personnels peuvent alors les revendre à des regrattiers qui iront les proposer soit aux bourgeois, soit aux nobles qui n'ont pas été invités à la cour. Finalement, la maison du roi fait également office de traiteur.

Service à la française

Sous l'Ancien Régime, les repas sont organisés selon le service « à la française », où les nombreux plats successifs (entrées, potages, rôtis…) sont présentés sur la table – les plats chauds posés sur des chauffe-plats. Ce service va progressivement disparaître au XIXe, au profit du service « à l'anglaise » ou « à la russe », où les viandes ne sont plus découpées devant les convives, mais les assiettes dressées en cuisine pour être servies directement.

Sous Louis XIV, les repas « à la française » sont généralement servis assez rapidement pour que tout ne refroidisse pas. C'est François Massialot qui, dans ses traités de cuisine du début du XVIIIe siècle, indique qu'il ne faut pas qu'un service dure plus de quinze minutes. Le premier service est celui des potages et des oilles. L'oille est une spécialité d'origine espagnole, importée par la reine Marie-Thérèse. C'est une potée, un potage, un ragoût mijoté, composé de différentes viandes en sauces et de légumes ; le deuxième service est celui des entremets ; le troisième, généralement celui du rôt – des rôtis servis avec des salades du potager. Un autre service d'entremets peut être prévu, dans le cadre d'un grand repas. Et puis il y a un dernier service, consacré aux mets sucrés. À la cour, on dit le fruit. Il est vulgaire de parler de dessert : ce sont les bourgeois qui utilisent ce mot. Dans le personnel de cuisine, des garçons de la fruiterie ont des brevets pour aller acheter des fruits exotiques, comme des melons, des artichauts, des oranges, des bigarades, arrivés par les ports de Provence.

Révolution gastronomique

Sous Louis XIV, il y a un véritable engouement pour les fruits et les légumes. Le potager du roi compte des dizaines de variétés de poires, des pêches, des asperges, des petits pois… Une passion aussi pour les plantes rares – l'inventaire après décès de Colbert à Sceaux montre que les arbustes dans la serre, les plants de caféiers, les agrumes sont estimés très chers. Il faut aussi bien distinguer le XVIe siècle du XVIIe siècle : la gastronomie du XVIe siècle utilisait beaucoup les épices, des viandes très faisandées ; le XVIIe siècle se lance dans la recherche d'herbes, de nouveaux modes de cuisson. Une véritable révolution du goût s'opère avec la parution du livre de François Pierre de La Varenne, *Le Cuisinier françois* : les saveurs lourdement épicées héritées de la cuisine médiévale sont abandonnées et les épices exotiques (cannelle, cumin, gingembre, muscade, cardamome…), à l'exception du poivre, sont remplacées par les fines herbes du jardin. Il semble qu'à l'époque la France, mal placée dans la course aux épices, préfère ce qu'on cultive dans son potager. Même les hôtels particuliers de Paris en ont un. Le laurier, l'estragon, l'oseille, l'ache (une forme de céleri) font leur apparition en cuisine, sans compter les petits légumes ; les serres chaudes et les nouveaux principes de cuisson participent également de cette évolution.

Le potager du roi

Le potager du roi est un jardin potager et fruitier de neuf hectares créé à la demande de Louis XIV dans le parc du château de Versailles par Jean-Baptiste de La Quintinie. Cet ancien avocat devenu jardinier joue un rôle primordial dans l'acclimatation d'un certain nombre de plantes alors peu connues en France, comme l'artichaut, le melon, la scorsonère...

Dans les cuisines, on réinvente le « potager », cet appareil de cuisson ancestral bâti en maçonnerie, dans lequel on place du charbon de bois, une grille permettant de moduler le degré de cuisson. Ce fourneau va faire la force de la gastronomie française pour les fonds de cuissons. Pour reprendre Claude Lévi-Strauss, s'il y avait le cru et le cuit, le bouilli et le rôti, avec le potager, il y a désormais le « mijoté ». Le mijoté marque le début de la gastronomie française.

Il va de pair avec l'usage du pot-à-oille. Le pot lui-même est une pièce d'apparat, souvent une pièce d'argenterie, qui comporte généralement, pour que le plat reste chaud, une doublure intérieure en argent. Conserver les plats au chaud est une prouesse à Versailles. Non seulement les cuisines se trouvent à 220 mètres de la table royale, mais il faut respecter tout le cérémonial et tous les officiers qui le mettent en place. Les plats, et notamment « la viande du roi », sont précédés par le Maître d'Hôtel, en tenue d'apparat et portant un bâton fleurdelisé, devant lequel on s'incline.

Les rôts et les mots de Diderot

Jean-Claude Bonnet

Jean-Claude Bonnet a publié La Gourmandise et la Faim. Histoire et symbolique de l'aliment (1730-1830) *(Le Livre de Poche, 2015). C'est un sujet qui intéresse depuis longtemps ce directeur de recherche émérite au CNRS. Son premier article était consacré au « Système de la cuisine et du repas chez Rousseau » (revue* Poétique, *n° 22, 1975). Il a donné une édition du* Neveu de Rameau *(GF-Flammarion, 1983) et a publié* Les Connivences secrètes. Diderot, Mercier, Chateaubriand *(CNRS Éditions, 2020), qui a reçu le prix de l'essai de l'Académie française en 2021.*

Qu'il fasse beau, qu'il fasse laid, c'est mon habitude d'aller sur les 5h du soir me promener au Palais-Royal. C'est moi qu'on voit toujours seul, rêvant sur le banc d'Argenson. Je m'entretiens avec moi-même de politique, d'amour, de goût ou de philosophie. J'abandonne mon esprit à tout son libertinage. Je le laisse maître de suivre la première idée sage ou folle qui se présente. Si le temps est trop froid ou trop pluvieux, je me réfugie au Café de la Régence.

Diderot, *Le Neveu de Rameau*, 1805.

Le Palais-Royal, nouveau cœur de la capitale

Au cours du XVIIIe siècle, le centre de Paris s'est progressivement déplacé du Marais vers le Pont Neuf, dont Louis-Sébastien Mercier, l'auteur du *Tableau de Paris*, disait qu'il était l'aorte de la ville, parce que c'est par là que « tout passe ». Le Palais-Royal était aussi le lieu où les « nouvellistes », c'est-à-dire les « journalistes » du temps, rapportaient les derniers événements du jour. Diderot y a situé son dialogue du *Neveu de Rameau*, ainsi qu'au Café de la Régence tout proche, où se retrouvaient les joueurs d'échecs.

L'alimentation, un sujet de prédilection

La question de l'aliment a intéressé Diderot au point de lui attirer certains tracas et les ricanements des jésuites. Si la table est au cœur de son invention esthétique et de son œuvre, cela avait plutôt mal commencé avec l'*Encyclopédie*, dont il était le « patron ». Dans ce grand *Dictionnaire des sciences, des arts et des métiers*, l'aliment et plus particulièrement les métiers de bouche avaient toute leur place. Cependant, Diderot s'est avisé d'y introduire quelques articles de cuisine qu'il n'avait pas vraiment écrits lui-même, puisqu'ils étaient repris pour une large part du *Dictionnaire économique* de Noël Chomel ; les jésuites du *Journal de Trévoux*, qui avaient aussi leur dictionnaire – un dictionnaire concurrent –, se sont empressés de dénoncer ces emprunts. Ils ont accusé Diderot de plagiat, alors que tous les dictionnaires faisaient de la flibuste et étaient tous plus ou moins corsaires. C'était la règle du jeu. Diderot a craint de donner alors une mauvaise image du philosophe et d'être traité de « pourceau d'Épicure ». Parce qu'il avait ce rôle éminent de directeur de l'*Encyclopédie*, il lui a paru nécessaire d'afficher une certaine frugalité, tout comme Rousseau d'ailleurs, alors qu'ils étaient l'un et l'autre très gourmands.

Une autre raison, plus précisément philosophique, fait que la cuisine (pas les métiers de bouche, mais la cuisine en tant que luxe) a été délibérément censurée et même stigmatisée dans l'*Encyclopédie.* Dans le *Gorgias*, Platon avait opposé les cuisiniers et les médecins en expliquant que ces derniers pouvaient rendre compte de leur art, tandis que les cuisiniers ne le pouvaient en rien, si bien que la cuisine était un non-savoir. Diderot reprend cette idée dans l'article « Beau » du dictionnaire encyclopédique : il assure que la cuisine n'est pas intelligible, qu'elle n'est pas de l'ordre du jugement, à la différence de la peinture. Le goût est désigné par là, d'une certaine manière, comme le dernier des sens, parce qu'il ne donne pas lieu à quelque chose qui relève de l'entendement : il sera donc toujours inaccessible.

Les postures variées de Diderot

Dans l'*Encyclopédie*, on trouve une critique de la cuisine, du point de vue moral, qui cible dans celle-ci une forme de « dénaturation » : la « nouvelle cuisine » du XVIIIe siècle nous aurait fait oublier celle de nos pères. Cette « nouvelle cuisine », qui apparaît vers 1740, se distingue par un nouvel art des sauces, par une littérature culinaire inventive, par des cuisiniers qui demandent à des hommes de lettres des préfaces où la cuisine est assimilée aux beaux-arts. Si Diderot révoque clairement ces thèmes dans l'*Encyclopédie*, il ne va pas se censurer par la suite, dans ses autres œuvres comme dans ses lettres à Sophie Volland, ou dans des ouvrages qui circuleront, manuscrits, dans *La Correspondance littéraire*, et qui sont destinés à être publiés après sa mort (comme *Le Neveu de Rameau* ou *Jacques le Fataliste*). Là, il n'est plus du tout contraint de veiller à son image.

Le bon repas et le mauvais

Un refrain de l'*Anacréon* de Rameau pourrait être tout à fait la devise de ce Diderot-là : « Passons nos jours dans les amours et dans l'ivresse. » Diderot a mis au cœur de son œuvre le moment du repas. Il y a le mauvais et il y a le bon. Le bon repas, c'est quand on est entre amis et quand on est à la campagne. Voilà ce que Diderot écrit sur ce point à Sophie Volland : « Vous comprenez tout ce que cela doit devenir à table, au dessert, entre douze ou quinze personnes, avec du vin de Champagne, de la gaieté, de l'esprit, et toute la liberté des champs. »

C'est un thème qui va inspirer continûment Diderot dans ses grandes œuvres. Il est le premier à faire d'un groupe d'amis à table une sorte de totalité organique. Les amis qui se connaissent depuis longtemps en viennent, selon lui, à composer une espèce d'orchestre de chambre. Ils sont comme des concertistes qui produisent ensemble de merveilleux accords et une musique harmonieuse. C'est cela qui lui plaît par-dessus tout. La gaieté en est un élément essentiel avec ce qu'il appelle la *causerie*. Il les trouve chez le baron d'Holbach, que ce soit à Paris près du Palais-Royal ou à la campagne au Grand-Val (à Sucy-en-Brie). Mais Diderot donne très rarement les menus de ces agapes. Ce qui l'intéresse d'abord, c'est le vin qui « allume » un repas, qui chauffe la conversation. C'est l'ébriété enthousiaste.

Avant d'évoquer ces moments privilégiés, il faut commencer par dire un mot du mauvais repas. Au cœur du *Neveu de Rameau*, il y a le « dîner chez Bertin ». Henri Bertin, le contrôleur général des finances de Louis XV, recevait chez lui toute une société anti-philosophique, et Diderot s'est servi de la table pour la stigmatiser. Il s'emploie à décrire à cette occasion un très mauvais repas. Il désigne cela d'un terme qui m'a toujours intrigué : « la cohue Bertin ». La cohue, dans les dictionnaires du XVIIIe siècle, c'est le brouhaha du marché. La « cohue Bertin », ce sont des êtres désappareillés. Je vous parlais des êtres concertants. Seule l'amitié permet l'harmonie. Elle est ce cadeau du temps qui produit le concert. La « cohue Bertin », ce sont, au contraire, des êtres dissonants et malfaisants qui disent du mal de tout le monde, qui s'entre-déchirent. J'ai retrouvé ce terme de cohue dans la *Correspondance*. Lors d'un séjour au Grand-Val, Diderot écrit : « Nous aurons cohue aujourd'hui. » C'est-à-dire qu'il y aura des êtres « surnuméraires », des gens qui ne font pas partie de l'orchestre de chambre. Ils viennent avec des chiens, des animaux. Cela fait du bruit et Diderot a horreur de ce vacarme.

Pour que s'accomplisse le miracle de la causerie, de l'amitié, de l'intelligence, de la gaieté, il ne faut pas la cohue : il ne faut pas « les autres ». Pour un bon et joyeux repas chez le baron d'Holbach, autour de cet encyclopédiste fortuné, il y a nécessairement son épouse que Diderot aimait beaucoup… Il y a en tout premier lieu des gens de lettres comme l'abbé Galiani, Madame d'Épinay, l'abbé Morellet… puis quelques habitués qui jouent et qui se promènent. Cette petite société aime à plaisanter et à se parler agréablement. L'abbé Galiani a tout particulièrement compté pour Diderot, non seulement pour son esprit et pour sa gaieté, mais parce qu'ils ont débattu ensemble de politique ; si bien que Diderot a finalement édité les *Dialogues sur le commerce des blés*, une œuvre très polémique de son ami.

« Être en pain »

Les *Dialogues sur le commerce des blés* mettent en cause la réforme libérale que Diderot avait pourtant soutenue un moment, puisqu'il avait accordé une certaine place dans l'*Encyclopédie* à l'école des nouveaux économistes. Mais en 1768, il comprend, et c'est un tournant pour lui, que tout cela est inopérant. Il écrit alors : « Je mange mal quand je n'ai que du pain possible. » Les économistes peuvent bien proclamer que, selon leurs calculs, « il n'y a pas de disette et qu'on devrait avoir du pain », en vérité, il n'y en a pas. Diderot découvre soudain les limites des thèses libérales qui avaient été longtemps à la mode.

Galiani lui aura ouvert les yeux sur la question sociale, qu'il avait pratiquement ignorée jusque-là. D'où cette voix véhémente qu'on entend dans ses dernières œuvres. Galiani se montre, d'autre part, d'une grande singularité sur le thème du repas. C'est avec une hardiesse très paradoxale qu'il situe ses dialogues (qui portent essentiellement sur la famine) : « Après ou avant dîner ». Et quand dans une didascalie, Diderot, qui l'édite, en vient à se tromper en notifiant : « Après le jeu », Galiani lui rétorque aussitôt dans une lettre : « Changez cela ! J'ai dit *après le dîner*, je ne suis pas joueur, je suis gourmand. » On comprend par là en quoi ce dernier a été pour Diderot une référence très spirituelle et joyeuse dans son œuvre.

Durant la Révolution, ce que l'on va reprocher à Louis XVI, c'est de ne pas remplir sa fonction de roi nourricier. Dans l'*Encyclopédie*, il y a cette entrée, « être en pain », qui désigne le statut d'un enfant que son père doit nourrir. Il était admis, de tout temps, que les Français étaient, en quelque sorte, « en pain » par rapport au roi et que celui-ci avait des obligations envers eux en tant que père. Que l'on pense à Henri IV et à la poule au pot ! Puis, selon les nouvelles thèses libérales en vogue au cours du XVIIIe siècle, il fut admis qu'il fallait désormais être moderne. Le marché allait tout réguler sans qu'il y ait besoin de l'ancienne assistance. Mais rien de cela ne s'est produit. Quand on parle de l'intervention publique en France, on oublie que ce fut un recours très ancien. Pendant des siècles, le roi avait dû veiller en personne à ce que le pain reste à un juste prix. Quand le monarque cessa de se montrer « nourricier », on lui coupa la tête ! Louis XVI avait pourtant été adoré au début de son règne comme un nouveau père.

Je voudrais revenir à Galiani en tant qu'inspirateur de gaieté et de folie, dans l'œuvre de Diderot, au même titre que Rabelais et le neveu de Rameau. Diderot le présente comme un de ses « magasins ». Il est vrai qu'il a joué un rôle dans la constitution de son esthétique et, pour une part, dans cette mise en scène très élaborée du repas qu'il invente et qui aura un bel avenir en littérature et au cinéma. On le retrouve dans le théâtre de Tchekhov et dans de nombreux films. Regardez les derniers chefs-d'œuvre des plus grands cinéastes comme *Gens de Dublin* de Huston, *Fanny et Alexandre* de Bergman. Voyez aussi les œuvres de Visconti, de Chabrol et de Pialat. Tous ces grands cinéastes en sont venus à se demander comment filmer des convives à table, qu'ils se déchirent ou qu'ils donnent l'image d'une belle harmonie. Diderot est un des tout premiers en littérature à se donner la capacité de rendre compte de ce moment allègre qui réunit un groupe d'amis à table.

La faim et l'appétit

Diderot aime opposer souvent la faim et l'appétit. La faim, c'est l'estomac qui crie ; l'appétit est plus intellectuel et suppose le goût. Diderot écrit à Sophie Volland : « J'ai mangé comme un louveteau » ; « j'avais tellement faim après avoir travaillé à l'*Encyclopédie* que j'ai dévoré ». Et puis viennent les indigestions qu'il ne manque pas de relater. Il avait, de fait, un problème d'estomac, ce qu'il appelle « sa vieille douleur ». Quand il est mort, on a trouvé des calculs dans la vésicule. Cela avait tout d'une maladie d'homme de lettres : quand il bougeait dans Paris, quand il marchait à la campagne, il ne ressentait pas ce malaise. En ce qui concerne ses préférences alimentaires, il ne nous dit à peu près rien et nomme très rarement les aliments. Dans les vingt volumes de la *Correspondance*, je n'ai trouvé qu'un seul menu d'un repas chez le baron d'Holbach avec de la choucroute, du gibier, parce que c'est l'automne : beaucoup de pâtés, des anguilles, des babas au rhum… Enfin, tout ce que l'on mangeait à cette époque, dans ce milieu-là.

Les échanges avec Sophie Volland comprennent, en outre, de nombreuses considérations intimes sur la santé, comme chez Montaigne. Quand Diderot lui annonce : « Mon ventre s'arrondit, je ne peux plus boutonner mon pantalon », elle le rappelle à l'ordre, comme il s'en plaint parfois. Il sait bien que c'est par amour qu'elle lui fait ces remontrances, mais il lui rétorque systématiquement : « Vous pourrez toujours parler, ça ne fera rien. » Pour se dédouaner, il a cette phrase extraordinaire : « Je mange par distraction. » À table, il est souvent plongé dans une sorte d'état second. Les merveilleux repas de l'amitié permettent une étonnante rêverie à plusieurs et consacrent une sorte d'aliénation collective. Quand Diderot se laisse absorber dans ce rêve, il ne sait plus ce qu'il fait : il mange par distraction ! On sait qu'il est mort, sans y penser, en ayant un abricot dans la bouche. Mourir sur ce dernier goût-là, c'est une bien belle mort.

En général, Diderot se prononce plus volontiers sur la question du vin que sur celle de l'aliment. Il aime celui de Champagne, en quelque sorte en voisin, puisqu'il est originaire de Langres. Mais le mousseux n'est pas encore complètement acclimaté. Dans une lettre, il explique que le champagne mousseux peut être aussi bon que l'autre. En vérité, le champagne va s'imposer, dans ses œuvres les plus enjouées, comme un mot magique. Son effervescence annonce celle de la conversation.

Quand Diderot fait le fou

C'était véritablement un pitre et à coup sûr un homme de théâtre. Mais Madame Necker, qui ne veut voir en lui qu'un clown, se trompait. Il faut toujours se méfier avec lui et ne pas s'aventurer à le prendre à la légère, comme il semble nous y inviter parfois. On doit éviter le piège dans lequel sont tombés, au XIXe siècle, beaucoup de critiques et d'universitaires qui n'ont vu en lui qu'un homme débraillé et un écrivain désordonné. S'il se plaît à illustrer le thème domestique du repas et s'il s'emploie à rendre des moments tellement fugaces, cela ne signifie aucunement qu'il se montre oublieux de la postérité, comme il nous en prévient dans les *Lettres à Falconet* : « L'homme précoce mange et boit avec les stupides qui l'environnent, mais il converse avec l'avenir. »

Quand Goethe commente *Jacques le Fataliste*, il en vient à recourir spontanément à la métaphore du repas pour qualifier ce qu'il y a de plus génial dans l'invention diderotienne : « Je viens de lire *Jacques le Fataliste*. C'est un festin énorme et très délicat. » Et il qualifie Diderot de « cuisinier et officier de bouche plein d'art ». Il ne veut pas du tout rabaisser par là, ou minorer, l'œuvre. Il a saisi d'emblée que, si Diderot s'appuie certes sur les petites choses qui font la grandeur de Chardin, ainsi que sur la dramaturgie du repas et sur la causerie, sur tout ce que nous venons d'évoquer, son œuvre n'en est pas moins clairement adressée à l'avenir et on peut dire presque exclusivement. Dans les repas si magnifiquement vivants et volatils de Diderot, il y a en vérité un festin d'immortalité qui se prépare. L'auteur de *Jacques le fataliste* était très attaché à l'aspect rituel de la communion dans le vin.

Un pique-nique à Marly

Le baron d'Holbach était un ami très proche de Diderot. Il a écrit plusieurs articles dans l'*Encyclopédie* et Diderot fut son conseiller dévoué dans ces occasions. À Paris et au Grand-Val, Diderot était toujours traité comme un coq en pâte et avait de quoi satisfaire son appétit dévorant. Si Rousseau était également très gourmand et très buveur, il mangeait avec précaution et une sorte de délicatesse. Ce ne sont pas les festins auxquels il lui arrivait d'être invité lui aussi dans les grandes maisons qu'il se plaisait à évoquer, mais de charmantes petites « buvettes », sa brioche, des cerises, des friandises, une collation. Chez les grands écrivains, un thème comme celui de l'aliment est nécessairement en concordance avec leur œuvre. Ils s'en emparent toujours en fonction de ce qu'il y a de primordial en elle.

Terminons sur le terme « Pique-nique » qui connut une évolution à la fin du siècle. Dans le dictionnaire de l'*Encyclopédie* de 1762, on entend par là un repas où chacun paie son écot. Diderot emploie le terme fréquemment dans ses lettres. « Nous sommes allés avec d'Holbach et Grimm, écrit-il, faire un pique-nique à Marly... » Cela signifie que l'on va manger une matelote dans une auberge et que chacun paie sa part. Par la suite, en 1807, dans son *Almanach des Gourmands*, Grimod de la Reynière constate que ce terme pique-nique en vient à désigner ce que nous entendons par là aujourd'hui, c'est-à-dire un déjeuner sur l'herbe. On apporte des paniers, des sandwichs, et on s'égare dans les bois...

Les écrits et les cris du ventre de Paris

Jean-Claude Bonnet

Jean-Claude Bonnet, directeur de recherche émérite au CNRS, est le maître d'œuvre de la première réédition complète des principaux ouvrages de Louis-Sébastien Mercier, dont le Tableau de Paris *(1788) et* Le Nouveau Paris *(1799). Cet écrivain prolifique aimait se définir comme « le premier livrier de France ».*

Quand Louis-Sébastien Mercier publie son *Tableau de Paris* (1781-1788), en douze volumes, c'est un best-seller. Mais il n'a pas le temps de pleinement jouir de sa gloire. Avec la Révolution, il devient aussitôt journaliste et se fait élire député, en 1792, dans la mouvance girondine. Le *Tableau de Paris* est un peu tombé dans l'oubli ensuite, au cours du XIXe siècle, en partie à cause de sa longueur, mais aussi pour des raisons politiques : le républicain Mercier ne plaisait ni aux monarchistes ni à la gauche, qui lui reprochait sa critique de la Terreur. Ce purgatoire peut encore s'expliquer par la singularité de cette œuvre immense dont l'écriture fragmentaire est typique de la fin du XVIIIe siècle.

Le peintre de Paris

Mercier a obtenu un grand succès, en 1771, en publiant *L'An 2440, rêve s'il n'en fut jamais*, un roman d'anticipation où il envisage la capitale future d'une plume philosophique et dans une écriture propre à l'utopie qui est fatalement blanche. Il se propose par la suite de peindre de préférence le Paris réel qu'il voit tous les jours, en ayant recours, cette fois, à ce qu'il appelle des « mots couleurs ».

Il avait d'abord eu l'intention de réaliser ce projet comme dramaturge, ainsi que l'illustre sa plus célèbre pièce, *La Brouette du vinaigrier* (1775). Dans ce petit portrait parisien, un vinaigrier, revêtu du costume de sa corporation, fait rouler sa brouette sur la scène, ce qui ébranle les codes du théâtre classique. Cependant, Mercier mesura rapidement les limites de l'esthétique théâtrale pour dépeindre complètement Paris comme il le souhaitait. Il découvrit alors la puissance de l'écriture et ses ressources illimitées. Comme beaucoup d'écrivains de son temps, il se montra convaincu que la littérature a de grandes capacités figuratives. Alors que la peinture est figée dans un moment, les mots permettent de varier les angles, si bien que le *Tableau de Paris* offre mille tableaux. En ce qui concerne la question du regard, si importante pour lui, Mercier note que les Parisiens sont des badauds et il se reproche parfois de ne pas l'être assez. Un jour qu'il avait fait visiter Paris à une jeune provinciale, il éprouva avec bonheur que cette visite avait ravivé son point de vue sur sa ville. La toute première leçon de Mercier est qu'il faut apprendre à voir ce qu'on a sous les yeux, et il s'en est donné, quant à lui, les moyens comme écrivain.

Il invente alors un style nouveau et divers qui épouse la rapidité du piéton : quand on marche vite dans la ville, le regard capte des choses qu'on ne voit pas si l'on reste immobile ou si l'on est enfermé dans un carrosse. Mercier a pu acquérir au fil du temps, au bout d'une réflexion tout à fait admirable, la capacité littéraire d'enregistrer toutes sortes de scènes parisiennes et, par exemple, les gestes furtifs de l'écaillère avec ses escamotages malicieux :

> L'écaillère a un petit couteau court et fort. Rien n'égale la prestesse et le jeu adroit de son poignet. On dirait que ses coquilles d'huîtres ne sont que légèrement collées. Elle semble les détacher en les touchant. Sous prétexte d'avaler les suspectes, elle mange effrontément sous vos yeux les plus grasses et les plus appétissantes.

À quoi l'on peut ajouter, dans un même registre, la vision d'une petite servante d'auberge infiniment preste :

> Cette merveilleuse créature se souvient de tout ce qu'on a pris, de tout ce qu'on lui a demandé. Toutes les assiettes se gravent dans sa mémoire. Elle sert cent dix personnes. Elle ne vous regarde point. Elle a distingué le son de votre voix. Elle sait ensuite que tel mâche vite, l'autre lentement. C'est un phénomène curieux, pour la justesse de la mémoire, pour l'agilité des jambes, pour le sang-froid et la rapidité du service.

Les marchés et le gouffre dévorateur

Mercier, dont les parents étaient commerçants, est un vrai « natif » de la capitale. Il vivait près du Pont-Neuf, le cœur de Paris à cette époque : c'est par là, écrit-il, que tout passe. On est, en effet, au beau milieu des marchés parisiens, qui sont en nombre tout autour : avec la halle près de Saint-Eustache, la halle aux grains, le marché de la Vallée (quai des Grands-Augustins).

L'épigraphe latine du livre est une citation tronquée du Nouveau Testament : *« Quaerens quem devoret »*, dont la forme complète est : « Comme un lion rugissant cherchant qui dévorer. » Dans son introduction, Mercier donne le fin mot de cette épigraphe : ce monstre, c'est Paris, qui aspire et qui dévore tous les produits venus de la France entière. La capitale se révèle ainsi comme un terrible estomac. Zola s'en souviendra dans *Le Ventre de Paris* (1873).

Cette épigraphe nous éclaire également sur le rapport encyclopédique de Mercier à l'aliment qui lui en fait envisager tous les aspects. S'il aime la gourmandise, la nouvelle cuisine et les bons vins, il y a aussi chez lui une passion sociale. Il s'intéresse tout à la fois à ceux qui mangent bien et à ceux qui mangent mal. Mercier a un regard de compassion pour les pauvres, ce qui est rare dans la littérature du temps.

Il se passionne également pour des sujets nouveaux qui sont devenus d'actualité aujourd'hui, comme la défense du consommateur et l'aménagement de la ville, ce qu'il appelle « la politique en détail ». Il propose de supprimer les maisons et les échoppes sur les ponts pour que l'air circule et que la Seine puisse jouer son rôle de « ventilateur ». Si le fleuve contribue à produire du vent frais dans la ville, ce sera bon pour le poisson sur les marchés. Mercier s'intéresse aussi à la « police de l'aliment ». Il critique les malhonnêtetés des épiciers qui mettent de la crotte de chien dans le poivre, et celles des marchands de vin qui ajoutent du chat mort dans leurs cuves pour donner de la « pointe », ou celles des charcutiers qui adjoignent du foin dans leurs saucisses ! Avant Mercier tous ces thèmes n'étaient aucunement pris en compte par les codes littéraires de l'époque.

Obsédé d'hygiène et craignant d'être empoisonné par des aliments avariés, il en est venu à envisager ce qu'il appelle des « mets hideux ». Comme ces beignets qu'une marchande fait frire dans une huile douteuse issue de la graisse pour essieux des carrosses : un vieux « oint », comme il dit. Parmi les autres mets peu ragoûtants, Mercier évoque le regrat, ces restes de repas des tables bourgeoises ou aristocratiques, « sur lesquels la valetaille a bavé », et que les « regrattiers » revendaient. Selon lui, le regrat parisien est encore pire que celui de Versailles.

Pour ce qui est de la sociabilité à table, Mercier réserve un sort particulier aux écrivains. Il eut l'occasion de rencontrer Rousseau et Diderot, auxquels il consacra de beaux textes. Ces deux auteurs étaient de vrais gourmands. Ils marquèrent l'un et l'autre leur intérêt pour l'aliment qui se révéla un thème important dans leurs œuvres. En ce qui concerne la table, leur fortune ne leur permettait pas de mener un grand train, mais ils n'ont jamais dédaigné les maisons opulentes où ils furent toujours bien reçus. Mercier révoque absolument, dans leur cas, le terme de parasite. Il considère, en effet, que les gens fortunés doivent servir de la bonne chère et faire boire de bons vins aux écrivains : cela donne du sel à la conversation et l'auteur émoustillé ne manquera pas d'écrire ensuite une belle page…

La Révolution

Après le grand succès de son *Tableau de Paris* en 1788 – qui fut véritablement « européen », comme il aime à le dire –, Mercier se vit plongé dans la tourmente de la Révolution. Témoin au mariage de Camille Desmoulins au côté de Robespierre, député à la Convention, il se rapproche des Girondins et risque ensuite la guillotine pour cette raison. Il passe une année terrible en prison, d'octobre 1793 à octobre 1794, et ne doit sa libération qu'à la chute de Robespierre. Ses quatre-vingt-huit lettres adressées à sa jeune épouse, depuis ses différentes prisons, nous apprennent beaucoup sur les conditions carcérales de cette funeste période, et sur le régime de santé (dont principalement l'alimentation) grâce auquel Mercier résolut si courageusement de survivre.

En 1799, il publie *Le Nouveau Paris*, en six volumes, où il relate comment on se nourrissait dans les prisons. Les restaurateurs transmettaient leurs cartes aux prisonniers fortunés pour qu'ils passent commande. C'est de cette façon, par compensation, que certains détenus conjuraient leur angoisse : « Il n'y a jamais eu autant de propension à la gourmandise que dans ces jours de calamité et d'horreur », écrit Mercier, qui conclut : « La bouche va toujours ! » Dans ces moments de disette, il rapporte qu'on échange un aloyau contre une fille, et qu'on invente alors l'expression « faire la queue » pour désigner les files d'attente devant les boulangeries.

Quant aux nouveaux restaurants, ceux des cuisiniers « superfins », qui fleurissent alors dans Paris, Mercier se moque de leurs cartes immenses. Elles ont la taille des in-folio (61x42 cm) et, plus elles sont grandes, moins il y a de nourriture dans l'assiette : il semble qu'on ne serve que des « échantillons pour un repas futur » et la viande n'est qu'une petite « dentelle ». On pourrait dire la même chose de certains restaurants étoilés aujourd'hui !

Le regard que Mercier porte sur Paris et sur ses habitants dans ces années-là est très désabusé, parce que les Parisiens sont devenus infiniment tristes. Le Palais-Royal que l'écrivain avait décrit jadis, dans le *Tableau de Paris*, comme un lieu animé et plein d'effervescence joyeuse est devenu un coupe-gorge, comme on peut le voir dans le chapitre « Palais Égalité » du *Nouveau Paris* qui est d'une noirceur extrême.

Mercier en vient à reconnaître, et c'est terrible pour ce sincère républicain, que la situation est pire que sous l'Ancien Régime. S'il y avait encore un peu de charité avant la Révolution, il fait ce constat sans appel que « la goinfrerie est devenue la base de la société » et que « l'égoïste à table, quand il a dîné, n'est sensible à l'infortune de personne ». Voilà pourquoi les soupes populaires du Directoire sont bien pires que celles de l'Ancien Régime. Du fait du « despotisme financier », la « soupe populaire est devenue tellement claire qu'elle ne suffira pas à nourrir le suburbain affamé ».

Il faut noter, par ailleurs, pour bien comprendre la singularité de l'écriture de Mercier, que lorsqu'il aborde le thème de la soupe, il en définit sept ou huit. C'est ce qu'il appelle « le gradin symbolique ». Pour chaque chose qu'il envisage, il aime toujours établir des nuances : on ne prêche pas à Paris de la même façon dans tous les arrondissements, on ne s'habille pas de la même façon selon les classes d'habitants. Mercier en compte huit, et ce classement est plus ou moins reconnu par les historiens d'aujourd'hui.

Grimod de La Reynière et Mercier

Mercier et Grimod de La Reynière ont été des amis très proches. Ils avaient des passions communes, comme l'aliment et comme le théâtre, au début de leur relation, puisque Grimod commença par être critique dramatique. Bien avant d'écrire son œuvre gastronomique au début du XIXe siècle, Grimod a annoncé la couleur en envoyant en 1786 le *Tableau de Lyon*, une lettre adressée à l'auteur du *Tableau de Paris*, dans lequel il avoue aimer beaucoup ce que Mercier écrit sur l'aliment, mais pas du tout son évocation des marchés. Ainsi s'annonce l'écriture du gourmet propre à Grimod. Dans ses écrits gastronomiques, il ne voudra rien savoir du prévôt des marchands ni de l'aménagement de la ville, et encore moins de la question sociale, d'autant plus qu'il écrit après cette Révolution qui a ruiné sa famille. Malgré leurs divergences politiques, puisque Mercier était républicain, ils ne se sont jamais brouillés. Mercier aimait beaucoup ce fils de fermier général, plus jeune que lui et qui était en querelle avec ses parents. Il l'a toujours soutenu en la circonstance, de même que Grimod soutiendra ses pièces, comme critique, et l'aidera auprès des Comédiens Français.

Dans son *Almanach des gourmands* (1805-1812), Grimod invente un rite de la table très esthète à l'exclusion du reste. C'est dire qu'il ne s'embarrasse plus de la critique morale du luxe qui avait eu cours tout au long du XVIIIe siècle. En cela, il invente la tradition gastronomique quelques années avant Brillat-Savarin, l'auteur de *La Physiologie du goût* en 1825. Pour son *Almanach des gourmands*, il reprend l'épigraphe que Mercier a placée en tête de son *Tableau de Paris*: « *Quaerens quem devoret* ». La différence, c'est que Grimod se réjouit sans réserve du fait que Paris soit un lion dévorant: après le traumatisme révolutionnaire, on s'en met jusque-là…

Si l'écriture de Mercier est celle d'un grand écrivain qu'il faut reconnaître comme tel, « l'éloquence gourmande » de Grimod a ses limites, en dépit de son caractère indéniablement spirituel. Après un effet de surprise, le charme s'épuisera peu à peu. Grimod aime associer la gourmandise à l'érotisme et aux arts. Il le fait très bien et cela est très plaisant, mais cela n'a aucunement l'ampleur de l'esthétique de Mercier, de cette écriture impressionniste du croquis qui retiendra l'attention des grands écrivains du XIXe siècle (Nerval, Balzac, Hugo). Baudelaire écrit dans une lettre à sa mère du 10 août 1862 : « J'ai un très beau livre à t'apporter, mais je fais un gros travail à ce sujet : *Second Tableau de Paris* par Sébastien Mercier, pendant la Révolution de 93 jusqu'à Bonaparte. C'est merveilleux. »

Cuisiniers artistes et passeurs de légendes, beauté du geste et intelligence de la main

Carême « roi des chefs, chef des rois et des empereurs »

Pascal Ory

Pascal Ory, historien, membre de l'Académie française, professeur émérite des universités à la Sorbonne, est l'auteur d'une trentaine d'ouvrages sur l'histoire culturelle et l'histoire politique des sociétés modernes. On lui doit la préface de L'Art de la cuisine française au XIXᵉ siècle *(Menu Fretin, 2015).*

Ce chapitre est l'adaptation des deux entretiens consacrés à l'auteur du chef-d'œuvre de la littérature gastronomique : Marie-Antoine Carême (1784-1833), dit Antonin Carême. C'est, tout simplement, l'inventeur du chef artiste. Passionné d'architecture, il a remplacé l'informe bonnet des cuisiniers par une toque inspirée des colonnes corinthiennes. Longtemps connu des seuls cuisiniers, pâtissiers et gastronomes, il est devenu un héros de fiction, espion, play-boy cambrioleur, incarné par Benjamin Voisin dans la série Carême *(2025).*

Son nom est Carême : cela ne s'invente pas pour un cuisinier. Son prénom officiel était Marie-Antoine, mais il souhaitait qu'on l'appelât Antonin ; souvenir de l'époque où il travaillait pour le tsar Alexandre Ier. Il serait né à Paris le 7 juin 1784 et il est mort dans la même ville le 12 janvier 1833. Carême a servi tous les régimes, il a vu s'effondrer plusieurs fois son monde et a survécu par son art.

Naissance d'Antonin Carême

Son père allait de chantier en chantier entouré d'une sorte de tribu de vingt-cinq personnes – on pense au film d'Ettore Scola *Affreux, sales et méchants (1976)*: des SDF, ou presque, qui grandissent dans des cabanes de chantier. Antonin serait né sur l'un de ces chantiers, rue du Bac, avant que son père ne l'abandonne. On ne parle pas de sa mère, peut-être morte en couche. Sa vraie famille sera celle des cuisiniers. Sa vie débute donc comme dans un roman de ses très jeunes contemporains, Alexandre Dumas ou Victor Hugo.

Un pâtissier architecte

Carême entre comme apprenti au service d'un gargotier mais, heureusement, la cuisine le conduit à passer quelques années plus tard dans un autre monde: celui de la pâtisserie. C'est là qu'il va découvrir sa vocation.

La chance historique de Carême a été de naître à la veille de la Révolution, contemporain et compatriote du restaurant (inventé à Paris dans le quartier du Palais-Royal, dans les dernières décennies de l'Ancien Régime), et d'arriver à l'âge adulte sous l'Empire.

Autre chance: cet autodidacte est embauché par un des plus célèbres pâtissiers et traiteurs de l'époque, Sylvain Bailly. À quoi s'ajoute la situation géographique de Bailly: rue Vivienne, en face de la bibliothèque qui est encore « nationale », puisque nous sommes à la fin de la période révolutionnaire, sous le Directoire, puis sous le Consulat. Une bibliothèque, qui sera impériale puis royale, avant de devenir la Bibliothèque nationale de France, aujourd'hui la BNF.

Bailly voit en Carême un jeune homme soucieux de se perfectionner, fasciné par une chose essentielle: une pièce montée, c'est de l'architecture. Il autorise donc deux fois par semaine – le mardi et le vendredi en général – le jeune Carême à traverser la rue Vivienne pour se rendre à la bibliothèque. Pour lire, c'est beaucoup dire, puisqu'il lit et écrit difficilement, pour regarder surtout les images : les grands in-folio, des gravures d'architecture classique.

> À dix-sept ans, dit Antoine-Marie dans ses *Mémoires*, j'étais premier tourier chez M. Bailly. Ce bon maître s'intéressait à moi ; il me facilita des sorties pour aller dessiner au cabinet des estampes ; il me confia la direction de plusieurs pièces montées destinées à la table du premier consul. J'employais au service de M. Bailly mes dessins, mes nuits, et ses bontés payaient largement mes peines. Chez lui je me fis inventeur. Alors florissait dans la pâtisserie l'illustre Avice.
>
> Alexandre Dumas, *Grand dictionnaire de cuisine*, 1873.

Du pâtissier au maître d'hôtel

Jean Avice apprécie en connaisseur le tour de main du jeune homme pour plier la pâte feuilletée. Carême quitte Bailly et commence ses travaux d'extra pour les grandes maisons de l'Empire, en particulier celle de Talleyrand, où il peut donner libre cours à ses créations spectaculaires. Il ouvre aussi sa propre pâtisserie rue de la Paix.

Pour Talleyrand à l'Hôtel de Gallifet, rue de Varenne, Carême coopère pendant douze ans avec Monsieur Boucheseiche, dit aussi Boucher, contrôleur de la maison du prince. Carême parle du « sanctuaire de la cuisine moderne ». « Il s'acquitte de sa reconnaissance » en dédiant à Boucher son premier livre, *Le Pâtissier royal parisien* (1815).

Carême continuera à préparer de grands dîners aux menus riches – jusqu'à quarante-huit entrées. Aux yeux de Talleyrand tout est apparat, matin, midi et soir, puisqu'il est le deuxième personnage de la cour impériale et ministre des Relations extérieures, et l'est encore au Congrès de Vienne, au service des Bourbons.

L'enseignement des maîtres

Du côté des cuisines, Carême a aussi, et plus encore, des maîtres, au premier rang desquels Laguipière (1754-1812), à qui Carême dédiera son *Cuisinier parisien* (1815). Grand théoricien des sauces et des bouillons, Carême nous donne l'une des recettes de ce maître. Je vais la citer intégralement, parce que ce n'est pas du tout ennuyeux, il y fait passer ses souvenirs personnels (il dit « je », ce qui est assez rare dans ses recettes), et parce que cette longue recette a paradoxalement abouti à un grand bouillon maigre (la préoccupation du maigre et de la légèreté n'a pas attendu la « nouvelle cuisine » du siècle dernier ; on la rencontre dès l'Antiquité).

« Grand bouillon maigre à la Laguipière »

Ce grand maître avait l'habitude de faire mettre le soir une grande marmite au feu. Elle contenait quatre litres de pois secs, trois bottes de chacune de ces racines : carottes, navets et oignons, puis une botte de céleri et autant de poireaux – le jaune et le blanc seulement –, puis douze litres d'eau, un peu de sel, de mignonnette, de muscade râpée, deux clous de girofle et un peu de beurre fin ; dès que la marmite était partie, on la plaçait dans un coin de l'âtre, sur une forte paillasse de cendres chaudes ; puis dans l'angle où elle s'approchait du mur, on ajoutait du feu et une ou deux pelletées de charbon ; dès qu'il était allumé on le couvrait de cendres rouges : par ce moyen la marmite est dans une légère ébullition durant toute la nuit. Le matin, en arrivant à la cuisine, il faisait foncer une grande casserole (dont le fond était beurré) avec cinq ou six gros oignons coupés en rouelles. Il plaçait dessus deux carpes, deux tanches et deux brochets de Seine coupés par tronçons ; puis il ajoutait deux grandes cuillerées du bouillon de la marmite et faisait suer son poisson sur un feu modéré ; dès que la réduction avait lieu, il couvrait le feu de cendres, afin que la glace se colorât graduellement ; dès qu'elle devenait d'un blond léger, il y joignait le bouillon de la grande marmite en le passant par le tamis de soie ou par une serviette ouvrée ; lorsque la glace se trouvait dissoute en colorant légèrement le bouillon, il plaçait la casserole sur un fourneau ardent pour obtenir l'ébullition ; il la retirait ensuite du feu et laissait mijoter le bouillon deux heures. Après quoi, il le faisait passer selon la règle et s'en servait pour les potages et les grandes sauces. J'ai suivi le même procédé dans mon travail du maigre, mais on n'a pas toujours le moyen d'employer du poisson de Seine dans le grand bouillon maigre et j'invite mes confrères à en employer, selon les dépenses qu'ils pourront faire.

Carême, *L'Art de la cuisine française au XIXe siècle*, 1833.

C'est donc cela un grand bouillon maigre pour Carême. Peut-on imaginer le temps, la patience, la technicité – bref : l'argent nécessaire à la réalisation de cette recette ?

Ancien cuisinier d'un des premiers restaurants parisiens, Le Café de Chartres (futur Grand Véfour, sous les arcades du Palais-Royal), après avoir servi Napoléon Bonaparte aux Tuileries, Laguipière va accompagner le très gourmand Murat dans les cuisines de son palais de l'Élysée, où Carême lors de ses extras apprit auprès de lui. Murat devenu roi de Naples, Laguipière le suivit en Italie, mais finira mort de froid à Wilna (aujourd'hui Vilnius) pendant la retraite de Russie.

Le cuisinier et ses amphitryons

Quand on évoque Carême, on pense à la façon dont il concevait les tables. Il disait que huit à neuf convives, c'était le chiffre idéal. Mais il a écrit des menus et des recettes pour plusieurs dizaines d'invités. Quand on est *Pâtissier royal parisien* (1815) – titre de son premier livre –, quand on est *Maître d'hôtel français* (1822) – un autre de ses livres –, ce ne sont pas seulement huit, dix ou douze couverts qu'il faut servir. D'autant que Carême a toujours préféré les fastes des buffets du « service à la française » qui lui permettent de réaliser des pièces montées spectaculaires, plutôt que le service à la russe qu'il a pratiqué avec le tsar (le menu est le même pour tous et les assiettes sont desservies entre chaque plat), ou le service à l'anglaise (on apporte le plat prédécoupé en portions et on sert à table chaque convive), service qu'il a pratiqué avec le prince régent d'Angleterre.

Le chef et le chef d'État

Même s'ils ne sont pas fines gueules, les souverains aiment avoir auprès d'eux un cuisinier prestigieux. Napoléon par exemple n'était pas un gastronome et Carême, grand admirateur de l'Empereur – qui s'invite plusieurs fois dans ses textes de la fin, postérieurs à la chute des Bourbons –, reconnaissait lui-même que les chefs qui le servaient étaient attristés par ses goûts trop rustiques – il appréciait particulièrement les crépinettes, une sorte de saucisse plate à la viande, assez grasse. Toutefois, l'essentiel, à ce moment-là, ce n'était pas de servir Napoléon mais la diplomatie gastronomique incarnée par Talleyrand, grand amphitryon tout droit venu de l'Ancien Régime.

La question qui se pose, dans la relation du cuisinier avec le puissant qui l'emploie, est de savoir quelle est la stratégie du souverain. Et si le souverain est dans l'ostentation, il peut ne pas aimer ou même ne pas goûter au plat : l'essentiel, c'est que les convives soient satisfaits. Ce qu'admire Carême, c'est que, sous le règne conjoint de Napoléon et de Talleyrand, la France dominait le monde et ses cuisiniers avaient des moyens presque illimités à leur disposition.

Est-ce que les cuisiniers des chefs d'État de la République française ont lu Carême, ont travaillé ses sauces ? Disons qu'ils font du Carême sans le savoir, puisque la typologie des différentes sauces à partir de sauces mères, l'importance accordée au rôti d'une part et au potage de l'autre sont le propre d'une cuisine qui parcourt tout le XIXe et que l'on retrouve encore dans la cuisine ostentatoire servie à l'Élysée au début du XXe siècle.

Cuisinier voyageur

Après la chute de Napoléon, Carême commence à publier ses livres ; sa renommée est internationale ; les souverains européens, les grandes maisons lui offrent des ponts d'or : « Je travaillais en extra chez le prince Talleyrand, en 1814, lorsque l'empereur Alexandre y descendit. Quelques jours après je fus demandé, et je suivis ce souverain. »

Ce patriote bonapartiste va donc servir le tsar installé à l'Élysée pendant ses séjours à Paris en 1814 et en 1815, à Saint-Pétersbourg ou au congrès d'Aix-la-Chapelle en 1818. En 1816 et 1817, à Brighton et à Londres, Carême sera le chef des cuisines du futur roi George IV, le prince régent d'Angleterre, alors le pays le plus puissant du monde occidental, en même temps que le plus moderne.

La toque, une colonne corinthienne

En 1821, à Vienne, il est ainsi le maître d'hôtel de l'ambassadeur d'Angleterre, Robert Stewart.

À l'époque, les cuisiniers portent une sorte de bonnet, façon « meunier tu dors ». Carême ne considère pas cette tenue digne d'un cuisinier artiste. Un matin, coiffé d'une toque, il présente le menu du jour. Quand aujourd'hui, en Amérique, au Japon ou au Botswana, des chefs arborent des toques, savent-ils qu'ils le doivent à Carême ?

Patrimoine littéraire

À partir de 1815, après la chute de Napoléon, Carême, en train de devenir le Napoléon des cuisines, publie ses premiers livres et construit sa légende. *Le Pâtissier pittoresque* (1815) composé et dessiné par Antonin Carême de Paris est ainsi consacré à la dimension décorative de la pâtisserie – il se réclame de la tradition de l'architecture de l'Antiquité, conviant les cariatides ou le style ionique. *Le Maître-d'hôtel français* (1822) se place de même sous l'égide de célèbres maîtres d'hôtel de l'époque, avec qui il a collaboré : les frères Robert, qualifiés de « doyens de la grande cuisine française ».

Une cuisine esthétique et hygiéniste

Carême publiera deux ouvrages d'architecture décorative en plein air, ses « embellissements » : *Projets d'architecture dédiés à Alexandre Ier empereur de toutes les Russies* (1821), *Projets d'architecture pour les embellissements de Paris* (1821-1826) – des pièces montées inspirées par l'Antiquité, bien sûr, mais aussi la Chine ou les Incas ! C'est la pointe extrême de son imaginaire esthétique.

Mais Carême a aussi un discours scientifique, de tonalité hygiénique. Il appartient au siècle des Lumières qui déplace les cimetières à la campagne, comme le Père-Lachaise – on pense à Alain Corbin, *Le Miasme et la Jonquille* (1982). Ses livres de recettes sont préoccupés de la santé des convives.

Les grands amphitryons

Avec Talleyrand, Carême a rencontré l'amphitryon dont il rêvait et qu'il ne retrouvera qu'au milieu des années 1820, en la personne du baron James de Rothschild et, plus encore, de la baronne : des gastronomes qui ne lésinent pas sur la dépense et qu'il servira pendant cinq ans.

Ce que les grands cuisiniers n'aiment pas, ce sont les pingres, assurément ! Carême disait de l'archichancelier de l'Empire, une personnalité pourtant réputée gastronome : « Cambacérès s'occupait avec un soin minutieux de sa table, mais seulement pour en discuter et en resserrer les dépenses. » Quand on a pour commanditaire le baron de Rothschild, qui passe pour l'homme le plus riche de France à la fin de la Restauration, on cuisine plutôt pour vingt, trente, quarante personnes. Ce sont peut-être des tables de parvenus aux yeux de l'aristocratie, même si, on le sait, celle-ci commence alors à marier ses filles aux parvenus en question.

Tout un symbole : en 1826 Carême choisira donc de rester auprès des Rothschild alors qu'on lui propose de rejoindre l'ancien régent, devenu le nouveau roi d'Angleterre, George IV. Affaire de « climat », dans tous les sens du mot, affaire de faste, aussi.

> Dans cette maison opulente, j'avais la satisfaction de faire autant de dépenses que mes grands dîners le commandaient, afin de bien faire ; seul moyen de stimuler le génie des cuisiniers jaloux de leur réputation : car à quoi bon avoir du talent sans la possibilité d'avoir l'argent nécessaire pour se procurer des provisions de première qualité ?
>
> *L'Art de la cuisine française au* XIX*e siècle.*

Almanach des gourmands

Le terme « amphitryon » a été magnifié dans la jeunesse de Carême par Grimod de La Reynière, inventeur, lui, de la critique gastronomique moderne avec son *Almanach des gourmands* (1805-1812) – premier « guide » annuel – et son *Manuel des amphitryons* (1808), centré sur cette figure de celui qui sait recevoir. Deux siècles plus tard, en 2010, sans le savoir, tous les Français ont été classés au répertoire du « patrimoine culturel immatériel de l'humanité » au titre de leur « repas gastronomique » puisqu'on leur a dit : « Dès que vous créez une occasion de "mettre les petits plats dans les grands", vous entrez dans le patrimoine de l'UNESCO. » On mesure le chemin parcouru depuis Talleyrand, homologique de l'évolution de l'Ancien au Nouveau Régime, démocratique. Mais l'amphytrionie n'a pas disparu.

Un monument de la littérature gastronomique

À la fin de la vie de Carême, dans les années 1830, on érige les premières statues publiques dédiées à des artistes, comme la fontaine Molière rue de Richelieu à Paris. Les premiers héros culturels sont célébrés par le siècle des Lumières et entrent au Panthéon (Voltaire, Rousseau…). Carême rend lui aussi hommage aux écrivains, aux musiciens, aux peintres avec ses potages « Victor Hugo », « Boieldieu », ou « Girodet ». Et, en reflet, cet artisan autodidacte, sentant sa mort prochaine, va s'édifier son propre panthéon : *L'Art de la cuisine française au XIXe siècle*, un monument de l'écriture gourmande en cinq volumes, dont il ne verra que les trois premiers et qu'il présente ainsi : « La plus difficile et la plus laborieuse tâche que jamais homme de bouche ait osé entreprendre. »

Notons au passage que cet *opus magnum* est placé sous l'égide de deux femmes – la baronne de Rothschild (c'est elle qui tient les cordons de la bourse, et ils sont largement ouverts) et Lady Morgan, un personnage assez étonnant, une très petite femme, à la limite du nanisme, poétesse, romancière, patriote irlandaise, tolérée par les Anglais, devenue « Lady Morgan » après un beau mariage. Elle adore Carême et il le lui rend bien. Les deux femmes s'appréciaient. Un siècle plus tard, Auguste Escoffier sera pour sa part fasciné par les divas, comme Sarah Bernhardt ; on oublie souvent que la « Melba », avant d'être un dessert à la pêche inventé par Escoffier, était la Callas de son temps.

Une multitude de recettes

Une année, Carême aurait créé trois cent soixante-cinq repas différents pour les Rothschild. *L'Art de la cuisine française* est truffé de centaines de recettes – cent cinquante recettes différentes de sauces, potages, etc. L'époque d'aujourd'hui pourrait y trouver son bonheur, à condition de changer d'échelle. Ainsi de son rapport à l'exotisme, qu'on ne s'attend pas à trouver dans un recueil de recettes de 1830.

Le monde connu en 1815 afflue dans les livres de Carême, plusieurs continents y sont présents. Carême propose des dizaines de potages russes ou polonais, ou hollandais dans ses livres.

Potages de tortue

En revanche, on est plus près du folklore avec son potage de tortue, dont il dit lui-même que le vrai est celui qui est fait avec de la tortue à l'anglaise, alors que le potage de tortue à la française est réalisé avec de la tête de veau… Mais il propose quand même trois recettes de potages de tortue : à l'américaine, à la Washington et à la New York. À l'époque, les États-Unis sont bien loin pourtant, Tocqueville n'a pas encore débarqué.

Les bases sont à peu près les mêmes. Le potage de tortue à la Washington, c'est en fait un potage de tortue soit à l'anglaise soit à la française : il faut sauter au beurre, avec un peu de poivre de cayenne et de sel, une escalope de saumon, une petite dinde, que vous placez dans la soupière avec une assiettée de quenelles d'anguilles au beurre d'anchois, peu sensibles dans l'assaisonnement. Cela ne paraît presque rien, mais la recette nécessite saumon, anchois, anguilles traitées en forme de quenelles. Pour le potage de tortue à la New York, distinct du potage de tortue à la Washington, lui-même distinct du potage de tortue à l'américaine, il faut procéder ainsi : vous supprimez le saumon et les quenelles d'anguilles pour les remplacer par une escalope de filet d'esturgeon blanc, cuit à la broche, et une assiettée de petites quenelles d'éperlan au beurre d'écrevisses.

La quenelle est d'ailleurs très importante pour Carême ; d'ordinaire très grosse, très farineuse, très épaisse, elle devient chez lui une quenelle que ne récuserait pas un maître de la nouvelle cuisine comme Michel Guérard. Après ces trois recettes de potages de tortue qui concluent un chapitre de son livre, Carême plaisante :

Que mes confrères ne m'accusent pas d'avoir répété dans cette grande nomenclature des détails de garnitures analogues entre elles ; l'art du cuisinier a cela de commun avec l'art du peintre et du musicien ; le premier par les nuances qu'il donne à ses couleurs produit le grand ensemble de ses tableaux qui séduit la vue et l'imagination, le musicien par la composition de ses notes produit l'harmonie, et le sens de l'ouïe nous cause les plus douces sensations que puisse produire la mélodie.

Des quenelles à Mozart…

L'Art de la cuisine française au XIXe siècle, publié à titre posthume, est rédigé par la « plume » de Carême, Charles-Frédéric-Alfred Fayot, un autre bonapartiste, et complété techniquement par Armand Plumerey, l'un des disciples du chef.

Carême survivra par quelques recettes, par leur redécouverte. On se rendra compte qu'elles sont délectables, même si elles sont aujourd'hui souvent hors de prix, parce qu'elles sollicitent trop de main-d'œuvre et de produits rares. Mais les vrais disciples sont tous ces chefs qui pensent qu'ils sont des « créateurs » (métaphore redoutable qui renvoie à la religion).

Carême, légendaire

La France a inventé non seulement le restaurant, mais avec Carême l'idée du cuisinier artiste. Grimod de la Reynière (1758-1837), puis Brillat-Savarin (1755-1826), auteur de *La Physiologie du goût* (1825), sont les premiers à associer cuisine et culture, à comparer les cuisiniers à de grands artistes, mais ce ne sont pas des cuisiniers. Carême, de son côté, n'officia jamais dans un restaurant. Mais si, aujourd'hui, certains chefs se voient comme des artistes, c'est grâce à lui. Leur connaissance de Carême est floue, et pourtant, quand ils réalisent ses recettes, ils sont stupéfaits de leur modernité.

Carême est un peu plus loin de nous qu'Auguste Escoffier, mais ce sont tous deux des « empereurs de la cuisine » sur le modèle français. L'époque d'Escoffier est plus proche de la nôtre, puisqu'il est associé à l'invention du palace, grâce au Suisse César Ritz. Carême appartient davantage au monde aboli, de l'aristocratie plutôt qu'à celui de la bourgeoisie, au cosmopolitisme plutôt qu'à l'internationalisme moderne, au service d'apparat à la française plutôt qu'au service individuel à la russe.

Retenons aussi que, derrière tout cet apparat daté, Carême fut, au fond, un créateur austère, susceptible, travailleur acharné. Il mourra précocement, avant ses cinquante ans, empoisonné par son dévouement passionné à son art. « Le charbon nous tue, disait-il, mais qu'importe : moins d'années, plus de gloire. » Le charbon l'a tué, mais la gloire est restée.

La cuisine est un jeu d'enfants terribles

Michel Oliver

Michel Oliver est une figure joyeuse de la gastronomie. Il est le petit-fils de Louis Oliver, un disciple d'Auguste Escoffier au Savoy de Londres, et le fils du chef triplement étoilé du Grand Véfour, Raymond Oliver, qui régna quarante ans dans les jardins du Palais-Royal et devint le premier chef star de la télévision française. Michel Oliver débuta comme jeune homme à tout faire au Grand Véfour, avant de devenir lui-même un chef étoilé médiatique et un auteur à succès. Il nous parle d'un ami et voisin du Palais-Royal: Jean Cocteau, auteur de la préface de son livre dessiné, au succès mondial et indémodable, La cuisine est un jeu d'enfants *(Plon, 1963).*

Il était une fois, rue Duphot, un bar appelé le Gaya que gérait Louis Moysés. Un jour, Darius Milhaud me dit:

« Il faut à notre groupe un lieu de rendez-vous et les cafés littéraires sont morts. Que penserais-tu d'un bar ?

– D'accord, mais quel bar ?

– Je t'y mène. »

Lorsque nous arrivâmes au Gaya, un pianiste jouait les premiers foxtrot et blues qui nous arrivaient d'Amérique. Moysés accepta d'être chaque samedi notre hôte. « Mais, me dit-il, je dois hélas renvoyer mon pianiste. Il déplaît à ma clientèle. » Je lui conseillai alors de renvoyer plutôt sa clientèle et de conserver son pianiste. C'était Jean Wiener. Doucet n'avait pas encore paru rue Boissy-d'Anglas, ajoutant, à celles de Wiener, ses mains, les mains d'un gros et merveilleux pianiste belge qui exécutait les rythmes les plus difficiles en lisant *La Reine Margot* et *Les Trois Mousquetaires.*

C'est alors que le Gaya emprunta le titre de mon mime joué par les Fratellini, *Le Bœuf sur le toit*, titre sous lequel le bar de Moysés allait devenir célèbre. Le titre du Bœuf sur le toit m'avait été donné par Paul Claudel qui revenait du Brésil avec Darius Milhaud. C'était l'enseigne d'une auberge brésilienne. On m'a beaucoup moqué, chicané à cause de ce titre, lequel, entre nous, n'était pas plus ridicule que Le Cheval vert ou Le Chien qui fume.

Jean Cocteau, à propos du Bœuf sur le toit, en 1920.

J'étais fasciné par Jean Cocteau. Il venait très souvent au Grand Véfour, chez mon père, où je travaillais. J'essayais désespérément de me faire remarquer par lui, il ne me regardait pas. Il était très ami avec mon père, mais je n'existais pas. Cela m'agaçait de ne pas pouvoir communiquer avec cet homme qui me semblait fantastique ! Et j'ai trouvé le moyen : je suis passé par « Doudou », surnom de ce Doucet – Édouard Dermit –, qui allait devenir son fils adoptif. En devenant l'ami de Doudou, j'ai pu pénétrer dans l'intimité de Jean.

J'avais la chance, tous les jours, au lieu de déjeuner au Grand Véfour, qui se situe au bout du Palais-Royal, côté rue du Beaujolais, d'aller chez Jean, qui habitait au-dessus du Théâtre du Palais-Royal, rue Montpensier, et je montais chez lui, à l'entresol – ce qu'on appelait au XIXe siècle un « demi-castor ». Jean m'expliquait que, sous ces fenêtres en ogive, les péripatéticiennes appâtaient le client.

C'était un petit appartement très simple. Sa chambre donnait sous les arcades du Palais-Royal et, du côté de la rue Montpensier, il y avait sa cuisine, dans laquelle régnait Madeleine, sa cuisinière, son assistante, et deux énormes chats. Jean était là, dans une robe de chambre en éponge blanche, il caressait ses chats. Tous les jours, je venais passer vingt minutes, une demi-heure avec lui et je l'écoutais.

Au-dessus de chez Jean Cocteau, rue de Montpensier, vivaient l'écrivain Emmanuel Berl et la chanteuse Mireille. Au milieu de la rue du Beaujolais, donnant sur les jardins du Palais-Royal, habitait Colette.

Le Grand Véfour

Le Grand Véfour est le premier grand restaurant de l'histoire de la gastronomie française. C'est dans ce Café de Chartres, l'ancien nom du restaurant, que Bonaparte aurait vu Joséphine de Beauharnais pour la première fois.

Moi, j'y suis arrivé avec mon père. Je n'étais rien du tout, juste un petit gars qui travaillait un peu en cuisine, un peu en salle, qui faisait ce qu'on lui demandait de faire.

Deux restaurants pour un grand

Mon père, c'est une histoire assez curieuse. Il avait deux affaires : un restaurant pour l'été, La Bouillabaisse, juste à côté de Saint-Tropez, et un restaurant pour l'hiver, L'Ours blanc, à l'Alpe d'Huez. Ses clients étaient des gens connus, en particulier le couturier Jacques Fath, et toute une équipe de joyeux lurons parisiens, qui venaient tous les ans dans ses restaurants pour s'amuser, pour chanter des chansons paillardes, pour faire des blagues de gamins. Un jour, ils ont dit à mon père : « Mais enfin Raymond, pourquoi nous obliges-tu à venir en été sur la côte et en hiver à la montagne ? On n'a pas envie de tout ça ! Viens à Paris ! Et tous les soirs nous pourrons chanter ensemble les chansons que nous avons l'habitude de chanter seulement quelques soirées par an ! »

Et mon père y a cru. Il a vendu ses deux affaires et a réuni une somme – qui n'était pas énorme, mais, dans ma famille, par principe, on n'emprunte jamais, on paye toujours comptant. À l'époque, il y avait deux affaires à vendre à Paris : soit la moitié d'un bougnat derrière les Champs-Élysées, soit Le Grand Véfour, dont plus personne ne voulait. On était en 1948. Il a acheté Le Grand Véfour en se disant : « Eh bien, on va chanter tous les soirs des chansons gaillardes. »

Mais ça n'a pas marché, le décor ne s'y prêtait pas. Toute son équipe est venue pendant quelques jours, quelques mois peut-être, et puis, après, il y a eu ce qu'on appelle dans notre métier le « creux de la vague ». Ce creux a été très profond. Et mon père a décidé de louer ses services dans un restaurant à proximité de Paris pour organiser faire des réceptions, en laissant la gestion du Grand Véfour à sa femme de l'époque. Mais les affaires ne marchaient pas.

Le miracle

Et puis, le miracle s'est produit, un miracle invraisemblable. D'abord est arrivé au Grand Véfour le sommelier à la retraite de L'Hermitage au Touquet, qui a dit à mon père : « Monsieur Oliver, je veux travailler avec vous, dans cet endroit. » Il s'appelait Philibert Hénoch. Il a été ensuite rejoint par le maître d'hôtel à la retraite de l'Hôtel du Palais à Biarritz. Cet homme avait reçu en pourboire de la part d'un grand d'Espagne une Delahaye grand sport ! Et lui aussi de déclarer à mon père :

« Je veux travailler pour vous, Monsieur Oliver.

– Mais je ne peux pas vous payer ! a répondu mon père.

– Qu'importe, pas besoin de me payer, je suis prêt à travailler pour vous. »

Enfin ce fut au tour de Vassallo, un grand chef à la retraite. Et tous les trois, avec mon père, ils ont fait revivre Le Grand Véfour ! Je pense qu'il y a une sorte de magie dans ce lieu, et je pèse mes mots.

Certains soirs, il arrivait que l'on manque le dernier métro, mon père et moi – on habitait Vincennes à l'époque –, on couchait alors sur les banquettes du restaurant. Je n'ai jamais ressenti une atmosphère d'amour comme celle qui nous entourait à l'intérieur de ce restaurant. C'était comme une chape de bonheur. J'ai dit à mon père : « Tu sais, Le Grand Véfour était une princesse endormie et tu l'as réveillée, tu es son prince charmant ! » Et mon père est vraiment devenu le roi de Paris. En partie, bien sûr, grâce à Jean Cocteau, grâce à Colette, mais grâce aussi à cette histoire d'amour incroyable entre Le Grand Véfour et lui.

Un Cocteau, des cocktails

Jean arrivait au restaurant toujours un petit peu en retard. J'étais fasciné par la façon dont il s'habillait : il avait fait confectionner ses manches de costume de manière à pouvoir les retrousser, pour que l'on puisse voir ses manches de chemise qui étaient à trois boutons, avec, bien sûr, la montre sur le bras de chemise. Il disait : « Je détraque les montres si elles sont directement au contact de ma peau. »

Quand il arrivait, Jean se mettait en général derrière le bar, parce qu'il aimait beaucoup faire ses cocktails. Il s'en expliquait : « Mon nom, c'est Cocteau, mais mon singulier, c'est cocktail. » Contrairement à ce qu'on pourrait croire, il n'aimait pas les nourritures diaphanes. Il aimait les choses sérieuses, solides. Il aimait ce qui lui était interdit. Lui qui avait un cœur fragile prenait des petites choses, tout à fait illicites, qui n'arrangeaient rien. Il a beaucoup écrit à ce sujet d'ailleurs. Quand il arrivait pour déjeuner, il lui arrivait d'avoir l'iris de l'œil entièrement bleu ; je le remarquais tout de suite.

Le Testament d'Orphée, *un autoportrait*

Cocteau disait : « Les journalistes ont fait de moi un personnage à qui je ne serrerais pas la main. » Je trouvais cette phrase sublime. Il affirmait aussi : « L'égalité pour les Français consiste à couper les têtes qui dépassent. » C'est tellement vrai aujourd'hui !

Les omelettes, de grand-père en petit-fils

Mon grand-père, Louis Oliver, était un fabuleux cuisinier. Il a été le chef saucier de Monsieur Escoffier, au Savoy, à Londres ! Alors qu'il était encore en Angleterre, il avait consulté les petites annonces : « Fille à marier, hôtel en dot. » Il avait alors écrit et été choisi. Arrivé à Langon, quand il a vu ma future grand-mère, il est tombé follement amoureux et a déclaré : « Je prends la fille, mais je ne veux pas de l'hôtel. »

Puis il a monté un tout petit boui-boui ridicule à Langon. Bien sûr, avec sa cuisine de rêve, l'affaire n'a fait que grandir et il a finalement atterri dans un hôtel particulier, devenu l'Hôtel Oliver, toujours à Langon – un hôtel où j'ai passé mon enfance et ma jeunesse.

Quand j'étais môme, je voyais mon père et mon grand-père se lancer dans des concours d'omelettes. Parce que l'omelette est une des choses les plus difficiles à faire pour nous, les professionnels. Concours d'omelettes, donc : mon père, mon grand-père, tous les deux utilisaient les mêmes œufs, la même poêle, le même beurre, le même fourneau, battaient leurs œufs de la même façon, apportaient des omelettes apparemment semblables à table… Et pourtant avec deux goûts différents. J'étais fasciné !

La main du maître

Ce qui les distinguait, c'était leur esprit. Un peintre peint avec sa tête plutôt qu'avec sa main et, pour nous, professionnels de la cuisine, c'est la même chose. Cocteau disait : « Donne-moi trois traits droits, un de Picasso, un de Miró, un de Dalí, je te dirai quel est le trait de chacun. » Pour ma part, en parodiant la chose, je suis à peu près certain que si l'on me donnait un plat de Bocuse, un de Troisgros et un de Michel Guérard, je serai capable de les différencier, parce que chacun de ces grands professionnels livre son âme, exprime dans le plat tout ce qu'il est, y apporte sa vie.

Les œufs au plat

J'avais quatorze ans, c'était l'été, mon grand-père me faisait nettoyer son fourneau. Il était deux heures de l'après-midi, le 15 août, il faisait très chaud. Le chef était parti : il n'y avait plus que grand-père, qui était paralysé – il a passé la fin de sa vie en fauteuil roulant –, et moi qui briquais le fourneau. Des clients sont arrivés de la côte basque, ils étaient très en retard :

« Vous ne pouvez pas ne pas nous servir Monsieur Oliver, on a crevé, et on avait réservé ! Servez-nous juste un petit foie gras et une omelette ! »

Le foie gras, ce n'était pas un problème. Mais l'omelette… J'ai dit à grand-père :

« Je ne peux pas la faire !

– Ne t'inquiète pas », m'a-t-il répondu.

Le fourneau marchait encore, c'était un fourneau à charbon, bien sûr.

« Bats les œufs, soulève bien le mélange pour les incorporer, ta poêle sur le feu, huile et beurre.

– Et après ? Je n'en suis pas capable.

– Vas-y, mets les œufs dans la poêle et prends-moi sous les bras. »

J'ai soulevé cet homme, je l'ai amené devant le fourneau, et il a fait l'omelette. Et j'ai pensé : « Si jamais je fais ce métier, il faut que je sois digne de cette omelette-là. »

Comme chez tous les grands chefs, il y avait plein de petites sauces sur le fourneau de mon grand-père. Sur sa carte était inscrit : « Les œufs au plat du jour ». Il y mettait un peu n'importe quoi, cela variait. Mais les clients qui revenaient voulaient manger la même chose que ce qu'on leur avait servi la fois précédente, tant et si bien qu'on a été obligés de codifier les fameux œufs au plat Louis Oliver : on commençait avec une petite tranche de foie gras, très légèrement tournée et retournée dans un beurre brûlant, sur laquelle on cassait les œufs, le tout entouré d'un velouté de volaille et nappé d'une sauce à la truffe. Ces œufs au plat étaient sublimissimes, mais ils posaient un problème capital : on les cuisait au four – les œufs au plat ne se font pas sur le feu, ils se font au four. Or, quand vous sortez le plat du four et que vous le servez à table, les œufs continuent à cuire. Il fallait donc prévoir la seconde à laquelle il faudrait sortir les œufs pour qu'ils arrivent dans un état parfait. Chaque fois, je trouvais cela miraculeux et je regardais la merveille, ébloui.

La cuisine est un jeu d'enfants

Cocteau est mort juste avant que je n'ouvre mon restaurant, de l'autre côté de la Seine, Le Bistrot de Paris, mais il avait eu le temps de préfacer de mon livre, *La cuisine est un jeu d'enfants.* D'après Doudou, qui m'a donné la préface de Jean après sa mort, c'est la dernière chose qu'il ait écrite. Il avait rédigé plusieurs versions – j'aurais aimé les lire –, mais je n'ai vu que celle qui figure dans le livre, je ne sais pas ce que les autres sont devenues ; il voulait sûrement me laisser choisir celle je préférerais.

Au départ, je ne pensais pas écrire un livre. J'ai eu la chance de naître dans un restaurant, mon père aussi. Tout petits, nous avons acquis des choses. Mes enfants, eux, habitaient Paris. Ils vivaient leur vie et j'ai voulu leur apprendre, tout simplement, le respect du travail manuel. À l'époque, ils n'avaient pas école le jeudi. Je leur concoctais des petites recettes, avec des petits dessins, pour qu'ils les réalisent à l'heure du déjeuner, et je venais après le service observer le résultat. Quelquefois, je leur demandais de cuisiner ces recettes sous mes yeux, même quand j'étais là, pour voir comment cela se passait.

Un jour où j'allais voir Jean, je lui ai apporté ces deux ou trois petites recettes et il m'a dit :

« Mais Michel, ça y est, tu es célèbre !

– Vous plaisantez, Jean ! lui ai-je répondu.

– Non, non, non ! Tu vas en faire un livre et ce livre va être un énorme succès. D'ailleurs, je veux le préfacer ! J'ai lancé Al Brown, j'ai lancé Jean Marais, j'ai lancé Doudou… »

Et il a cité tous les gens qu'il avait lancés.

« Maintenant, c'est ton tour ! »

Le Bistrot de Paris, cantine de Serge Gainsbourg

Mes illusions donnent sur la cour
Mais dans les troquets du faubourg
J'ai des ardoises de rêveries
Et le sens de l'ironie
J'me laisse aller à la tendresse

Serge Gainsbourg, *L'Alcool*, 1958.

Serge Gainsbourg venait deux, trois fois par semaine en voisin dans mon restaurant, 33 rue de Lille. Il était d'une élégance extraordinaire, c'est le seul homme qui pouvait dire : « Michel, tu choisis mon vin », et quand il aimait le vin, il ajoutait : « Ce vin est remarquable, s'il te plaît, donne la même bouteille à la cuisine. » Vous rendez-vous compte ? Quand bien même le prix de la bouteille était élevé, il l'offrait au cuisinier ! Et comme il s'asseyait juste à côté de la cuisine et qu'elle était ouverte sur la salle, les cuisiniers venaient tous au passe et le remerciaient.

Au départ, je voulais même aller plus loin qu'une cuisine ouverte sur la salle : je voulais jouer sur les transparences, montrer les ombres des cuisiniers qui travaillent et font monter les sauces... Mais finalement, cela ne s'est pas fait.

Pour en revenir à Serge, il arriva un jour et m'annonça : « C'est l'anniversaire de Jane Birkin, je ne sais pas quoi lui offrir... » Je revenais de chez Troisgros. Je lui répondis : « Louez une Rolls – c'est ce qu'il faisait souvent, d'ailleurs –, allez à Roanne et laissez Pierre Troisgros organiser les festivités pour vous et pour Jane. » C'est ce qu'il a fait. Mais, à l'époque, il avait un chien à grand museau, terriblement laid. Il l'avait laissé dans sa chambre d'hôtel. À son retour, le chien avait bouffé le dessus-de-lit. Serge, qui avait pas mal picolé, entra dans une rage folle, leva le bras pour frapper le chien... et fit son premier infarctus.

On peut dire que Pierre Troisgros « s'était bien occupé de son cas »... La première fois que je suis allé chez Troisgros je ne connaissais pas le sens de cette formule. Je l'ai compris à mes dépens le jour où il m'a recommandé à un de ses amis chefs en lui disant : « Tu t'occupes bien de son cas. » Ça voulait dire : « Tu me le sors dans un état vraiment comateux. »

La vérité est au fond de la marmite

Jean Cocteau disait : « L'intelligence, c'est la faculté d'adaptation », et il terminait en précisant « je ne suis pas intelligent, parce que lorsque les plombs sautent dans l'appartement, je ne suis pas capable de les changer ». C'était tout Jean.

Je ne crois qu'à la valeur de l'exemple. Il fallait voir cet homme vivre, avec le talent qu'il avait, avec cette totale intégrité dans la vie. Jean n'était pas riche, il ne faut pas croire, ce n'était pas du tout ce qui l'intéressait. Il aimait s'amuser, briller, exister... Je l'ai vu faire des choses étonnantes.

J'ai vu une table qu'il présidait au restaurant ; à cette table, il y avait des Chinois ou des Japonais, je ne sais plus, des Russes, une table totalement cosmopolite. Il ne parlait pas un mot d'aucune de ces langues et il racontait pourtant des histoires comme si de rien n'était. Et les gens riaient quand il fallait, étaient tristes quand il fallait. J'ai trouvé ça fabuleux.

Dans sa préface à mon livre, *La cuisine est un jeu d'enfants*, la malice de Jean Cocteau s'exprimait joliment :

Les enfants et les poètes
aiment « désobéir ».
Si vous êtes méchants,
désobéissez et devenez bons.
Si vous mangez vos ongles,
désobéissez et mangez
la bonne cuisine peinte
par Michel Oliver.
Le vieil ami
Jean Cocteau
vous le conseille
1963.

Inspiration, création, mise en cène

Pierre Gagnaire

Pierre Gagnaire est souvent cité par ses confrères comme « meilleur cuisinier du monde », appellation qu'il récuse sans fausse modestie : « Je ne suis pas le meilleur du monde, parce qu'il n'y a pas de meilleur du monde. » La seule chose que revendique Pierre Gagnaire, c'est le respect, l'écoute des autres, le soin des gens qui l'entourent. Pierre Gagnaire est devenu cuisinier par devoir et pourtant, au début, il ne l'aimait pas ce métier dans lequel il excelle.

J'avais quatorze ans et demi ou quinze ans quand j'ai commencé, mon père possédait un restaurant, un peu par hasard d'ailleurs. Et ce restaurant forézien près de Saint-Étienne avait un certain succès, même une étoile au Michelin. Mon père a eu quatre enfants, il les a bien éduqués. Il a été un bon père, mais au sens strict du terme, point. Mon père, je ne l'ai pas vu vivre, je n'ai pas eu de projet avec lui. J'ai vu un homme fatigué, un homme énervé, un homme agacé, irrité, irritable, irritant. Ma mère était là, faisait ce qu'elle pouvait, mais elle aussi jetait plutôt de l'huile sur le feu. C'était une situation un peu explosive, dont j'ai beaucoup souffert.

Je suis d'une génération où l'aîné ne se pose pas de questions et reprend le flambeau. Mon destin était scellé, c'était l'entreprise. Je l'ai senti dès mon plus jeune âge. Lorsque j'étais en train de cuisiner, je me disais: « Mais qu'est-ce que tu fous là ? » Sauf qu'il n'y avait pas d'alternative. Je n'avais pas de rêve, pas d'envie particulière et, surtout, je n'avais pas de talent particulier. Si j'aimais le sport, j'étais un piètre sportif; je n'étais pas très bon footballeur et, à Saint-Étienne, il existe une vraie culture du foot. À l'école, j'étais plutôt nul et, pourtant, Dieu sait si je fournissais des efforts. J'étais un gaucher contrarié. Je me souviens très bien, on m'attachait la main au banc, ce qui a été extrêmement traumatisant. Je n'avais même pas de repère spatial, donc j'étais plutôt maladroit; même mes paroles étaient balbutiantes... Finalement, j'ai pu tirer de tout cela une énergie que j'ai réussi à rendre positive.

Ce que je produisais en cuisine n'avait à mes yeux aucun intérêt et n'était que le brouillon d'un brouillon de brouillon. C'est la chance de notre métier, par rapport à celui d'architecte ou de compositeur, nous, tous les jours, deux fois par jour, on retourne sur scène, au charbon, on se dit: « Allez, cette fois, c'est la bonne, ça y est, voilà, ça va être bien, ou non, ce n'est pas bien. » Avec le recul, la cuisine, c'était vraiment pour moi une thérapie, une sorte de combat contre moi-même, contre ma timidité, contre ma maladresse, contre une forme de solitude aussi et de difficulté à communiquer.

« Pierre Gagnaire, vous êtes un génie »

On l'a dit, on l'a écrit. Mais je ne peux pas être un génie ! Je pense que tous les gens du métier diront la même chose, il suffit d'une critique pour que le château de cartes s'écroule et qu'on soit obsédé par le mécontentement d'une seule personne. Je suis touché par les critiques, mais j'ai une bonne santé mentale et assez de ressources pour me relever, ne pas me laisser abattre. Jamais un médicament, jamais de calmant, je ne me suis jamais drogué, je ne me suis presque jamais enivré. Je vis très bien, je n'ai pas besoin de substrat pour être heureux, ce que la nature m'a donné me suffit. Je vis avec.

Je me situe au bord de la folie ; je pense que j'ai un grain, un bon grain quand même, et quelque chose qui fait que je reste toujours en équilibre. Je crois que je suis assez calme, paisible, mais je suis aussi tout le temps habité par une forme d'insatisfaction et, j'ose à peine le dire, par un ennui profond, un grand vide que je m'efforce d'ignorer. Ce qui me touche énormément, c'est l'émotion que peut produire une assiette bien remplie. Sans aucun doute. Et j'en suis très étonné.

Une ardoise magique, qui s'efface à chaque repas

Quand on parle de mes outils, je sors un crayon, une gomme et un cahier. J'aime l'idée du crayon et de la gomme, parce qu'on peut effacer constamment. Dire que rien n'est définitif, cela me plaît et m'a permis, avec le temps, d'acquérir une forme de sérénité, sur le plan familial en tout cas. Après beaucoup d'errements, j'ai désormais des rapports très apaisés avec mes fils, et c'est pour moi très important. J'ai la chance d'avoir une vie privée très tendre. Mais il m'a fallu quarante ans pour y parvenir, le temps d'une vie ! Toute ma vie j'ai gommé, j'ai passé mon temps à enlever des choses sans même savoir que je les enlevais, j'ignorais même que je les avais. Mais n'est-ce pas le propre de chacun ?

Enlever pour garder l'essence

L'épure, ce n'est pas exclusivement japonais. Mon ami Michel Bras à Laguiole est dans l'épure, celle de sa terre des plateaux de l'Aubrac. Michel est quelqu'un que j'aime, pour qui j'ai beaucoup d'estime. Avec Olivier Roellinger et Michel Bras, nous formons un trio, celui d'une génération qui a marqué un petit peu son époque, nous sommes reconnus par ceux qui aiment nos cuisines, nos univers et qui trouvent de vraies convergences entre nous.

Aujourd'hui, Michel Bras a passé le flambeau à son fils Sébastien, Olivier Roellinger s'est concentré sur les épices et son fils Hugo, après avoir traversé les mers en officier de marine, est revenu à bon port pour retrouver les trois étoiles familiales. Et moi je continue. D'abord parce que la transmission, c'est très compliqué. Nous sommes tous des prototypes, et ma chance, c'est que je suis un commerçant responsable et qu'un capitaine n'abandonne pas son navire et son équipage. Ce qui m'est arrivé à Saint-Étienne, quand j'ai tout perdu, m'a apporté une vraie légèreté. Un restaurant, c'est une toile de tente, mon entreprise, un chapiteau. C'est un bien immatériel, mais constitué de dizaines de personnes : mes chefs, mes pâtissiers, les maîtres d'hôtel, les équipes avec lesquelles je travaille dans le monde entier et avec lesquelles j'ai des rapports extraordinaires. Pourtant, cela reste dans le domaine de l'immatériel. Alors, que transmettre ? Je n'ai pas grand-chose à transmettre ; une attitude, une façon de vivre, de raconter, une façon de voir peut-être ? Mon seul objectif, c'est produire de la beauté, de la douceur, de l'élégance et de la sincérité.

« Ce qui est, au fond, le problème du créateur, ce n'est pas de faire, c'est de faire autrement », disait Boris Vian. Le créatif est du côté de la publicité, du marketing, de la légèreté… Le créateur, c'est plus profond, plus lourd de conséquences ; on s'implique davantage et on se met plus en danger. Je ne me suis jamais considéré comme un créateur. J'ai d'abord cherché à exister, pour moi-même. Ce que j'ai produit, ce que je produis encore, donne des affaires qui fonctionnent bien et il est évident que, avec l'énergie que j'ai dépensée depuis toutes ces années, je devrais avoir la possibilité de m'arrêter ; or, clairement, je ne peux pas m'arrêter, je dois travailler, pour des raisons tout bêtement économiques. Parce que j'ai eu des fractures dans ma vie, à la fois personnelles et professionnelles. Et ces fractures – séparations, échecs – correspondent à ces peaux que j'ai dû retirer ; je cherchais quelque chose au fond de moi, mais je ne savais pas quoi, ni pourquoi.

« Si l'on est attentif à l'inconnu, on n'a pas à le chercher, il est là, présent à tout moment. Tout le travail consiste à oublier ce que l'on connaît pour être disponible et ouvert à l'inconnu », disait Pierre Soulages. Je l'ai très peu connu, mais j'ai eu la chance d'être le président du jury qui devait désigner le restaurant du musée Soulages : évidemment, ce fut le projet de Michel Bras, il n'y a pas eu de contestation. Il était tellement abouti et en symbiose avec le musée.

À cette occasion, j'ai pu passer une très longue soirée avec Pierre Soulages, au milieu de ses tableaux. Il parlait d'un ton assez autoritaire mais de façon très fine, comme un homme qui sait parfaitement qui il est. C'est formidable de parvenir à cela. Ce n'est pas ce que je recherche, mais je crois que je commence à savoir exprimer ce que je ressens vraiment. Moins d'interrogations et quelques certitudes, pas toutes culinaires, mais liées au monde du travail ; l'aspect social du métier, ce qui est possible et ce qui ne l'est pas dans la relation aux autres. Par exemple, le mot « amour » est un mot impossible à prononcer en cuisine. Ce mot, je l'ai pourtant prononcé avec Hervé This, il y a une trentaine d'années.

Pionniers de la cuisine moléculaire

Hervé m'a donné la chance d'être près de lui. Je ne suis pas son meilleur élève, parce que je préfère largement le chimiste à la chimie. Mais Hervé est quelqu'un que je côtoie, que je fréquente. Hervé m'a beaucoup mis en avant, mais aujourd'hui, si l'on doit dresser un bilan, le génie de cette histoire de la cuisine moléculaire, ce fut Ferran Adrià, qui a su employer ces techniques de façon extraordinaire, mais cela ne l'a pas empêché de fermer son restaurant El Bulli. Il était fatigué. Moi, voilà fait presque trente ans que je cuisine dans mon trois-étoiles et je suis encore sur le terrain, je n'ai pas envie de lâcher. Pas pour m'accrocher comme un vieux lion, mais parce que j'ai vraiment l'impression d'avoir encore des choses à exprimer en cuisine.

Un plat d'été

L'été, c'est la saison des fruits. Des figues, des abricots, des amandes fraîches, du melon. On peut imaginer que ces fruits sont légèrement cuits ou crus, et on peut, par exemple, les agrémenter d'une note d'amertume, une pointe de Campari – j'aime beaucoup cet alcool –, une touche de menthe ciselée aussi... Cette déclinaison de fruits plus ou moins compotés, on peut la servir peut-être avec un crustacé, un homard par exemple, à peine cuit, comme ça, à la vapeur, décortiqué...

Ou alors avec quelque chose de plus simple : un poulet rôti, fourré, bourré de plantes aromatiques, du thym citron, du thym argenté, un peu de verveine, de romarin... Ce poulet bien rôti, bien croustillant, presque surcuit, on l'accompagne de cette compotée de fruits servie un peu tiède, avec ses petites pointes d'amertume.

À côté, on peut très bien préparer un caviar d'aubergines, une purée d'olives avec quelques anchois. C'est d'abord du soleil dans les yeux puis on entre dans un environnement un peu minéral. S'il n'y a pas de homard, mais de la volaille, on peut l'accompagner d'un vin blanc, un Châteauneuf plutôt jeune, sans oublier une belle miche de pain...

La table est dressée de façon plutôt modeste mais élégante. On ne laisse pas la bouteille d'eau sur la table, on verse l'eau dans une jolie vasque et, dans cette vasque, on a peut-être mis des rondelles de citron et une ou deux tiges de verveine... Autour de cette table, on imagine quelques jeunes femmes avec des robes légères à fleurs, des hommes avec des chemises en flanelle, des enfants qui courent, la rivière qui n'est pas loin... Et puis les oiseaux ! Après, la journée s'étire et on va retravailler. Avec les restes du repas, on pourra faire quelque chose, peut-être qu'une tomate sera farcie de ces fruits, que le poulet sera haché menu et lié d'un peu de mayonnaise…

Un idéal

C'est peut-être tout bête, mais mon idéal serait : « sois heureux ». Voilà. Cela peut paraître simple, mais ça ne l'est pas ; être heureux du bonheur des autres, ce n'est pas forcément facile.

Avec le temps, je crois que ma cuisine est devenue plus claire. Elle est toujours aussi sophistiquée et complexe, mais elle est plus évidente. Parce que, justement, je ne la vis plus comme une espèce de course contre la montre. J'ai la chance d'être entouré de gens qui ont grandi avec moi, qui ont des qualités que je n'ai pas. Aujourd'hui, j'arrive à mieux verbaliser mes émotions et ma cuisine, à mieux la construire mentalement ; c'est un travail préparatoire, un peu comme écrire un scénario. Après, je ne tiens pas forcément la caméra, je me vois plutôt comme un monteur ou un metteur en scène, celui qui s'occupe de tout ce qui entoure le moment du repas, jusqu'à la lumière, qui détaille, qui participe de la qualité émotionnelle de ce que l'on va vivre à table.

La chanson de gestes de la mère Brazier et du père Peyrot

Bernard Pacaud

Bernard Pacaud, chef mythique de L'Ambroisie, et son épouse Danièle ont dirigé pendant plus de trente ans le trois-étoiles de l'excellence de la grande gastronomie française. Cet enfant de l'Assistance, sensible, perfectionniste et discret, a une double filiation triplement étoilée : d'abord la mère Brazier, sa mère lyonnaise, puis son père spirituel Claude Peyrot, chef du Vivarois, le restaurant cher à Jacques Lacan.

Mes parents nous ont abandonnés quand j'avais douze ans. Vous savez, quand on est orphelin, on est ballotté de droite à gauche. J'ai eu la chance d'être placé dans un foyer de jeunes travailleurs, près de Vaugneray, dans les monts du Lyonnais, à quelques kilomètres du Col de la Luère où travaillait la mère Brazier, qui prenait à son service des petits jeunes pour faire la vaisselle dans son restaurant. Ma passion pour la cuisine est née là-haut. Ce n'est pas rien, donner envie de faire de la cuisine, dans pareilles circonstances. C'est cela, le destin.

Ma mère lyonnaise

Je me suis retrouvé au Col de la Luère, où cette dame qu'on appelait « la mère » m'a beaucoup appris. Dans les orphelinats, chez les religieuses, on disait déjà « ma mère ». C'est un mot qui est à mes yeux sans doute plus lourd de sens que pour la plupart des gens.

J'ai commencé chez la mère Brazier comme apprenti. Mais je pense que ce qui lui a plu chez moi, c'est qu'à l'âge de quatorze ans, quand j'allais faire la vaisselle, je m'intéressais à tout. J'avais un regard sur tout ce qui se passait, en pâtisserie, en cuisine… Si un oignon tombait par terre, je le ramassais… Elle a vu que j'étais attentif et volontaire. C'est pour cela qu'elle m'a proposé de faire ce métier.

Le restaurant de la mère Brazier au Col de la Luère était un très bel établissement, tout en pierre de taille, situé à une trentaine de kilomètres à l'ouest de Lyon. Au début, je mettais à peu près trente-cinq minutes pour monter de Vaugneray à vélo. La deuxième ou troisième année, je ne mettais plus que vingt-cinq minutes. On appuie un peu plus fort sur les pédales… L'hiver, le col était enneigé et souvent le restaurant fermait. S'il y avait des réservations, la mère Brazier nous disait : « Allez, les petits : prenez les pelles, prenez du sel, on va aider les gens à monter au Col de la Luère ! »

Là-haut, on vivait en autarcie, on était nourri, logé, blanchi ; il n'y avait que les produits frais qui montaient au col, sinon tout était fait maison. L'hiver, s'il n'y avait pas de clients, on peignait les chambres, on donnait à manger aux cochons. À la belle saison, on s'occupait du jardin et j'allais cueillir les fleurs. Surtout, un peu comme dans certains orphelinats que j'avais fréquentés, on était ensemble, on était une dizaine d'apprentis, cinq en salle, cinq en cuisine. On faisait les fous aussi ! On était jeunes !

La volaille demi-deuil

La volaille demi-deuil, c'était LA spécialité, créée peut-être par la mère Fillioux, chez qui la mère Brazier avait travaillé à Lyon. C'est une recette typiquement lyonnaise, où l'on glisse des lamelles de truffe sur le blanc de la volaille. Certains clients préféraient même la volaille « en deuil », c'est-à-dire avec encore plus de truffes. Mais chez la mère Brazier, c'était toujours généreux. Il y avait beaucoup de truffes. Truffes qu'elle était la seule à toucher.

Toutes ces volailles, pour les cuire, pour les pocher, on les cuisait dans un bouillon, on les mettait, bien ficelées, dans une étamine. Je n'oublierai jamais la façon dont la mère procédait, elle était tellement habile. On préparait une vingtaine de volailles par service ! Au bout d'un moment, les gestes deviennent automatiques. Mais la mère avait une certaine élégance dans sa façon de couper les ficelles. Vingt volailles, cela signifiait vingt étamines et vingt ficelles d'une longueur d'1,20 mètre. Elle prenait et mesurait chaque ficelle, la coupait et la mettait autour de son cou. Chaque fois, elle pliait sa volaille, glissait sa ficelle en dessous comme on emmaillote un enfant, croisait le fil, fermait les cuisses… Pour chaque volaille, trente secondes suffisaient. Un geste précis, les ficelles étaient nouées deux fois, toujours à la perfection. C'était formidable. Personne en dehors d'elle n'avait le droit de le faire ! Et cet enfant qu'elle emmaillotait, pour moi, ça ne pouvait pas être un geste anodin.

Paris 1968

J'avais vingt et un ans, je sortais de l'armée. À Paris, c'était Mai 68. Je pense que j'ai voulu faire ma petite révolution moi aussi. Je travaillais au restaurant La Méditerranée, en face du théâtre de l'Odéon, occupé par les manifestants. Les Rolls étaient garées entre les cars de CRS. La Méditerranée, c'était le restaurant de Jean Cocteau, on servait entre 120 et 150 couverts par jour… C'était à l'époque le meilleur restaurant de poisson de Paris. J'y suis resté à peu près six mois. Je me suis inscrit dans une association de cuisiniers de la Chambre des cuisiniers. J'ai pris une première place au club de bridge, fréquenté par Omar Sharif, qui était notre plus célèbre client. Et, au bout de cinq ans, la première fois que j'ai acheté un exemplaire de *L'Hôtellerie*, j'ai répondu à une petite annonce : « Restaurant 3 étoiles Michelin cherche chef de cuisine. » J'ai tenté ma chance et j'ai rencontré Claude Peyrot.

Alors que j'avais l'habitude de restaurants et de décors un peu un plus classiques, un peu plus rustiques, j'ai découvert Le Vivarois de Claude Peyrot, avec ses chaises Knoll, blanches, que tout le monde a copiées par la suite, une tapisserie très moderne au mur, un univers très contemporain. C'était le début du guide *Gault-Millau*, on parlait beaucoup de la « nouvelle cuisine »…

En entrant dans ce restaurant très en avance sur son temps, je me suis dit que ce n'était pas pour moi. Avec Claude Peyrot, nous avons discuté plusieurs fois. Il ne voulait pas me prendre parce que j'avais déjà une trentaine d'années ; il n'avait eu que des apprentis, qui montaient en grade, et le plus ancien devenait un peu responsable de la cuisine. À l'époque, un apprentissage durait trois ans et, en quatrième année, on pouvait rester comme second, avant d'avoir la responsabilité des cuisines. On préférait souvent recruter parmi les gens qui avaient l'habitude de la maison plutôt que prendre quelqu'un venu de l'extérieur. D'autant plus que, à trente ans, on a souvent déjà des idées bien précises sur la cuisine. Après quatre ou cinq rendez-vous, je n'y croyais plus et, un jour, à ma grande surprise, j'ai reçu un appel. J'étais pris, parce que j'avais travaillé chez la mère Brazier.

Peyrot avait toujours rêvé de travailler chez elle. Il avait fait son apprentissage chez Fernand Point à Vienne, mais il aurait voulu savoir comment la maison Brazier travaillait. En cuisine, le soir, j'essayais des recettes un peu plus modernes, comme le foie de veau à la menthe, mais Peyrot me disait que ce n'était pas du tout ce qu'il recherchait : il voulait du Brazier. La Mère, c'était une cuisine de femme, une cuisine généreuse, de produits exceptionnels. Chez Peyrot, l'esprit était le même, mais avec beaucoup plus de raffinement dans les présentations.

Peyrot connaissait bien la cuisine de la Mère. Il faut dire qu'elle était célèbre dans le monde entier. Moi, je faisais surtout de la pâtisserie, des brioches bressanes, de la glace vanille et chocolat chaud, des volailles grillées sauce diable, une volaille marinée dans une anglaise, avec des herbes fraîches, puis panée et cuite au four doucement, avec simplement une noix de beurre dessus ; elle devenait croustillante, comme du sable, c'était magnifique ! La sauce diable est une réduction d'échalotes, avec beaucoup d'herbes, d'estragon, un peu comme une base de béarnaise mais montée avec le jus de la volaille. C'était exceptionnel. La volaille était servie avec des « paillassons », comme on disait à Lyon, c'est-à-dire des pommes Darphin : des pommes de terre râpées à la mandoline, comme des pailles, cuites dans du beurre clarifié, dans une poêle à blinis, comme des petites galettes de un demi-centimètre d'épaisseur pour que ce soit croustillant. On les retournait comme des crêpes, après six minutes à peine de cuisson. On servait le plat avec des légumes verts, des épinards simplement cuits dans une casserole avec du beurre et une gousse d'ail. C'était ce que l'on cuisinait chez Brazier.

Les truffes de Peyrot

Peyrot adorait la truffe, on faisait donc beaucoup de truffes, qu'il était le seul à toucher, comme la mère Brazier ! Son geste, c'était sa façon de les couper. Il les regardait sous toutes les coutures… Quand elles étaient trop belles, ça l'embêtait de les couper, alors il les mettait de côté, pour le lendemain… Mais au bout d'un moment, il fallait bien qu'il se résigne. Il avait cette sensibilité-là. Il fallait que le couteau coupe comme une lame de rasoir. Souvent les cuisiniers utilisent des couteaux qui ne coupent pas. Voilà un principe élémentaire, tout bête, mais important : il faut avoir des couteaux bien aiguisés ! C'est comme utiliser une poêle trop grande pour quelques petits pois. L'aliment doit être cuit dans un récipient aux justes proportions, pour éviter de le brûler. Ce sont des choses qu'on n'apprend pas dans les livres. Couper une viande avec un mauvais couteau, c'est risquer de la bousiller, de l'écorcher. On perd tout. Peyrot était très pointilleux. Tout devait être impeccable : la planche à découper, le torchon en dessous. Sa cuisine était une véritable salle d'opération. On passait des heures et des heures à tout nettoyer, on aurait pu manger par terre chez Peyrot !

Pour faire son fameux feuilleté de truffe, il fallait choisir des truffes bien rondes, comme des balles de golf, entre 60 et 80 grammes. On les épluchait : c'est la première fois que je voyais éplucher des truffes. On ne mettait pas le tour, qui est moins tendre que le cœur. Les épluchures de truffes servaient aussi, bien sûr. Il faut l'avoir vu pour le comprendre : il y avait 3 ou 4 kilos de truffes, Peyrot les choisissait minutieusement, les plaçait sur sa planche impeccable et, avec son couteau tranchant comme un rasoir, il épluchait chaque truffe, la coupait en deux, et hop, une petite parure de chaque côté, afin qu'elle puisse tenir droit sur la planche ; il disposait ensuite le foie gras au milieu, un peu de sel, un peu de poivre, une goutte de *grande Champagne*, et il déposait la truffe sur le foie gras, dans un feuilletage bien fermé, doré et frit pendant quatre minutes, pour que le foie ne fonde pas. Il était juste chaud, tiède, tout comme la truffe. Peyrot les appelait « Pomponettes » et les servait avec un jus de viande. Je les cuisine moi aussi tous les hivers à L'Ambroisie, mais rôties avec un coulis de truffe et une salade à la truffe crue.

Chez Peyrot, on dépassait rarement les quarante couverts. Dans ces conditions, la cuisine prend beaucoup plus d'importance, de richesse. Le fait de cuisiner peu de choses a une incidence capitale : si le matin vous plumez six perdreaux, vous le faites avec plaisir, mais s'il y en a trente, l'envie et le plaisir sont moindres ! La cuisine reste de qualité extrême en petite quantité, et on prend beaucoup plus de plaisir que lorsqu'on doit faire cent ou cent cinquante couverts. On devient peut-être plus professionnel, mais on perd en passion.

Jacques Lacan

Jacques Lacan était le client le plus fidèle, il choisissait les plats qui étaient à la carte, mais Peyrot, bien sûr, avait toujours un petit plat qui n'y figurait pas, un peu nouveau, spécialement pour lui.

Il faut savoir que la carte de Peyrot était un peu particulière. Les clients qui n'étaient pas initiés à son système n'y comprenaient rien du tout ! Sur une des pages, il y avait un très beau texte, qui disait : « Avant le plaisir de cuisiner, nous avons été votre ambassadeur » et, à la suite, figuraient tous les plats que Peyrot aimait faire. Les gens lisaient cela et commandaient, par exemple, une volaille sauce diable ou de la queue de bœuf, mentionnées là parce que c'étaient des plats qui plaisaient à Peyrot… et malheureusement il n'y en avait pas ! Il fallait se reporter de l'autre côté de la carte, où se trouvait vraiment le menu, marqué au tableau pour la journée, voire pour le service. Il y avait des engueulades tous les jours ! C'était frustrant, pour les clients, de demander un plat et de se voir répondre : « Nous ne le servons pas actuellement. » Mais Peyrot fonctionnait comme ça, avec une carte très courte, pas tout à fait au jour le jour, mais à la semaine, en fonction des produits qu'on avait achetés.

Lacan, lui, allait directement à la bonne page. Ils avaient tous les deux toujours entretenu une relation amicale et ils se cherchaient, se taquinaient, se provoquaient… Ils s'amusaient beaucoup tous les deux. Moi je ne rentrais pas dans leur jeu, j'étais en cuisine. Mais on me racontait comment Peyrot faisait attendre Lacan, pour rire. Souvent, Lacan arrivait de bonne heure, alors que le personnel était encore en train de manger… et c'était lui qu'on servait en dernier !

Peyrot adorait ce milieu de psychanalystes et on était d'ailleurs régulièrement confrontés, même en cuisine, à des mots qu'on ne comprenait pas toujours ! Nous qui étions habitués à un langage souvent vulgaire, nous étions déroutés par l'élégance de celui de Peyrot. Ce n'était pas toujours évident, pour moi comme pour tous les cuisiniers. En ce qui me concerne, j'ai eu mon certificat d'études, mais je n'ai pas été beaucoup plus loin. Plus tard, à quarante ans, j'ai entamé une analyse et j'ai compris l'importance des mots.

Peyrot était à fleur de peau, pour lui, la moindre erreur prenait une importance parfois excessive… Il voulait que les choses soient bien faites, avec beaucoup de passion, beaucoup d'amour. Il répétait souvent : « La cuisine, c'est beaucoup plus que des recettes », comme le disait déjà Alain Chapel, un homme et un cuisinier qu'il adorait. Il est vrai que, en cuisine, il ne suffit pas de réciter le manuel, il faut vraiment y mettre du cœur et même, comme le disait Peyrot qui était imprégné de psychanalyse : « Il faut bander pour la cuisine. »

Le geste de la mère Brazier quand elle ficelait ses volailles ou celui de Peyrot quand il tranchait ses truffes, je les ai ressentis profondément, ils m'ont marqué ; ils témoignent de leur investissement. Je ne saurais dire si mes cuisiniers perçoivent quelque chose de semblable chez moi. Mais je suis très sensible aux gestes. Un cuisinier qui a de grosses mains, il n'y peut rien. Mais s'il a une certaine élégance, une délicatesse dans sa gestuelle, il fera la cuisine avec beaucoup plus d'émotion que celui qui travaille sans ce geste passionnel, même si c'est avec beaucoup de conscience professionnelle. On le perçoit même dans des gestes anodins, la façon d'essuyer une casserole, de passer le chiffon sur une table…

Chez nous, à L'Ambroisie, même si on l'a lavée un quart d'heure avant, j'aime que chaque casserole soit rincée avant d'être utilisée. C'est le genre de choses que j'apprends à mes équipes, que je m'efforce de leur transmettre. Quand je leur demande de me passer la sauteuse, ils me voient la rincer et passer un coup de torchon dessus, systématiquement. C'est une habitude qui est non seulement ancrée, mais que je souhaite aussi conserver et transmettre. Je me souviens de ce que disait la mère Brazier : « Ne faites pas comme je fais, faites comme je vous dis. » Il m'a fallu longtemps pour comprendre le sens de cette phrase ; je me disais d'abord que, au contraire, en cherchant à l'imiter, je m'approcherais davantage de ce qu'il fallait faire. Ce n'est que bien plus tard, quand on l'enseigne à son tour, qu'on saisit la vérité de cette affirmation.

Lorsque j'étais vraiment tout petit, pour essayer de calmer les engueulades de mes parents qui ne s'entendaient pas, j'essayais de me rendre utile. Je ne préparais pas vraiment les plats, j'aidais plutôt. J'avais une maman qui adorait cuisiner, elle était du métier, elle travaillait en salle comme serveuse. Je l'aidais s'il fallait éplucher un oignon, s'il fallait remuer ou surveiller… Mais je n'intervenais pas, j'étais l'assistant.

Durant mon enfance, je n'ai pas souffert de malnutrition, j'ai souffert du manque d'affection. Il n'y a rien de pire pour des enfants que des parents qui se disputent. Les enfants sont pris en étau, il y a des mots qui sortent… J'en mesure, là aussi, l'importance… Les enfants se sentent responsables des disputes de leurs parents. À la cuisine, j'étais là plutôt pour que les choses aillent plus vite, et pour éviter que le beau-père, en rentrant un peu éméché, ne se mette à crier après ma mère ; quand il sortait du travail, il fallait qu'on se mette à table et que tout soit prêt. Même s'il avait passé une heure au bistrot avant d'arriver. C'étaient de drôles de moments. J'étais l'aîné, et l'aîné est toujours responsable. Si le petit ne s'est pas lavé, si le petit a fait une bêtise… Je secondais ma mère.

Mais chez mes grands-parents, en Bretagne, quand je rentrais de la plage, il y avait sur la table un grand pain de 4 livres, du beurre demi-sel et de la confiture de rhubarbe. J'étais comblé. Être comblé ne signifie pas uniquement être rassasié, ne plus avoir faim, mais avoir le plaisir de manger une nourriture préparée avec amour. Combler, c'est un geste d'amour, à l'heure de la passion, de l'émotion. J'ai eu la chance de recevoir cette passion chez les grands chefs qui m'ont formé et, aujourd'hui, j'essaie à mon tour de la transmettre. C'est comme le lait maternel – n'est-ce pas le plus beau geste d'amour ?

La beauté du geste du cuisiner légumier

Alain Passard

Alain Passard, chef triplement étoilé de L'Arpège, se réinvente depuis vingt ans avec une cuisine légumière inspirée par ses jardins potagers de la Sarthe et de la Normandie (où le chef cuisine parfois dans une bâtisse du XVIII*e siècle entourée de quatre hectares de jardins). Alain Passard, fils d'un passionné de musique et d'une passionnée de couture, nous raconte la beauté du geste qui voyage au-dessus de ses plats.*

Le goût de l'enfance et de l'ail frais

Je suis né dans un petit village de Bretagne et il y avait deux potagers dans la famille. Avec, bien sûr, la cuisine de la mer, les crustacés, les coquillages ; les herbes fines, les échalotes, les oignons, l'ail frais, l'oseille ; les épinards, les tétragones, tous les fruits rouges, les pommiers... Et le regard qui attrape les choses et qui mémorise.

Avec l'ail frais, on fait tout ! Il n'y a pas de retenue. C'est un produit fantastique à condition de le cueillir très tôt, quand il a un fût de un demi-centimètre de diamètre et encore l'aspect d'un jeune poireau. Accompagné d'une belle volaille, de bœuf, de veau, ou d'un agneau pascal..., il trouve sa place partout, même sur une crème brûlée ! L'ail, c'est une gourmandise délicate, subtile, sans agressivité. Il réunit la ciboulette, la menthe, la coriandre. C'est une folie !

La nature, mon guide

Il se passe beaucoup de choses dans mes jardins. J'ai confié ma créativité à la nature. Aujourd'hui, c'est elle qui guide ma cuisine. Grâce à mes potagers, ma cuisine est devenue beaucoup plus juste. Je l'avoue, à la fin du siècle dernier, j'étais complètement perdu. Je cuisinais les tomates trois cent soixante-cinq jours par an, des courgettes et des aubergines toute l'année… Depuis que nous cultivons nos jardins potagers, je vis au rythme des saisons, je pense saison.

Entre les fruits, les racines et les feuilles, au cours d'une année, on trouve en moyenne une centaine de produits. Cela donne entre vingt et vingt-cinq produits par saison. Riche de ce répertoire, on renouvelle sa créativité. On joue plus juste. Parce qu'il n'est pas possible de penser les cent produits en même temps, parce que ce n'est pas ce que la nature nous donne. Quand on joue sur vingt ou vingt-cinq produits, c'est une bonne ivresse, il y a de quoi faire une jolie cuisine et on est beaucoup plus à l'aise, beaucoup plus serein. On travaille avec ce que la nature a mis dans notre jardin.

Deux jardins et un verger

Pour L'Arpège, nous avons deux jardins et un verger dans la baie du Mont Saint-Michel.

Les deux jardins sont situés sur deux départements et éloignés de deux cents kilomètres. Dans la Sarthe, il se trouve dans un petit village qui s'appelle Fillé-sur-Sarthe, entre Le Mans et La Flèche ; et, dans l'Eure, entre Dreux et Évreux, dans un lieu-dit le Bois-Groult,

Les deux natures de sol sont totalement différentes. Dans la Sarthe, c'est un sable, très favorable aux asperges, poireaux, carottes ;

dans l'Eure, la terre très argileuse est excellente pour le chou, les betteraves, le navet, les carottes et toutes les racines.

Sur la baie du Mont Saint-Michel se trouve ce que l'on appelle la « tangue », les alluvions. C'est très bon pour les arbres fruitiers.

Les toiles et les tunnels froids nous permettent de résister aux retards de saison. En mai, nous découvrons les premières pousses d'épinards, l'oseille, les premiers mescluns, les premières laitues… Mais l'essentiel, pour moi, en cette saison, c'est l'asperge. Par exemple, on peut prendre une asperge violette, de la betterave, un navet et, déjà, avec ces trois produits, on réalise une jolie petite fricassée. J'ai aussi tendance à ne pas aller chercher de l'acidité dans des vinaigres ou des citrons dont on ne connaît pas exactement la provenance, alors que dans notre potager, nous avons l'oseille rouge, qui offre la plus belle des acidités.

J'aime l'idée d'aller chercher des produits voisins dans le potager qui naissent au même moment, mais surtout qui sont nés l'un à côté de l'autre. Je suis persuadé qu'il y a des « familles ». J'adore prendre un axe de création qui peut être une couleur. Par exemple, tout ce qui aura une connotation pourpre, mauve, violet…, on va le cueillir et ainsi confectionner une assiette totalement pourpre comme un couturier.

Les retrouvailles

À partir du moment où l'on respecte les saisons, tout devient un rendez-vous ! Quand on se dit, « je n'ai pas touché une tomate, ou une asperge, depuis un an », on éprouve le plaisir des retrouvailles. Cette notion de rendez-vous est essentielle pour l'inspiration. On attend les produits. Et c'est aussi meilleur pour la santé. Une salade de tomates, c'est fait pour se désaltérer quand il fait plus de 30 °C en été ! Mais en hiver, quand il fait -10 °C, votre corps a besoin d'une soupe de panais, d'un velouté de céleris-raves, d'un gratin de topinambours ! La nature a pensé à tout ça.

Le beau geste

Au sein des écoles hôtelières on ne parle pas assez de la beauté du geste, du voyage de la main, qui balaie la fleur de sel. Le beau geste, c'est quand on réussit à gommer tous ceux que l'on juge inutiles. Quand on parvient à les limiter à deux ou trois. Ils sont alors d'une précision implacable ! La main est déterminante, c'est un voyage au-dessus du plat. Dans la cuisine légumière particulièrement, on est dans la dynamique d'un grand couturier, d'un peintre ou d'un musicien. J'ai parfois le sentiment d'avoir au bout des doigts un pinceau et de jouer avec les couleurs des légumes ! J'ai une affection profonde pour le geste et la main. C'est la même chose en peinture, en sculpture, en musique… C'est pour moi le sens qui fait la différence entre nous, les grands chefs. En cuisine, il y a bien sûr l'œil, le goût, le parfum, l'oreille, mais il y a surtout la main.

Il faut avoir une main tout en légèreté, tout en souplesse, tout en délicatesse. Je dis souvent à chacun de mes cuisiniers « travaille ton geste », c'est surtout en réalité « fais-toi plaisir », c'est pour ça que ce qui est important dans le geste, déterminant dans la finalité d'un plat, c'est d'essayer d'avoir un geste très gracieux, très élégant. On « se fait la main » avec le temps et beaucoup de travail, on répète le geste sans cesse de façon qu'il devienne de plus en plus beau et qu'il soit totalement intégré dans le quotidien. Il y a des gestes très simples comme peler à vif un citron, ciseler une échalote, hacher du persil, si on y met à la fois du cœur à l'ouvrage, de la précision et de l'amour, ça peut devenir un geste artistique et ça change votre journée de travail.

Quand un jeune cuisinier arrive, je vois très vite, au bout de quelques jours en cuisine, à qui j'ai affaire : à sa façon de poser la fleur de sel sur un plat… S'il a la main lourde ou légère… Pour les autres sens, c'est plus difficile.

La cuisine légumière est une cuisine comme celle de la mer ou comme celle du tissu animal, c'est une cuisine qui a une personnalité artistique forte, parce qu'elle joue sur la diversité, la saisonnalité, les couleurs, les textures, la transparence, la brillance… C'est une cuisine qui est très parfumée… Avec les légumes, on voyage dans un espace créatif insoupçonnable. Ces produits trop longtemps cantonnés à un second rôle, celui de garniture, permettent de jouer avec une palette gustative et olfactive considérable.

On peut imaginer par exemple un carpaccio d'asperges tranché à la mandoline japonaise, l'asperge est un produit qui a énormément évolué dans la cuisine, on peut aujourd'hui préparer des asperges à crus, ou meunières dans un beurre salé.

Quarante secondes de petits pois nouveaux

C'est ce qu'on appelle le « caviar vert ». Cueilli à l'état embryonnaire. Le petit pois n'est pas encore formé. À l'intérieur, c'est une goutte de sucre. Il ne faut même pas les cuire ! Simplement les chauffer quarante secondes, avec un copeau de beurre salé et une goutte d'huile d'olive. Sur un feu très très doux, pour que le beurre fonde tout doucement. On jette les petits pois dans ce copeau de beurre fondu, on attend quarante secondes, un petit roulement de main et on les sert dans une assiette chaude : c'est elle qui va faire la différence, et finir de les tiédir.

Les cinq sens dans la casserole

La vue est le premier sens sollicité. Dans notre champ, à quinze mètres de nos betteraves, de nos carottes ou de nos navets, c'est d'abord le regard qui se met à créer le plat. On s'approche, on va chercher le produit, on le sort de terre, puis vient le gustatif. Dans un service on goûte beaucoup, mais il y a un moment où gustativement les papilles peuvent lâcher par saturation, le relais c'est donc le nez. Parvenir à corriger un assaisonnement olfactivement, c'est plus facile sur une sauce chaude et un fumet que sur une crudité, il faut un peu de métier.

Autre relais, avoir des papilles greffées au bout des doigts, le parfait dosage sans avoir besoin de goûter. On peut aussi écouter la casserole, écouter le « chant du feu », c'est très intéressant.

Au sein des écoles hôtelières, je pense qu'il y a un véritable cours à faire sur le « chant du feu », qui n'est pas le même pour une tomate en train de mijoter dans la casserole et pour une volaille en train de cuire dans un four ou sur un gril. Quand on entend le chant du feu qui s'emballe, ça signifie qu'une part de l'attention du cuisinier s'est échappée. Il faut l'enseigner afin que nos sens restent en éveil.

Sylvain Picard, chef jardinier

Les jardiniers sont devenus nos compagnons de route, nos partenaires. Le jardinier, c'est le grand artiste de demain, celui qui a été oublié. On parle des grands chefs, des grands vignerons, des grands sommeliers, des grands fleuristes, mais pas des grands jardiniers. On devrait parler de ces femmes et de ces hommes comme on parle aujourd'hui des grands cuisiniers. Ce sont eux qui nous donnent le tempo, eux qui nous disent : « Voilà, ce que vous aurez dans dix jours » ou « Ça, c'est terminé ! ».

On est serein en cuisine quand on voit le chauffeur arriver avec ses cageots de légumes fraîchement cueillis… Tout est déjà fait !

Avec Sylvain et sa brigade de neuf jardiniers, nous avons entrepris cette aventure en 2001, après ma crise de foi dans la rôtisserie (on venait à L'Arpège pour un quasi de veau, un gigot d'agneau ou une côte de bœuf). J'ai décidé de tourner une belle page de mon histoire, parce que le légume, c'est une autre aventure.

Résurrection

J'ai voulu mettre au service du légume tout mon savoir-faire de la cuisine animale. J'ai voulu flamber un oignon, fumer une betterave, cuire un céleri-rave en croûte de sel et définir une autre cuisine. Pour moi, c'était une sorte de résurrection, je retrouvais un appétit pour mon métier de cuisinier, j'ai découvert quelque chose qui m'a procuré énormément d'émotions et, ce que j'ai surtout aimé, c'est en réalité repartir en apprentissage. Du jour au lendemain, j'ai changé de carte, c'était pour moi un nouveau départ. J'avais le sentiment de défricher un nouveau territoire parce que, à l'époque, il n'y avait pas de chef qui avait mis en avant le légume. Ce qui est merveilleux, c'est de cuisiner un légume qui vient de sortir de terre. Je crois que, pour faire de la bonne cuisine, c'est important d'avoir un produit dont on connaît exactement la provenance, que ce soit un légume, une volaille ou un poisson, sans oublier ce respect trop souvent perdu, celui des saisons ; aujourd'hui je le mets en avant à chaque table. J'ai donc presque eu le sentiment de changer de métier pour me consacrer à la cuisine légumière.

Le catalogue de graines potagères

Avec Sylvain, nous nous comprenons très vite et nous avons l'habitude de faire des essais sur tout ce qu'on peut trouver au catalogue – un nouveau navet, une nouvelle tomate… Pour les semences, nous travaillons avec des catalogues de graines potagères naturelles comme les Graines Baumaux ou l'association Kokopelli.

On peut être intrigué par une forme, une couleur, une texture qu'on ne connaît pas. Une même graine, on va la planter dans nos deux jardins, le même jour à la même heure. On les laisse chacune évoluer et quand elles arrivent à maturité, les jardiniers décident de récolter. Et, par exemple, avec les mêmes graines de navet, les deux navets obtenus sont différents. Comme quoi, on peut vraiment faire du légume un grand cru, selon la nature du sol, la pluviométrie, le climat ; chaque paramètre apporte quelque chose de différent, même l'altitude quand on a cent cinquante mètres de différence entre les deux jardins.

Ensuite, on organise une dégustation du produit cru, cuit, on presse même un jus. Comme pour un vin, on goûte un jus de navet ou un jus de carotte. On met une note et on décide : ce navet, on le fera dans tel jardin, parce que c'est là où il a trouvé sa plénitude gustative et olfactive.

Le goût du navet

J'adore l'amertume de cette racine ! C'est la grâce de l'amertume. Surtout lorsqu'elle est cueillie à l'état embryonnaire. On a des saveurs qui ont des essences de terre insoupçonnables, qui apportent à une jardinière une texture, un goût, une couleur... C'est déterminant. Ce que la nature nous offre dans un jardin à une saison, il faut vraiment le retrouver dans la jardinière ! Tous les éléments sont importants. Navet, carotte, betterave, céleri...

Le plus beau livre de cuisine

Je crois que le plus beau livre de cuisine a été écrit par la nature. Je l'ouvre tous les matins quand les légumes passent la porte de ma cuisine et la nature a tout écrit. Une tomate, un melon, un concombre, ce sont des produits d'été et, quand je vais sur un marché à Noël ou dans une épicerie fine et que je vois des tomates, des concombres, des melons, je me dis au secours, que viennent faire là ces produits hors saison, gavés de traitements chimiques ?

Nous, dans nos jardins, il nous faut cinq mois voire plus pour obtenir une belle tomate. Entre le moment où l'on plante la graine mi-février et le moment où l'on cueille le fruit mi-juillet. Ceux qui travaillent hors sol les produisent en cinquante jours, je crois que tout est dit ! Que peut-on espérer de bon, question saveur, texture ou santé ? L'expression hors sol prend tout son sens.

Et puis, nous avons travaillé l'écosystème. Dans notre jardin, la vie animale est très développée. On a recréé des points d'eau pour les batraciens, les reptiles, on a sculpté des talus, des haies bocagères, on a planté des arbres pour les oiseaux, des perchoirs pour les rapaces... Cette petite vie animale nous évite les pesticides et les engrais chimiques, et régule totalement l'écosystème. Cela nous permet d'avoir des légumes exceptionnels sains, bons et de saison. Arrêtons de faire croire aux enfants que la tomate est une racine hivernale ! En Espagne, au Portugal ou en Hollande, on trouve des centaines d'hectares de serres chauffées, équipées de lampes pour faire pousser les tomates, ce n'est pas cela que nous voulons !

Cultiver son jardin ou jardiner sa culture

La cuisine de grand chef est une cuisine de saison. Les grands restaurants doivent comprendre cela. Chez moi, en janvier, vous n'aurez pas de tomate ou de courgette. Et cette cuisine de saison est accessible à chacun, à partir du moment où l'on peut disposer d'un lopin de terre, d'un potager – ou qu'un maraîcher de confiance se trouve près de chez vous. Tout est une question de localisation. Si on a la chance d'avoir des artisans de qualité autour de soi, ce n'est pas trop onéreux. Je vais rarement dans les grandes surfaces, mais quand je vois sortir les caddies avec tous ces produits transformés, je me dis qu'il vaudrait mieux éliminer les petits gâteaux industriels et garder la somme économisée pour acheter une meilleure volaille. Mais je crois qu'on est sur la bonne voie, la passion des Français pour une cuisine plus saine en est la preuve. Ce qui est important, c'est l'envie de la faire.

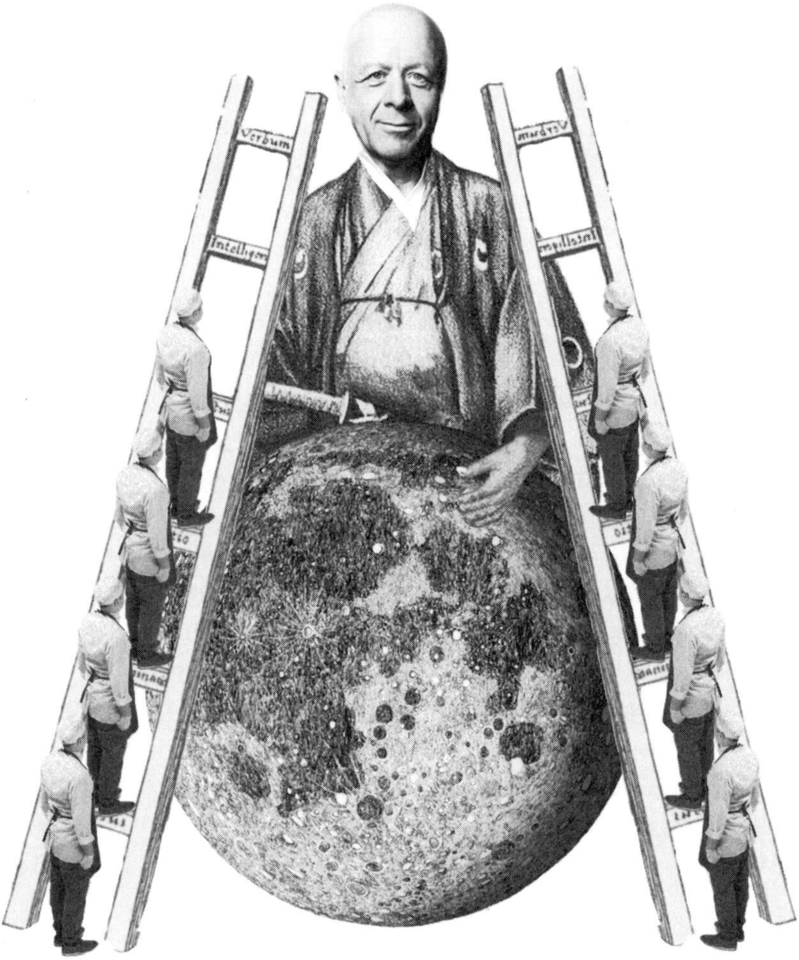
Verbum

Chef samouraï

Thierry Marx

Disciple du samouraï philosophe Miyamoto Musashi (1584-1645), de la nouvelle cuisine d'Alain Chapel (1937-1990), puis de la gastronomie dite « moléculaire », Thierry Marx est un chef étoilé – de Sur Mesure – et un homme d'affaires. Membre fondateur du Collège culinaire de France, cofondateur du Centre français d'innovation culinaire, fondateur de l'organisme de formation Cuisine Mode d'Emploi(s), il a également signé avec Odile Bouhier un roman noir, On ne meurt pas la bouche pleine *(Sang Neuf, 2017).*

De la légion étrangère au samouraï

J'ai d'abord été membre du 3e régiment parachutiste d'infanterie de marine, où j'ai servi dans la Légion. J'ai ensuite eu la chance de devenir Première classe d'honneur de la Légion étrangère. J'en suis très fier – j'emporterai cela jusque dans la mort, avec « honneur et fidélité ».

En tant que chef, j'essaie de mettre en pratique la mentalité du samouraï, qui repose sur la maîtrise du geste. C'est ce qu'écrit Miyamoto Musashi : maîtrise du geste, maîtrise du feu – le feu intérieur, qui pourrait nous dominer – et maîtrise du temps. En cuisine, c'est à peu près la même chose : coupe juste, goût juste ; c'est la maîtrise du geste – la coupe –, la maîtrise de la cuisson – le feu – et le bon timing pour faire les choses. Voilà comment on fait une grande cuisine, car la cuisine, ce n'est pas que des recettes, comme l'écrivait Alain Chapel.

Dans le *Livre des cinq anneaux*, Miyamoto Musashi dit qu'il faut croire en Bouddha, mais ne pas compter sur lui. C'est vrai, et on le dit dans plusieurs religions. Le samouraï méditait beaucoup – avant de combattre bien souvent – et il ne comptait que sur lui-même. Aujourd'hui, c'est quelque chose qui me parle toujours.

La philosophie du samouraï repose aussi sur la relation à la nature, issue du bouddhisme shintoïste : on ne gâche pas et on respecte ce que la nature nous donne. C'est l'état d'esprit d'un cuisinier.

« Calme, en avant, droit »

Nos écoles d'insertion « Cuisine Mode d'Emploi(s) » sont faites pour des personnes très éloignées de l'emploi ou sous le contrôle de la justice. La première chose qu'on leur dit, c'est : « Votre passé ne nous intéresse pas ; c'est le projet que vous voulez construire qui peut nous intéresser. Là, on peut vous aider. » Dans ces écoles, on considère qu'aucune personne, aucun quartier ne sont voués à l'échec. C'est sur cette base que l'on construit une formation de douze semaines extrêmement intensive, extrêmement dure, pour permettre à des personnes de se réinsérer.

J'ai toujours en tête la devise du général Alexis L'Hotte, « Calme, en avant, droit » – c'est aussi celle de l'équitation française. Ce qui me fascine, c'est que, quand on choisit de lâcher la main du passé et de regarder devant soi, on avance dans la vie.

Ce qui m'interpellait quand j'étais plus jeune, dans les quartiers, c'est qu'on nous parlait d'ascenseur social – et on en parle encore aujourd'hui. Mais il n'y a pas d'ascenseur social, il n'a jamais existé. Il y a un *escalier* social. Et la mission de l'État, c'est de faire en sorte que ses marches soient atteignables par tous. L'image de l'escalier suppose un effort et, pour fournir cet effort, il faut y mettre un peu d'ardeur. Les personnes qui intègrent nos écoles, je leur propose simplement l'engagement. L'ardeur, elles vont l'avoir.

En formation, on commence par goûter les bouillons et les fonds. C'est la base du métier. Ensuite, on apprend la coupe de légumes et, en général, on commence par les soupes. La première émotion pour quelqu'un qui entre en formation chez nous vient soit de la soupe, soit de l'omelette. Pour réaliser une omelette à la fourchette, il faut la maîtrise du geste (roulé), la maîtrise du feu (ni trop cuite, ni trop peu) et le bon timing.

L'effort et l'excellence en cuisine

Je pense que les gens sont attirés par l'idée du métier de cuisinier, l'adrénaline qu'il procure. Il a 175 000 restaurants en France, dont environ 1 000-1 500 sont référencés comme cuisine d'auteur dans un guide bien connu. Quand on travaille dans cet univers de l'excellence de la gastronomie française, ça génère une adrénaline à laquelle je crois beaucoup. Je sais que ces jeunes gens viennent, et tiennent le coup, pour ressentir cette adrénaline et atteindre cette excellence. L'excellence, pour les cuisiniers dignes de ce nom, qui ont du respect pour les produits, c'est d'être capable de les transformer pour offrir un confort de dégustation, tout en restant au plus près du goût originel. Voilà le chemin à parcourir. On en revient à la maîtrise du geste, du feu et du temps.

Pour y parvenir, il faut plusieurs années de travail. Il ne s'agit pas d'un apprentissage cosmétique de la cuisine, de recopier bêtement le plat d'un confrère. Un cuisinier qui se veut auteur – et la France est un des rares pays où ça existe – doit définir une philosophie, répondre à la question « Comment donner de l'émotion à un plat ? ».

La grande difficulté du cuisinier, c'est de donner de la mémoire à de l'éphémère.

L'émotion

Il s'agit d'une expérience globale : de la porte d'entrée du restaurant à l'hospitalité du lieu, tout contribue à l'excellence d'un plat. C'est très compliqué et ça se joue au quotidien.

Quand l'assiette part, on a tout contrôlé : la température, le produit, la juste cuisson – le bon geste, le feu, le temps. Au retour, quand l'assiette est vide, on se dit que la mission est remplie. Après, il y a le retour d'expérience du client, qu'il faut écouter. A-t-il ressenti une émotion ou pas ? Aujourd'hui, on n'entre plus dans un restaurant, comme au XVIIIe ou au XIXe siècle, parce qu'on a faim. Si on avait simplement faim, on achèterait une baguette de pain, on mettrait un morceau de pâté dedans et ça suffirait largement. Dans un restaurant, on vient chercher une émotion, quelle qu'elle soit : celle d'un bistrot, d'une grande brasserie, d'une cuisine d'auteur… Mais on ne mourra pas parce qu'on n'aura pas franchi la porte d'un restaurant.

7 minutes

Je cuisine le turbot de l'île de Noirmoutier. Quand il y en a. On le cuit sur l'arête et, à mi-cuisson, on lève le turbot de l'arête, qui lui a donné du goût, et on finit la cuisson sur des pommes grenailles chaudes. Pour nous, en cuisine, ça prend entre sept et quinze minutes. Cette maîtrise du temps, dans mon restaurant Sur Mesure, elle est inscrite dans chaque prise de commande et chaque envoi de plat. En moyenne, on considère qu'il faut sept minutes pour qu'un client déguste un plat. Au bout de ces sept minutes, les collaborateurs en cuisine lancent le plat suivant, afin que cette spirale dynamique ne s'interrompe pas tout au long du repas.

La cuisine de l'espace[1]

Quand j'envoie des plats dans l'espace – peut-être pour me rapprocher des étoiles ? –, avec le Centre français d'innovation culinaire de l'Université Paris-Saclay, je travaille sur un certain nombre de paramètres. Le point de départ est le vœu de ce grand voyageur qu'est Thomas Pesquet de goûter les plats de son enfance : langue de veau Lucullus, poularde au vin jaune, pain d'épices aux pommes rôties.

Au-delà, le retour d'expérience de Thomas va nous donner encore dix ans de travail, car il nous explique qu'il faut faire une cuisine beaucoup plus respectueuse de l'environnement, qu'on doit être capable d'inscrire la cuisine dans une échelle de valeur, qu'en 2050, la problématique sera l'eau et qu'il faudrait végétaliser beaucoup plus notre alimentation.

La cuisine scientifique

Comme disait l'alchimiste Paracelse, c'est la dose qui fait le poison. Quand on connaît l'état de santé d'un convive, on peut, si on le souhaite, lui faire manger des choses qui sont contre-indiquées pour lui, on peut le tuer. Voire le tuer à distance… Bon, il s'agit là d'un scénario de roman noir, avec un tueur à gage d'une autre sorte. Mais on peut utiliser en cuisine des produits extrêmement sains, tout à fait bios, qui sont en contre-indication avec un médicament. Des pamplemousses avec les bêtabloquants, par exemple.

1. À l'occasion de sa deuxième mission en 2021, Thomas Pesquet, l'astronaute de l'Agence spatiale européenne, a embarqué à bord de la Station spatiale internationale une sélection de plats gastronomiques soigneusement étudiés et conçus pour son séjour dans l'espace. Thierry Marx a élaboré, en collaboration avec le chercheur en physico-chimie Raphaël Haumont, certains de ces plats.

Pour avoir travaillé avec des gens qui prélevaient des molécules sur des plantes saines, destinées à faire de la tisane, j'ai vu que l'on pouvait, à certaines doses, propager des virus ou créer des vasodilatateurs capables d'induire un coma.

À une époque, on a parlé de cuisine « moléculaire ». Ça ne voulait rien dire – on ne peut même pas parler de tendance –, mais cela a constitué un outil de compréhension. Quand on s'intéresse de manière scientifique à la transformation d'un produit, on peut imaginer créer de nouvelles émotions en jouant avec les textures et les températures.

Le boudin

« Tiens, voilà du boudin », c'est l'hymne de la Légion étrangère. Je suis très fier d'être le parrain du GRLE, le Groupement de recrutement de la Légion étrangère. Le boudin est un produit exceptionnel à cuisiner. Quand vous faites un boudin, vous le faites pocher dans un bouillon riche en oignons. Vous récupérez ce bouillon pour l'émulsionner. Vous grillez le boudin au fond d'une casserole et mettez par-dessus ce petit bouillon émulsionné ; ce jeu de textures et de températures est absolument délicieux. La dernière fois que je suis allé au Japon, j'ai été surpris qu'un chef japonais me propose du boudin : c'était une recette qui venait de l'île d'Hokkaidō. Je ne le cuisine plus vraiment, parce que c'est un autre métier, celui de charcutier ; et le savoir-faire pour l'embosser – c'est-à-dire le « mettre en boyau » – se perd un peu.

Le boudin tartiné peut être délicieux. Sur un pain de seigle que je laisse rassir, légèrement toasté et réhumidifié avec un peu d'eau pour lui redonner un peu de souplesse, je pose une tranche de boudin que j'écrase légèrement, avec un peu d'oignon cru râpé, ou de ciboulette.

Gastronomie du pain

Je n'ai qu'une seule préférence alimentaire, c'est le pain. C'est le premier produit gastronomique des Français. Et quand il est bien fait, avec peu d'ingrédients, on crée une émotion qui se fixe dans notre mémoire. Le croustillant, le moelleux, la température…

Dans notre restaurant, nous avons trois sortes de pain : un pain au levain naturel, un pain des marins, qui se conserve assez longtemps, et un pain cuit à la vapeur, parce que j'ai travaillé en Asie et que ce pain m'intéresse beaucoup. Dans ce pain, il n'y a pas de croustillant, mais comme une fine membrane sur le dessus, et la mie est encore tiède. Il se prépare avec une farine de soja et dégage d'autres arômes, parce que la vapeur est chargée en algues marines.

Une omelette pour finir

Faire une omelette, c'est assez simple.

Sur un feu moyen vous allez mettre une poêle métallique déjà passée au gros sel, pour éviter qu'elle n'attache. Vous allez ajouter une matière grasse, moitié huile (1 cuillerée d'huile de colza ou d'arachide) et une pointe de beurre – si vous ne mettez que du beurre, il va colorer trop vite. Vous allez battre vos œufs à la fourchette, trois œufs par personne, salez, poivrez. Quand une légère fumée se dégage de l'huile, versez-y le contenu du saladier, avant de tourner gauche sur droite, droite sur gauche, pour donner du moelleux à l'omelette. Inclinez ensuite la poêle pour rouler l'omelette. Pour terminer, donnez un léger coup de poing sur le bout de la queue de la poêle, pour que l'omelette prenne sa forme ovale.

Goûts et saveurs
du Levant au Couchant

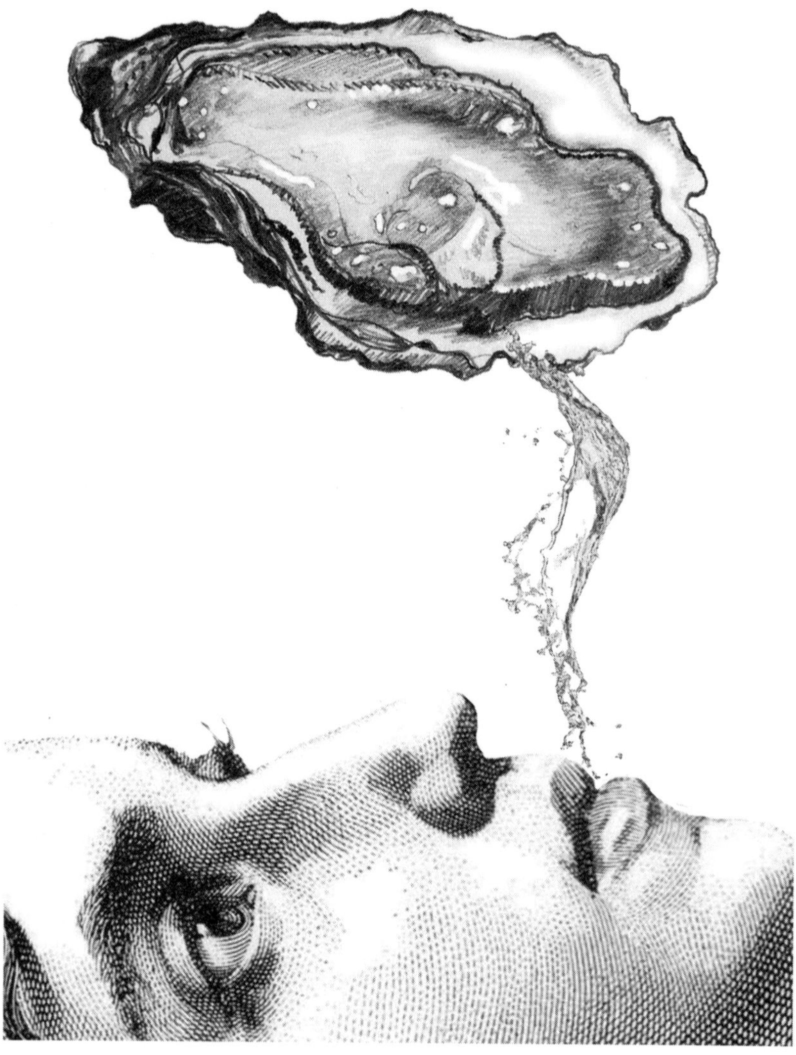

Quand le désir surgit de l'eau de l'huître

Chantal Thomas

Chantal Thomas, enfant du bassin d'Arcachon et académicienne française, chante le goût et l'éclat nacré du divin coquillage lu et aimé dans Casanova, Hemingway, Balzac, Colette ou Swift. Prix Femina pour Les Adieux à la Reine *(Seuil, 2002), l'autrice de* Les Cafés de la mémoire *(Seuil, 2008), de* L'Échange des princesses *(Seuil, 2013), de* Journal de nage *(Seuil, 2022) et de* De sable et de neige *(Mercure de France, 2021) nous fait partager ses sensations. Initiation au plaisir, contact vibratile du fruit de mer fermé sur son propre royaume. L'huître, comme un cri de plaisir.*

Le premier goût de l'huître

L'huître fait intégralement partie de mon paysage d'enfance. Je ne peux donc pas me souvenir du goût de ma première huître, pas plus que je ne peux me souvenir de mon premier bain dans le bassin d'Arcachon. Manger une huître ou nager, ou barboter, ou jouer avec les vagues. Ce n'est pas une histoire de « première fois », ça relève pour moi du même principe de plaisir et de sensualité.

Une folie singulière

J'ai une forme de « folie », ou de fantasme : chaque huître a pour moi une vraie individualité. Alors, quand je mange une huître, je le fais avec minutie et lenteur, j'ai l'impression chaque fois de découvrir, comme avec les personnes qu'on rencontre, quelque chose de très légèrement différent. Mais si je devais définir un goût dominant, ce serait une saveur qui dit la pleine mer, l'océan, l'iode, un sentiment extraordinaire qui vient du fond de l'eau avec la fraîcheur des algues ; un plaisir matinal de bord de l'eau, ou en bateau, un plaisir de brise marine.

Un petit chemin de nacre

Quand j'étais enfant, je marchais sur le sable, mais aussi sur une sorte de tapis de coquilles d'huîtres concassées ou émiettées. À mes yeux, c'était une substance d'une beauté rare, d'un blanc particulier : ce n'est pas le blanc des attols, mais un blanc un peu plus mat, qui, pris dans la lumière, est très substantiel, un blanc splendide. J'adorais marcher sur ces petits chemins. Les cabanons d'ostréiculteurs étaient pour moi la maison idéale. Leur taille, leurs couleurs…

Au départ, comme les gens étaient illettrés, on reconnaissait les maisons à leurs couleurs. Mon rêve, c'était de posséder une petite cabane d'ostréiculteur et de cheminer sur cette petite allée d'huîtres – et d'y gober des huîtres, bien sûr !

Rabelais en son temps évoquait déjà les huîtres de La-Teste-de-Buch ; Arcachon n'était alors qu'un misérable hameau de pêcheurs, où l'on ramassait les huîtres sauvages. Le coin a connu son essor mondain au milieu du XIXe siècle, en devenant, sous Napoléon III, une ville de cure.

Les huîtres d'Hemingway

Hemingway, avec son écriture d'une précision géniale, est l'un des très rares écrivains qui dit les nuances de l'huître : il y a quelquefois dans le goût de l'huître une nuance métallique ou bien de noisette, ou encore une couleur cuivrée. Il y a aussi les huîtres plus vertes qui nous emportent ailleurs. Dans *Paris est une fête* (1964), il décrit, en dégustant des huîtres, la sensation particulière de la fatigue après une séance d'écriture, et celle du retour à soi, du retour à ses forces :

> Pendant que je mangeais mes huîtres au fort goût de marais, avec une légère saveur métallique que le vin blanc frais emportait, ne laissant que l'odeur de la mer et une savoureuse sensation sur la langue, et pendant que je buvais le liquide frais de chaque coquille et savourais ensuite le goût vif du vin, je cessai de me sentir vidé et commençai à être heureux et à dresser des plans.

C'est magnifique ! Moi aussi, j'ai toujours besoin de me ressourcer en goûtant des huîtres. Cela peut être après avoir écrit, après m'être promenée, quand je retourne à Arcachon, ou quand je suis dans une ville étrangère ; je suis émerveillée de trouver des huîtres, parce que, grâce à elles, je me sens chez moi.

La fraîcheur de l'eau de l'huître

Quand j'ai quitté Arcachon, j'ai ressenti à quel point les sensations par lesquelles on a commencé d'exister, et par lesquelles on a commencé de jouir d'être vivant, nous accompagnent. Il y a par exemple ce sentiment lié à la nage. Quand Hemingway parle de la fraîcheur de l'eau de l'huître, il évoque évidemment la fraîcheur du bain. Pour les gens qui ont grandi au bord de l'eau, ce sont deux sensations indissociables. L'huître et moi, nous partageons la même eau.

« Celui-là a eu du courage, qui a été le premier à manger une huître » (Jonathan Swift)

J'adore cette phrase de Swift. On sent la réticence de celui qui n'est pas subjugué par le bonheur d'avaler une huître. On sent que c'est quelqu'un qui l'a découvert tard et qui, peut-être, n'aimait pas les huîtres de prime abord. Mais il a raison quand même, c'est très émouvant d'imaginer la première personne qui a ouvert une huître.

Une huître, qu'y a-t-il à l'intérieur d'une huître ?

Ce qui est remarquable chez l'huître, c'est que, quand elle est fermée, elle n'a vraiment rien d'accueillant ; mais, ouverte, quelle splendeur ! Le contraste est total entre l'huître fermée – une sorte de caillou – et l'huître ouverte, ce creux, ce réceptacle, cette espèce de bijou, ce fond de nacre, si brillant et si beau… Cette nacre participe au plaisir d'avaler l'huître, en fait quelque chose de précieux. Le bijou est à l'intérieur. Une fois, j'ai trouvé une perle dans une huître !

La différence entre les coquilles humides et les coquilles sèches m'a toujours fascinée. Quand la marée vient de se retirer, elles brillent, chacune comme un bijou, et puis elles sèchent, et là, elles n'attirent plus le regard, elles n'attirent plus aucun reflet. En fait, les huîtres donnent à voir toutes les variations du vivant.

L'huître et l'oursin

On pourrait dire que l'oursin est masculin et l'huître féminine, mais l'une des vertus de ces mollusques, c'est qu'ils sont quand même assez souples par rapport aux catégories sexuelles.

Je crois que chaque fruit de mer, dans son apparence, est vraiment fermé sur son propre royaume. Je ne crois pas qu'ils se mêlent les uns aux autres. Chacun est un monde en soi, et Xavier Girard, qui a écrit un livre formidable sur l'oursin, explore minutieusement ce monde. Leur lien de parenté, c'est évidemment la mer, mais, pour moi, c'est d'abord le temps long…

À la campagne, quand on voit un légume, on sait tout ce qui précède, on se souvient de toutes les saisons. Quand je vois une huître, je sais le temps, le temps qu'elle a passé sur les parcs, le long temps d'affinage, j'entends même le bruit des pinasses (désormais disparu). Ils sont inscrits dans tout un paysage, liés à un travail, une pratique.

L'oursin m'apparaît de la même façon. Je l'ai découvert en Méditerranée, arraché aux rochers rouges. Pour moi, c'est une découverte assez tardive. Le point commun entre les deux, c'est que, lorsqu'on les ouvre, on est sidéré par la beauté du spectacle. La couleur de l'oursin, la délicatesse de cette douceur étoilée…

Le Déjeuner d'huîtres *de Jean-François de Troy*

Le Déjeuner d'huîtres (1735) est un tableau qui dit vraiment quelque chose d'intéressant sur le fait de manger des huîtres : il faut que ce soit en abondance (autant que possible !). Quand on mange des huîtres en bateau, il y en a autant qu'on veut, et on rejette les coquilles au fur et à mesure dans l'eau. Ce tableau de Jean-François de Troy est régi par le même principe d'abondance. Des personnes sont autour de la table, uniquement des hommes. L'huître, au XVIIIe siècle, a une connotation libertine. Manger des huîtres, c'est aussi un aphrodisiaque, alors plus on en mange, mieux c'est.

Dans le tableau de Jean-François de Troy, on voit aussi un bouchon de liège qui s'envole vers le plafond. Mais, pour moi, l'huître ne s'associe pas au champagne, plutôt à l'Entre-deux mers, ce vin dont le vignoble se situe entre la Gironde et la Garonne.

L'huître est un aliment profondément sexuel, mais pas seulement. L'huître dépend vraiment de l'humeur dans laquelle on la goûte. Je crois que l'huître porte à la gaieté. J'imagine mal quelqu'un déguster des huîtres sur un fond de mélancolie. L'huître porte aussi une dimension d'exubérance.

Balzac, dévoreur d'huîtres

Balzac était un travailleur infatigable et un dévoreur d'huîtres sans pareil. Il mangeait des huîtres par centaine au Rocher de Cancale, rue Montorgueil dans le « ventre de Paris » ! Cette folie des huîtres dans les siècles passés fait rêver. Louis-Sébastien Mercier, un des auteurs de prédilection de Jean-Claude Bonnet, a cette remarque très drôle : « On mange tellement d'huîtres à Paris que dans des siècles et des siècles on retrouvera ces coquilles d'huîtres et on croira que Paris était au bord de la mer. »

Les huîtres libertines de Giacomo Casanova

Dans *Histoire de ma vie*, Casanova sauve de l'oubli non seulement sa vie, mais aussi une manière de vivre, qui va être mise à mal par les révolutionnaires. Dans ses mémoires, Casanova se met très souvent en scène en train de manger des huîtres. Les passages libertins sont les plus connus, mais j'ai une tendresse particulière pour celui où il arrive dans une auberge et, fourbu après une journée de voyage, il commande et déguste un plateau d'huîtres. Seul dans l'auberge, il est plongé dans une sorte de bien-être, de bonheur avec lui-même, que l'huître prolonge.

Casanova avait une façon très particulière de manger les huîtres. À Nice, un soir, je suis allée au Café de Turin et, comme ça arrive souvent dans ce lieu, nous avons commencé une conversation mon voisin et moi.

> « Vous connaissez Casanova ? » […] Il était très grand. Il avait des airs de brigand et un accent italien à couper au couteau. Les hommes avaient tendance à le prendre pour un imbécile. Les femmes ne s'y trompaient pas.
>
> – J'ai rien dit.
>
> – Il avait une méthode pour…

– … tomber les femmes ?

– Non, manger les huîtres, mais ça revenait au même. Il faut prendre l'huître, la déposer avec délicatesse sur la gorge de sa compagne. Le contact de l'huître arrache à la femme un petit cri. L'homme se penche sur le sein et gobe l'huître…

– C'est joli, dit l'homme d'un ton rêveur. »

Chantal Thomas, *Cafés de la mémoire*, 2008.

Casanova est un merveilleux initiateur au goût de l'huître. Déguster une huître, c'est à la fois un plaisir solitaire, cela fait partie des choses que l'on peut savourer seul, et il existe une temporalité de l'huître, ce n'est pas quelque chose que l'on mange vite, même si on peut en servir dans une gare, comme l'Oyster Bar de Central Station à New York, aux voyageurs pressés de prendre leur train… Il vaut mieux, je crois, manquer son train que les avaler à la va-vite.

Pour Casanova, l'huître sert d'initiation au plaisir. Il y a un très beau passage où il rencontre à Rome deux jeunes filles, plutôt pauvres et orphelines. En leur faisant goûter et aimer l'huître, aimer ce contact vibratile et d'une fraîcheur surprenante, il les conduit à aller plus loin dans l'exploration de leur corps et dans la surprise.

Il ne faut pas tout gober

Les huîtres, je les déguste, je ne les « gobe » pas. D'abord, « gober », c'est un verbe qui ne me plaît pas beaucoup, et puis il donne l'idée qu'on avale ce que l'on a en bouche, sans prendre le temps de savourer le passage. Moi, j'ajoute simplement une très légère goutte de citron. Pas de vinaigre ni d'échalote. Je la renverse vers moi. Et je bois l'eau de l'huître évidemment. J'accompagne parfois mes huîtres d'une petite saucisse grillée, une *txistorra.*

La crue et la cuite

Il m'est arrivé de goûter des huîtres dans des restaurants, selon des recettes exquises et sophistiquées, ou dans des pays qui les mangent plutôt cuites. À Taïwan, par exemple, on trouve partout des potages aux huîtres et de l'omelette aux huîtres dans les marchés de nuit, et ces plats peuvent être délicieux. Au Japon, on vend les huîtres grillées ou frites ; sur les marchés, on les présente décoquillées, assemblées toutes ensemble dans un sac. À chaque fois, j'ai le sentiment que quelque chose est perdu. On perd l'instant : l'instant précis où le goût vif de l'huître surgit.

Le surgissement de l'huître

Je crois qu'une des raisons pour lesquelles l'huître est festive, c'est qu'elle est vivante et elle « surgit », à l'improviste. Ma passion pour les huîtres crues remonte si loin que je ne me suis jamais vraiment intéressée au cuit ; je suis restée du côté du cru. Cette manière de déguster les huîtres m'a permis de développer une sensibilité à la nature, une attention aux sensations du dehors. Et la cuisson, aussi raffinée soit-elle, est à l'opposé de cela. Je suis restée indifférente aux merveilles du cuit. L'huître cuite est un concept qui m'est étranger.

L'appétit vif de Colette

Colette note quelque chose de très beau, dans un de ses derniers textes. À l'époque, elle a beaucoup de mal à se déplacer. Elle dit qu'elle a envie d'aller manger des huîtres, mais finalement, elle renonce. Pour elle, ce n'est pas comme ça, le désir. Le désir, c'est ressentir un appétit vif et y aller. S'il y a la médiation, le tourment du taxi, d'être emmenée, des gens qui vous aident, comment goûter encore l'absolue fraîcheur du plaisir de l'huître ? « L'huître comme le désir ne se goûte qu'à sa source, dans la fraîcheur intacte de l'instant. »

Perversion de l'huître

J'ai toujours été étonnée que l'huître se retrouve au cœur d'une pratique aussi négative que l'ostracisme, le rejet de l'étranger. Dans la Grèce antique, on écrivait dans un creux d'huître (en grec huître se dit *ostrakon*, au pluriel *ostraka*) le nom d'une personne qui allait être exclue. Pour moi, c'est une perversion de l'huître : parce que le creux de la coquille d'huître forme un petit panier à offrande, c'est un geste d'accueil.

Huîtres aphrodisiaques

Le goût de l'huître est finalement très difficile à définir. On parle souvent de goût plus ou moins iodé, ou du goût de noisette – on parle aussi, curieusement pour un fruit de mer, de goût du terroir. L'huître est un mets qui, de siècle en siècle, ne s'est jamais banalisé, sans doute grâce à ses bienfaits réels, ou fantasmés. Peut-être aussi parce qu'elle nous est offerte par la mer. C'est une forme de réconciliation avec le monde.

Pour moi, il n'y a pas vraiment de différence entre l'huître et le plaisir. Charles Nodier a fait une remarque très jolie à propos du mot « huître » : selon lui, il viendrait d'une exclamation, d'une sorte de cri, d'un soupir de plaisir.

Le goût de l'oursin

Xavier Girard

Critique d'art, professeur d'histoire de l'art, conservateur de musée, commissaire d'expositions, écrivain et plasticien, Xavier Girard a notamment publié : Matisse. « Une splendeur inouïe » *(Découvertes, Gallimard, 1993-2020),* Méditerranée de Homère à Picasso *(Assouline, 2000*), Les Années Fitzgerald : La Côte d'Azur, 1920-1930 *(Assouline, 2002),* L'Oursin *(André Dimanche, 2010) et* Inconvénients de la perfection *(Arléa, 2023) ; il publiera prochainement :* La Splendeur du Cap, Saint-Jean-Cap-Ferrat, *avec des photographies de Jean-François Jaussaud (Rizzoli).*

Depuis son enfance, Xavier Girard pêche et goûte l'animal dans les criques de la Méditerranée et les étagères des bouquinistes. Car l'oursin, si menacé aujourd'hui, n'est pas seulement pour lui un mets « capable de choc », mais un trésor d'images, de mythes personnels, de mots, de saveurs et de plaisirs.

Le cueilleur d'oursins

On le déniche, on le décroche, on le détache tant bien que mal de son rocher, le plus souvent à mains nues, avec ou sans masque et palmes. L'aventure tient davantage de la cueillette que de la chasse organisée. On s'y lance seul et sans préméditation, tout au bonheur du cri du nageur : « Il y a des oursins ! il y a des oursins ! » Le casser en deux pour lamper son corail à même le petit plat de béton, parmi les rochers du bout du Cap-Ferrat, où l'on a déroulé sa serviette de bain est un bonheur à l'état brut.

Le plongeur du Cap

J'ai entre treize et vingt ans et je me baigne dans une crique du Cap-Ferrat où les rochers sont accueillants aux oursins et aux nageurs imprudents. Comme le gros bourdon, fou de pollen, je fais du surplace au-dessus d'un buisson d'oursins violets et j'attaque par surprise. J'en attrape quelques-uns, juste assez pour le festin qui m'attend.

Ai-je déjà en tête *Le Gobeur d'oursins* de Picasso du musée d'Antibes, le premier grand éblouissement de mon enfance avec la chapelle de Matisse ? La scène est digne des œuvres de Miro à la Fondation Maeght. Je suis le compagnon d'Ulysse, le plongeur de Paestum, ou le nageur de Hockney, j'entre dans un océan de couleurs brillantes armées jusqu'aux dents : les verts, les violets et les noirs sont les héros du récit mythologique où je m'ébats, en pleine splendeur scintillante. J'aime ce paradis qui ne demande d'autre sésame que le plaisir.

Un plaisir qui, comme on sait, ne va pas sans risques, mais que serait un oursin sans épines ou dont les épines seraient émoussées comme les oursins blancs de Bretagne ou du Pacifique, plus gros et plus fades que mes chers ekhinos de Méditerranée…

Les mots sans fin de l'oursin

Un jour, au Café de Turin, à Nice, haut lieu de la dégustation desdits « fruits » de la mer, lors d'une conversation avec Chantal Thomas, une amie, l'idée m'est venue d'interroger, dans un livre, le goût de l'oursin, et un peu sa gloire picturale ou littéraire dont j'ignorais presque tout. C'est, disais-je en délogeant mon petit croissant d'or rouge, un sujet inexploré que celui de l'oursin : son goût, comme son apparence, est un bel exemple de contradictions. Ses épines lumineuses protègent le plus enclos, le plus obscur des animaux à coque, et son goût hésite entre le salé et le sucré. C'est aussi, si on cherche bien, une alliance secrète de fumé et de confit. De quoi décourager les amateurs de grands crus, ivres d'analogies.

En le savourant à même son petit dôme nacré, après l'avoir maladroitement ouvert, on est saisi par le feu frais d'une épice corail, on peut parler aussi d'un pollen des mers ou d'un onguent poivré… tout cela est infini. Mais pourquoi chercher à trouver des équivalents, comme le safran, le curcuma, l'algue sanguine, le piment corsé, la liqueur d'iode, bref, comme dirait Vladimir Jankélévitch, faire de ce « presque rien qui est un je-ne-sais-quoi » un objet qu'on puisse enfermer dans un genre ? Et c'est pourquoi l'oursin est inépuisable.

Un fruit sacré

Pour bien des artistes, bien des écrivains, bien des peintres, l'oursin est indéfinissable. Comment le dire ? Comment le montrer ? Gaston Bachelard nous prévient : « Plus brillante est l'image, plus troublante est son ambiguïté. Car elle est l'ambiguïté des profondeurs. » L'oursin brille dans des fonds légendaires et broche le rocher de ses sombres épines. C'est un feu noir et un soleil couchant. Impossible de démêler la douceur poivrée de son corail et la saveur, la délicatesse, la couleur de ce quartier d'orange que l'on va goûter et puis un extérieur aussi épineux, du type revêche, un bastion pivotant à la fois ténébreux et fluorescent comme une nuit de pleine lune.

Alors c'est quoi ? C'est d'abord, pour un enfant un peu curieux ou un adolescent un rien conquérant, quelque chose dont on doit se méfier et qui le ravit, car il parvient sans grande prouesse à l'extraire de la roche, l'ouvrir aussitôt et le goûter sur-le-champ. C'est donc l'apprentissage d'un plaisir immédiat et glorieux : quand on devient le maître de ses propres sensations.

L'oursin est un fruit glorieux auquel il ne manque que les anges et un animal extraordinairement proche, notamment quand ses épines vous blessent les pieds, les genoux, ou les mains. Un animal qui se protège des humains, qui se protège du profane. De fait, il appartient pour beaucoup à un autre monde.

Je ne sais pas s'il existe une culture de l'oursin, animal nomade s'il en est, car il se montre rétif à notre habitude de tout cultiver et de tout démontrer, il est un trésor que l'on va cueillir là où il se trouve… Là où on n'a pas forcément le droit de le ramasser, hors des zones réservées à la baignade. Des lois ont interdit de le pêcher pendant une certaine période de l'année. Cueillir l'oursin relève donc d'une forme de désobéissance et c'est un moment très savoureux.

On se dit aussi que l'animal est décidément singulier. Sa bouche est à l'opposé de sa place habituelle que l'anus occupe avec ardeur. Conséquence, c'est bien sa bouche qui s'accroche au rocher qu'il ronge sans s'arrêter. Bref, il y a bien quelque chose de bizarre chez l'oursin qui met en danger nos représentations ordinaires.

D'autre part, cette espèce d'« ours de mer », comme le disent certaines expressions populaires, a quelque chose de férocement inconvenant, il nous déstabilise encore une fois ouvert, puisque son intérieur évoque le dôme d'un baptistère, le ciel nocturne, le cosmos étoilé, son corail la voie lactée, bref tout ceci est un peu perturbant.

Tant de contradictions réunies en une si petite chose provoquent chez le poète, chez l'adolescent, chez celui qui possède une « sensibilité oursine », un trouble, un ravissement, un enthousiasme comparables à certains engouements que l'on peut ressentir pour une déesse, un dieu ou une œuvre d'art.

Neptune et l'oursin

Le lien entre le dieu de la mer et l'oursin est double : il est gustatif et il est sexuel. Pour certains, son goût s'apparente à celui de l'orange du Mexique ou de la coquille Saint-Jacques, en plus intense ; pour d'autres, c'est un animal qui essaime, comme le pollen ou comme les spermatozoïdes, et dont le goût échappe. L'oursin suscite une sorte de profusion et son contraire, un concentré d'épines. Il est rarement seul : il navigue, dans un nomadisme collectif ; il migre en nombre, comme ces vignes en foule qu'on laisse errer dans le vignoble pour le régénérer.

Le foutre de Neptune est, comme son nom l'indique, évidemment lié au sexe, c'est-à-dire à un certain désordre. Pour Sade par exemple, l'oursin, tout comme la cantharide, fait partie des substances qui augmentent le pouvoir sexuel. La comparaison avec les organes féminins ou l'œil de Gabès allant de soi, je dirais aussi que l'oursin a partie liée avec le sexe dans sa version violente, parce qu'il se mange cru et sans délai.

L'oursin, pour moi, est l'allié de la nudité et du plein soleil. Il est le dieu des criques. De même que, pour le sexe, on recherche des endroits cachés, on rencontre des oursins dans des lieux souvent un peu clandestins, un peu difficiles d'accès, un peu escarpés.

Son goût lui-même est caché. Et c'est une infamie que de tenter de le déguiser sous l'acidité d'un citron vert ou quelque épice safranée.

Il faut déguster l'oursin *à la crique*, sur le bord d'un rocher, après avoir bu cette eau salée et parfois un peu mêlée d'algues, à moitié changée en or…

Il y a cette expression qu'on retrouve chez Picasso de « Gobeur », ogre qui semble avaler d'un coup quelque chose qui excède la simple consommation. On ne gobe pas l'oursin, on le lampe, notre bouche agit comme un oursin. Lequel n'est pas seulement ce que l'on va goûter, mais le mets dont le goût est fortement associé à la façon de le manger. Vous me direz que c'est le cas pour toute nourriture, mais c'est particulièrement vrai pour l'oursin, parce qu'il n'est pas facile à déguster. Il y a ceux qui utilisent des cuillères ou des instruments à pinces, mais le bonheur, c'est quand même d'y aller avec la langue et, en cela, c'est évidemment fortement sexué.

Picasso et Matisse

L'oursin est donc pour moi avant tout lié à Antibes, au musée Grimaldi. En 1946, Picasso réalise un grand nombre d'œuvres dont l'oursin est le protagoniste. Des natures mortes, mais aussi ce grand *Gobeur d'oursins* peint sur fibrociment. C'est un moment où dans son atelier un petit duc cruel ouvre grand ses yeux devant une nature morte d'oursins. Cette connivence entre l'oiseau de nuit et le fruit de mer est proprement géniale, le goût de l'oursin est au point de rencontre de ces deux règnes, la violence et la beauté s'y donnent rendez-vous. Pour Picasso, l'une ne va pas sans l'autre. Je pense à ses portraits de Dora Maar hérissée de lames de couteaux.

Je n'oublie pas que, pendant son bref séjour à Antibes, Picasso va se baigner à la plage du port, la petite anse au pied des remparts et croise sur le marché une marchande d'oursins qui, avec une grande panière, allait vendre les produits de sa pêche. La grande Grenille, petite île au large d'Antibes, était un haut lieu de la pêche de l'oursin dans ces années-là. J'aime particulièrement cet oursin antibois.

Matisse, lui, apparemment, ne mangeait pas d'oursins. Mais il les aurait peints comme les huîtres, l'un de ses mets préférés, qui apparaissent dans nombre de ses natures mortes. Il aimait dans l'huître une sorte d'alliance, d'harmonie entre la nacre de la petite vasque de l'huître et le gris lacté de vert de sa chair dont il ne supportait pas qu'elle perde sa fraîcheur. Si bien qu'il pressait Lydia Delectorskaya, son assistante, et son modèle, dès qu'il avait terminé de peindre une huître, d'en acheter une nouvelle.

Je pense que deux émotions sont là. Pour Picasso, c'est celle d'un prédateur, d'un dévoreur. Il aimait l'oursin comme il vivait sa relation avec la plupart de ses femmes sur un mode antagoniste, à la fois agressif et fusionnel ; alors que Matisse tend à la quiétude, à la résolution des tensions, Picasso intensifie la relation conflictuelle. Matisse la sublime en orchestrant ses couleurs.

Littérature oursine

Victor Hugo parle assez peu de l'oursin, sauf dans *Les Travailleurs de la mer* (1866), où le personnage de Gilliatt est un homme-oursin. On y décèle une sensibilité à l'hirsute, au tentaculaire, que l'écrivain aime à dessiner. D'où ses personnages-poulpes...

Victor Hugo fait preuve d'une propension à la dévoration charnelle : il vide la panse comme on vide un poisson. La Panse qui est le nom même du bateau de Gilliatt.

Peu d'écrivains s'intéressent à l'oursin. Il y a René Char, dans le genre laconique : « Cela me rappelle des souvenirs d'oursinades dans les îles de Lérins. »

L'un des grands écrivains de l'oursin, c'est André Pieyre de Mandiargues, que l'on méconnaît aujourd'hui et qui tient un discours absolument unique sur l'oursin ; il n'est pas loin de Baudelaire, chez qui l'oursin est à la fois une sorte de poison et d'enchantement.

Pour beaucoup, l'oursin produit un choc, une décharge électrique, pas seulement gustative. La dégustation s'inscrit dans notre mémoire. Il faut lire cet épisode merveilleux dans *Le Professeur et la sirène* (1961) du jeune prince de Lampedusa, *alias* Corbèra dans la nouvelle, qui évoque bien la réalité romantique de l'oursin. Le jeune prince, voulant faire plaisir au vieux sénateur Rosario La Ciura, lui offre de déguster chez lui, à Turin, des oursins qu'il avait fait venir spécialement de Gènes. Réaction du sénateur : « Certes, tu as fait de ton mieux, mais ce sont là des oursins presque sauvages qui somnolaient sur les froids récifs de Nervi ou d'Arenzano... leurs piquants n'ont jamais versé une goutte de sang divin. » Et devant son hôte dépité qui lui propose un peu de citron pressé, le sénateur de rétorquer : « Vous autres, avec votre manie des saveurs accouplées ! L'oursin doit avoir un goût de citron, le sucre un goût de chocolat, l'amour un goût de paradis. » L'oursin, il est vrai, n'a d'autre goût que lui-même. Mes professeurs de philo diraient que c'est un *unicum*.

Au fond, l'oursin est lié à la nostalgie comme la Petite Madeleine de Proust ; l'émotion de l'oursin ne serait pleinement ravivée qu'en l'endroit même où il a été cueilli dans la jeunesse du mangeur cueilleur-pêcheur et dans une relation amoureuse au monde.

Colette écrit des choses formidables sur l'oursin. Elle l'aimait, évidemment, en Bretagne et à Saint-Tropez. Elle raconte cette anecdote d'un pêcheur sur son lit de mort : son frère pour le réveiller l'appelle : « Viens ! On va aux oursins ! » Le pêcheur ne répondant pas, la mort est attestée.

Bien loin de la Méditerranée, il y a les oursins d'Aimé Césaire qu'il associe au soleil, à une sorte de mer dévoratrice…

Lautréamont a lui aussi une relation particulière avec l'oursin. Une relation ironique qui a quelque chose de sadomasochiste. Il met l'accent sur la folie qui s'empare du mangeur d'oursins ; Hervé Guibert, dans son roman *Le Paradis* (1992), décrit la scène d'une mangeuse d'oursins soudain prise de délire.

En mangeant l'oursin, on est dans l'auto-dévoration, comme des Samoyèdes. Et puis, il y a ces scènes formidables, chez Théophile Gautier ou chez Jean Genet, qui assimilent carrément l'oursin à l'anus… Cette littérature, il faut la laisser vous aveugler, comme « l'explosante-fixe » dans *L'Amour fou* (1937) d'André Breton.

Oursins à l'italienne

Un petit restaurant dans l'antique ghetto de Rome : une seule pièce, à peine un couloir pavé de céramique blanche. J'entre, ébloui par la clarté brillante et la sonorité du lieu. Le premier restaurant où j'entre seul, je dois avoir dix-sept ans. Je m'assois, le patron vient vers moi et, sans un mot, pose sur la table une bouteille d'huile d'olive, un *mezzo litro* de vin blanc de Mont'Albano qui m'enivre aussitôt et une assiette sur laquelle reposent une pomme de terre entière, deux ou trois oursins, une énorme carotte rousse non pelée et un quartier de poisson, un énorme *merluzzo*. Et je suis là, au milieu de ce tintamarre, me saoulant de la langue italienne – le public étant uniquement composé de jeunes ouvriers qui travaillent sans doute dans un immeuble voisin.

Il y avait une sorte d'équivalence folle entre la beauté, l'entièreté, la plénitude de ces garçons qui m'entouraient et ce que j'avais dans l'assiette. Cette expérience a scellé à jamais ma relation avec l'animal : depuis, l'oursin est toujours, à mon goût, une nourriture populaire.

Le matin même, j'avais visité la Villa Borghèse. Dans une pièce dont le sol rimait avec le plafond peint, il y avait une mosaïque romaine dans laquelle gambadaient des dauphins, toutes sortes de poulpes, au milieu d'un théâtre d'oursins.

Ce que l'on m'a servi ce jour-là n'était pas très éloigné de ces mosaïques que l'on appelle les *osoratos oïkos*, « les tables mal balayées », qui montrent, comme au musée du Bardo à Tunis, sur le sol, en trompe-l'œil, une noix, un oursin, un bout de salade, une petite souris qui grignote un fruit tombé par terre…

J'ai vécu là un moment intense de rencontre de tout ce que j'aimais : la peinture, les mosaïques, la mer, les fruits de la mer, la langue italienne, les garçons, la luminosité intense de ce restaurant et la *plebs togata* de la Rome de Pasolini qui était là, pour moi, vivant, à la table des *ragazzi di Roma.*

Une année plus tard, j'ai voulu retrouver cette émotion, mais la porte du restaurant était fermée, une affiche indiquait qu'on avait interdit au restaurateur d'exercer son métier en raison de je ne sais quelle obscure infraction.

Recettes d'oursins

Je l'ai dit, il n'y a pas de recette qui vaille l'oursin à la crique. Mais mon plus beau souvenir de l'oursin à table reste quand même un plat de pâtes aux oursins, *linguine ai ricci di mare*, chez des amis napolitains. C'est l'une des choses les plus délicieuses qui soit. Il faut que les *linguine* soient fraîches et *al dente* évidemment, et que l'oursin ne soit ni cru ni cuit, mais quelque part entre les deux ; simplement cuit le feu éteint, à la vapeur des pâtes, sur un petit support qui laisse cette vapeur le tiédir, sinon il disparaît. On le déguste avec un peu de persil, une larme d'huile d'olive, et c'est tout. Et on évitera peut-être l'ail, pour qu'il ne vienne pas perturber la splendeur, l'éclat unique de l'oursin, qui se suffit à lui-même.

Un jour d'hiver très sombre, à Milan, dans un restaurant-club, non loin d'un stade de foot réservé à la clientèle du club, il y avait au menu un soufflé aux oursins si délicieux, si merveilleux que je crois l'avoir rêvé, un soufflé servi dans une céramique qui avait une forme étrange, un peu baroque, et j'avais le sentiment, là aussi, d'une sorte de plénitude. Les murs étaient tapissés de pourpre, les tableaux étaient magnifiques et les recouvraient selon un ordre des plus aléatoires. Et, dans cette assiette qui ressemblait à une sorte de chou ouvert, se dressait une brioche légère dans laquelle la cuillère s'enfonçait… !

La couleur de l'oursin de Bonnard

La couleur de l'oursin fait partie des raisons pour lesquelles je me suis intéressé à l'écriture du livre que je lui ai consacré chez André Dimanche à Marseille. Si je devais donner un équivalent de cette couleur, ce serait un tableau de Bonnard, parce qu'il change tout le temps, comme certains tableaux de Matisse. Une couleur entre le roux, le rouquin, la rouille, la rousseur, la moirure orangée, le rougeoiement, une couleur empourprée où les épines sont violettes, vertes, d'un noir d'encre de Chine… Le vineux, le vairon, le luminescent, le mordant de l'acide… c'est la couleur du temps, du changement perpétuel, du chatoiement du plaisir, comme la moire de l'œil-de-perdrix… Toutes ces couleurs indéfinissables, c'est absolument merveilleux.

La texture de l'oursin

La texture de l'oursin, comme sa couleur, échappe à toutes les classifications. Le principe de ce corail, c'est qu'il est compact, le quartier se tient – j'aime la géométrie de ses pans colorés dans la masse et brillants en surface au creux de la coupe claire, bien qu'il soit composé de petits grains étoilés. Cela donne l'apparence de la mollesse, mais c'est élastique, un peu gluant et fondant à la fois. Et il y a quelque chose évidemment qui entretient un rapport secret avec la langue. Ce sont des petites langues de corail que l'on déguste. J'ai le souvenir d'avoir goûté à Tahiti des oursins servis dans des bols. L'oursin y perd sa rareté, devient beaucoup moins intéressant, une espèce de chose énorme et déstructurée, le corail est blanchâtre et la texture mollasse. Je n'évoquerai pas plus longtemps cet oursin-là.

L'oursin n'est pas une nourriture, tout juste un mets des dieux

L'une des émotions fortes de l'oursin, c'est peut-être, définitivement, après les oursins de Picasso, après la crique du Cap-Ferrat, ce tableau de Bonnard dont je vous ai parlé et que j'ai vu très tôt, dans les années 1960, à la Fondation Maeght. Dans cette immense toile, un petit personnage apparaît au bord inférieur d'un massif immense et changeant d'arbres d'un jardin cannois. Un petit personnage rouge, la tête orangée, qui regarde le monde depuis cet abri qu'il a déniché en descendant dans ce fouillis merveilleux où tout semble s'arrondir alentour : c'est l'émotion d'un séjour orangé, d'une indéfectible présence au monde, un monde verdoyant vers lequel on ne cesserait de plonger, comme Proust vers les abeilles et vers les fleurs.

L’ail comme marqueur social, sexuel et rituel

Liliane Giraudon

Histoires d’ail *(Argol, 2013) est un éloge de cette « rose puante » composé à quatre mains par Xavier Girard et Liliane Giraudon. La poétesse (elle préfère poétasse) a débarqué dans notre studio en provenance de Marseille, dans un souffle de mistral, avec une pointe d’ail et d’accent venu des Alpilles. Son travail d’écriture, situé entre prose (même si la prose n’existe pas) et poème, semble une traversée des genres. Entre ce qu’elle nomme « littérature de combat » et « littérature de poubelle », ses livres, publiés pour l’essentiel aux Éditions P.O.L, dressent un spectre accidenté. S’ajoute une pratique de la lecture publique et de ce qu’elle appelle son* « écriredessiner » *(tracts, livres d’artiste, expositions, ateliers de traduction, feuilletons, vidéo, théâtre, radio, actions minuscules)… « Une existence tordue » pourrait être le titre de son laboratoire d’écriture. Liliane Giraudon vient de publier* Pot-Pourri *(P.O.L, 2025) et* Une part de tarte rouge, *avec des dessins de Bernard Moninot (ARTGO & Cie, 2025).*

L’ail est une rose puante, et donc un marqueur social. Cette *Histoire d’ail* est presque partie d’un gag. « La pensée se fait dans la bouche », disait Francis Picabia. Avec la bouche, on fait autre chose que penser, que parler, on mange ; et si on ne mange pas, on meurt.

Alors qu'on pourrait ne pas parler et ne pas mourir – il y a quand même des priorités vitales dans cette histoire.

J'étais en train de manger des huîtres avec mon amie l'éditrice Catherine Flohic. Par provocation, je lui ai dit : « Je suis incapable de parler de la cuisine, parce que, quand j'étais petite, je voulais être un garçon, et j'ai mis des années à accepter de faire la cuisine. Mais je peux parler de l'ail si tu veux ; ça, ça m'intéresse. »

C'est un sujet sérieux, parce qu'il touche à beaucoup de choses vitales, à des interdits, des assignations, des souffrances, car c'est un aliment qui sépare. Mais cet objet mis à l'index, objet de soumission, de brimade peut aussi devenir un objet de jouissance et de plaisir…

L'ail qui humilie

En ce qui me concerne, j'ai été humiliée à cause de l'ail. Je vais vous raconter une histoire d'enfance, qui fut d'ailleurs celle de mon initiation à la lutte des classes ! Ma mère, un peu bovarique, nous avait séparés, mon frère jumeau et moi, quand nous avions sept ou huit ans, pour nous mettre dans des pensions. Je fus envoyée chez les sœurs Trinitaires d'Avignon – un véritable trauma, parce que je quittais une vie assez sauvage dans la campagne, auprès de mes grands-parents paysans, pour un internat quasi militaire, effrayant. On nous donnait une nourriture absolument sans goût et je devins pratiquement anorexique. Je n'arrivais pas à manger, parce qu'il n'y avait pas d'ail, alors que, chez moi, l'ail et l'huile d'olive étaient présents dans tous les plats. Dans ce couvent très répressif en matière d'horaires, de tenue et de plaisirs de la bouche, avec quelques petites paysannes – des « émigrées » comme moi –, nous avons introduit l'ail au réfectoire. J'en avais demandé à ma grand-mère et je l'avais caché dans mon sac. Mais nous étions trop naïves, parce qu'on ne peut pas plaisanter avec l'ail.

Nous étions très surveillées, alors nous grattions discrètement des gousses avec notre fourchette. Évidemment, nous avons été repérées et privées de sortie pendant un mois. Ma première humiliation publique. Nous étions debout dans nos blouses devant tout le monde, comme des criminelles, et la mère supérieure nous tançait ; elle vociférait, de son ton aigre et pincé, absolument effrayant : « Mesdemoiselles, nous vous ferons perdre vos accents et le goût de l'ail. »

La lavande aussi était alors un marqueur social. Les petites bonnes employées par la bourgeoisie avignonnaise ou marseillaise venaient de l'arrière-pays, des hauteurs de Digne – ce qu'on appelait les Basses-Alpes, et aujourd'hui les Alpes de Haute-Provence. Dans les villages, on faisait son eau de toilette avec le lavandin, la lavande. Les bonnes emportaient avec elles des flacons de lavande, mais pas question pour les bourgeoises d'exhaler la même chose que leurs domestiques. C'est pour cela que la lavande a longtemps été considérée comme un parfum vulgaire.

L'ail nu, en chemise, gratté

J'aime l'ail assez fort, nu, en chemise, gratté. Le premier ail, je ne le coupe pas, je prends les petites gousses et je les mange crues dans les salades, je les croque alors comme des amandes. L'ail, je l'aime aussi cuit, en chemise. En chemise, il ne doit pas être froid pour être à mon goût.

Quand j'étais petite, au retour du pensionnat, ma grand-mère trouvait que j'avais le teint pâle et que je manquais d'entrain. Elle nous préparait, à mon frère et à moi, des « sanguettes », que nous détestions. Lorsqu'elle tuait un lapin ou un poulet, nous allions dans la « gâtouille », une sorte d'appentis ; là, elle faisait couler le sang dans une assiette en fer, puis elle le faisait cuire tout de suite et nous mangions cette espèce de petite omelette. La couleur et l'aspect étaient dégoûtants, mais elle ajoutait beaucoup d'ail dessus, ainsi que du persil et un peu de vinaigre. Mon frère et moi mangions la préparation comme s'il s'agissait d'un médicament, pour lui faire plaisir, et aussi parce qu'elle était très autoritaire. Mais le goût de l'ail nous réconfortait.

Les Juifs, mangeurs d'ail

Hélène Cixous raconte comment les antisémites traitaient les Juifs de « mangeurs d'ail ». Et c'est vrai que, dans les ghettos, la population juive mangeait de l'ail, pour ses vertus médicinales. J'ai lu que pendant les pogroms en Russie, on retrouvait de l'ail par terre et des plumes dans l'air. Je ne comprenais pas pourquoi. Un ami, grand mangeur d'ail lui aussi, Yvan Mignot, traducteur des poètes Velimir Khlebnikov et Ossip Mandelstam, m'a expliqué que les Russes non juifs ne connaissaient pas l'usage des couettes ou des édredons en plumes. Seuls les Juifs des ghettos avaient des édredons et des matelas en plumes. Lors des pogroms, les cosaques éventraient ces édredons avec leurs sabres et jetaient l'ail.

La « gousse »

« Gousse » est un terme provençal qui fait partie du vocabulaire populaire. Je me souviens que, dans les communions ou dans les grandes fêtes de village, il y avait des banquets avec des aïolis géants. Je me souviens aussi, à ces occasions, d'une ou deux paysannes vivant seules, en pantalon, les cheveux courts. Ces garçonnes « menaient leurs terres », comme on disait, invitaient à danser les cagoles, belles, blondes et vulgaires qui débarquaient de Marseille, leurs choucroutes bien laquées à la Bardot – Andy Warhol aurait été fou en les voyant ! Les hommes surveillaient leurs femmes ; je crois qu'ils craignaient davantage ces garçonnes que les raseteurs – vêtus de blanc, exemples de beauté et d'agilité incroyables –, qui venaient cueillir des cocardes sur les cornes des taureaux pendant les courses camarguaises.

J'entendais alors le mot « gousse », sans savoir ce qu'il désignait. J'ai compris en regardant une tête d'ail. La gousse évoquait, selon le fantasme masculin le plus figuratif, le plus fantasmatique et sans doute le plus misogyne, un clitoris sur un autre clitoris, l'assemblage de ces deux sexes qu'on aurait voulu séparer évidemment. De même qu'on sépare les mangeurs d'ail de ceux qui n'en mangent pas, pour éviter la contagion.

Des lits de tresses d'ail

J'ai connu un homme qui avait été un raseteur extraordinaire et qui avait beaucoup de succès avec les filles. Je l'ai retrouvé après la mort de mon père, au cimetière. Beaucoup de temps avait passé. C'était alors un homme vieilli, empâté, fatigué, alcoolique. Il était devenu fossoyeur et s'occupait de la maintenance du cimetière. J'étais très émue de le retrouver. Il me raconta que tout allait très bien, « surtout sa vie sexuelle ». J'étais étonnée, parce qu'il avait l'air de faire le lien entre sa vie sexuelle et son travail. « Oui, parce que, tu sais, l'été, moi j'ai des fosses, des lieux frais dans le cimetière, et des femmes me donnent leur réserve d'ail à garder à l'ombre. Mais au moment de la sieste, certaines me rendent visite. Il n'y a rien de meilleur qu'un matelas d'ail au frais ! » Je dois dire que j'ai été assez troublée par ce qu'il me racontait, même si je pense qu'il y avait sans doute une grande part de fantasme.

L'ail et Sade

Le marquis de Sade était très gourmand, il suffit de voir la liste de ce qu'il réclamait à sa femme durant les trente années où il a été enfermé. Il commandait des livres, des godemichets, mais aussi de la nourriture.

Ses goûts de bouche ont été formés dès son enfance par des produits du Sud, et il les confirmera au cours de ses séjours dans son château de Lacoste… Il était fou de petits artichauts violets et de certains pâtés au thym et à l'ail. C'est bizarre, on dit peu qu'il parlait le provençal… Pourtant, on peut lire quelques lettres écrites en provençal à une certaine Mlle de Rousset, qu'il appelle Milli Printemps, Fanny, ou Sainte Rousset.

Quand j'ai lu l'épisode des dragées de Marseille, cette histoire de dragées à la cantharide enrobées de sucre à l'anis (un aphrodisiaque qu'il avait fait ingurgiter à de jeunes prostituées), j'ai été très troublée, car, pour moi, cette histoire de dragées se trouvait associée à une histoire d'ail… Plus précisément à une sorte de petit beignet que ma grand-mère paternelle préparait chaque fois qu'on allait veiller un mort. C'était une sorte de rituel funéraire. On passait la nuit à manger en évoquant le mort. Et ma grand-mère triait des gousses d'ail, elle les plaçait dans une pâte à beignet un peu sucrée qu'elle faisait frire dans une grande poêle. On les mangeait tièdes, à la fin de la veillée. C'était peut-être une manière de nous aider à digérer le chagrin, de laisser le mort descendre vers les morts et, pour nous, de rester réveillés, du côté des vivants…

L'ail, comme un éclat de rire

L'ail a peut-être quelque chose à voir avec le rire – l'éclat de rire surtout. L'ail est un excès incontrôlable, comme le rire. Le rire ne se commande pas ; on peut tenter de le provoquer, le feindre sur scène lorsqu'on est comédien, mais le rire ne se contrôle pas vraiment ; et la puissance du goût de l'ail ne se contrôle pas non plus. Il est euphorisant, il est excessif, il est explosif. Ce n'est pas une « explosante-fixe », comme disaient les surréalistes, c'est une petite explosion, un petit attentat dans la bouche, un petit attentat à l'intérieur des plats et à l'intérieur du palais, et c'est aussi une bombe à retardement, puisque ses effets se poursuivent de façon incontrôlable dans tout le corps, on pense à l'haleine, bien sûr, mais il agit aussi sur le sang et la peau.

Empester l'ail

Le fait d'être incommodé par l'ail soulève tout un problème d'odeur. Si on revenait au Moyen Âge ou au XVIIe siècle, on serait étonné par les bruits, mais surtout par les odeurs. On ne supporterait pas de se retrouver ni à la cour du roi, ni ailleurs. Arlette Farge en parle très bien dans *Vivre dans Paris au XVIIIe siècle* (1992). Dans certains quartiers, je pense même que l'on s'évanouirait ! Nous ne sommes plus du tout préparés aux véritables odeurs corporelles et de tout ce qui nous environne. Dès que l'on cuisine du poisson, une soupe à l'ail, on se dépêche de sortir les poubelles ! L'ail « empeste ». D'ailleurs, ne dit-on pas de quelqu'un que l'on rejette : « Je ne peux pas le sentir celui-là ! » « Il empeste l'ail » signifie : « Il est vulgaire, il n'est pas consommable, pas fréquentable. »

Tête d'ail !

« Tête d'ail » est une injure que l'on peut situer entre « tête de nœud » et « sacripant » (comme on disait au siècle dernier). Dans « tête d'ail », il y a l'insulte, avec un zeste de tendresse. On le dira plutôt à des garçonnets, à des jeunes gens, on ne traite pas un vieux de tête d'ail. Le choix d'un mot, comme la cuisine, est parfois compliqué. Cette insulte soulève un problème, celui du vivre-ensemble.

L'ail c'est politique

L'ail, c'est politique. Encore un mot dont il ne faut pas avoir peur. L'ail, c'est l'autre. C'est accepter l'autre en tant que tel, toute la difficulté est là. À l'ail, pas à l'ail, hallal, pas hallal… Est-on capable de vivre ensemble ? Je pense que les mangeurs d'ail sont capables de vivre avec tout le monde même si la réciproque n'est pas vraie. Il y a bien sûr toujours ceux qui décident qu'il faut mettre des barrières, ériger des murs. On parle d'odeurs aussi, encore aujourd'hui.

Et pourquoi n'emploierait-on pas le mot « amour », un mot tellement « dévarié » aujourd'hui ? Je pense que les mangeurs d'ail sont de bons amants – n'oublions pas que l'ail fouette le sang –, les mangeurs d'ail sont des amoureux de la vie.

À mi-chemin entre la Tunisie et la France

Nordine Labiadh

Nordine Labiadh est né au sud-est de la Tunisie, à Zarzis (l'antique Gergis), en face de l'île de Djerba. En l'absence de son père, émigré en France pour nourrir sa famille, Nordine faisait le marché, tirait les filets avec les pêcheurs et aidait sa mère en cuisine. Aujourd'hui, il a réalisé ses rêves d'explorateur dans le restaurant À Mi-Chemin, où il réunit les parfums épicés de son enfance, le couscous, les spécialités du Tour de France et les vins choisis par sa femme Virginie. Nordine Labiadh est l'auteur des livres Paris-Tunis *(Tana, 2016),* Couscous pour Tous *(Solar, 2020) et* La Cuisine de Nordine *(Solar, 2024).*

Chef de famille par procuration

Mon père n'a jamais été là quand ma mère accouchait, jamais là pour la naissance d'aucun de ses quatre enfants. Moi, je suis l'aîné. Mon père, on ne le voyait qu'un mois par an, en décembre, pour les fêtes. J'ai donc grandi dans un environnement presque entièrement féminin, avec la responsabilité de remplir toutes les missions que ma mère me confiait. J'étais le commis de ma mère et, en son absence, l'officier de mon père. Lorsque j'ai eu dix ans et jusqu'à l'adolescence, j'ai été invité à tous les repas, dans toutes les réunions familiales, je le représentais. Ensuite, je n'ai plus voulu y aller.

Le retour du père

Notre père travaillait comme ouvrier chez Renault dans les usines des camions Berliet à Vénissieux, près de Lyon. Il avait une chambre dans un foyer de migrants de la Sonacotra. Quand il rentrait en Tunisie pour les vacances de Noël, on allait le chercher à l'aéroport de Djerba avec la 404 bâchée de mon cousin. Un père absent, c'est une promesse non tenue ! Notre joie de le revoir se mesurait aussi au volume de ses valises, qui indiquait le nombre de nos cadeaux. Mais, après trois jours de retrouvailles, les choses reprenaient leur place et mon père la sienne, c'est-à-dire la mienne. En son absence, j'aidais ma mère à préparer les repas, mais là, je le trouvais dans la cuisine avec elle… Mon droit d'accès était limité, parce qu'ils avaient des choses à se dire. Le combat de coqs était déclaré, j'avais du mal à accepter son autorité, parce qu'il n'était pas là quand il fallait ; mais j'aimais l'accompagner au marché aux poissons : on achetait ensemble les plus gros et les plus beaux. Mon argent de poche, quand il était là, débordait.

La France sur un plateau

Les petits plateaux-repas d'Air France, qu'il nous rapportait intacts, encore filmés, furent mes premières dégustations de la cuisine française ! Moi, je ne connaissais que l'huile d'olive, les tomates confites, les figues et le cumin. On se partageait ces petits plateaux et on explorait les saveurs de là-bas, la France. Grâce à ces plateaux, j'ai découvert la blanquette de veau. Notre père nous offrait comme des cadeaux de Noël un petit bout de France. Cela piquait encore plus notre curiosité. On imaginait cet autre pays où il passait onze mois de l'année : « Qu'est-ce qu'il mange ? Comment il vit ? » C'est pour cela aussi qu'au début de l'été, nous, les enfants, nous restions scotchés devant la télé pour regarder le fameux Tour de France ! Je découvrais cette France, toutes ces vallées, tous ces terroirs différents, du Cantal jusqu'à la Champagne… Et, sur l'écran de la télévision, je cherchais mon père à tous les virages.

La passion du Tour

J'adorais le Tour ! Parfois, je finissais en larmes, après une étape, parce que je n'aime pas la compétition ; en même temps, ces épreuves me mettaient face à moi-même, l'enfant que j'étais, confronté aux missions que me confiaient les adultes.

À l'époque, je n'avais pas le temps de jouer. Donc, quand je voyais les coureurs grimper, doubler et endurer, je me voyais, moi aussi. Et puis, quand nos vacances de Noël étaient terminées, il repartait, un matin à l'aube, dans la même 404 bâchée. Personne ne l'accompagnait à l'aéroport et une ambiance de deuil s'installait dans la maison pendant quelques jours.

La cuisine de ma mère

Je me souviens que vers l'âge de quatre ou cinq ans je regardais ma mère cuisiner. La journée était rythmée par les repas. On mangeait bio tous les jours, puisque presque tous les légumes venaient de notre jardin. On était au début des années 1980, à Zarzis, au milieu des oliviers, en face de Djerba. Les hommes travaillaient soit en mer sur des bateaux de pêche, soit dans les champs d'oliviers. Et une grande partie des pères migraient vers la France.

Le souk de Zarzis

Vers l'âge de dix ans, j'ai commencé à faire les courses pour ma mère. C'était ma mission. Un petit billet bien caché dans ma poche, je devais remplir un grand couffin sans rien oublier. Je faisais le marché dans le souk qu'on appelle aujourd'hui le « souk berbère ». Je n'étais pas bien grand. En me voyant avec mon couffin qui touchait le sol et mes cheveux blonds qui dépassaient à peine de l'étal des sacs d'épices, les touristes me prenaient souvent en photo.

Je faisais le tour du marché quatre ou cinq fois, pour comparer les prix et les produits et ne pas me faire rouler. Je devais rapporter les épices, la viande, le poisson, les légumes… Ce n'était pas une tâche facile. Après quoi, j'aidais ma mère à cuisiner.

Le menu du jour

Ces souvenirs me reviennent tous les jours en mémoire. Cette cuisine pleine d'amour, de générosité et de tous les parfums de mon enfance ; c'est celle qui m'inspire aujourd'hui. J'ai gardé cette habitude de travailler des produits frais du marché, avec spontanéité. Quand mes seconds, me demandent : « Qu'est-ce qu'on va faire demain, chef ? », je réponds : « On verra demain. » Ils me disent : « Mais on a besoin de savoir ! » Et je leur réponds : « Vraiment, je ne peux pas vous dire à cette heure-ci. » J'appelle mes fournisseurs vers minuit, le lendemain on voit le temps qu'il fait et on décide du menu.

Le langage des épices

En Tunisie, la cuisine était rythmée par le cours des saisons. L'épice qui domine là-bas, c'est le cumin – on le moud frais toutes les semaines, pour qu'il ne sèche pas –, et puis le *ras-el-hanout*, qu'on appelle *bezar* en Tunisie, un mélange d'épices pour lequel chaque famille a sa recette. Il y a aussi la fleur d'oranger, l'eau de rose, les amandes, les grenades, tous ces produits de beauté, merveilleux ingrédients de la cuisine… Lorsque j'étais petit, on ne mangeait que des légumes de saison avec de la viande ou du poisson, et toujours cette épice, le *bezar*.

La pêche

Avec d'autres enfants, je passais de longs moments au port, le week-end, pour aider les pêcheurs. Quand je séchais l'école, c'était amusant de pouvoir monter sur les bateaux, et les enfants que nous étions repartaient avec un couffin rempli des poissons que les pêcheurs nous donnaient pour nous remercier de les aider. Je rapportais ce trophée à ma mère, pour qu'elle soit fière de moi.

En regardant la mer

J'ai passé vingt-cinq ans à regarder la mer en direction de la France et, quand mon père a pris sa retraite, j'ai enfin pu partir, mais, quand je suis arrivé, personne ne m'attendait. Au début, j'étais perdu. Dans la cuisine aussi je voulais une mission, des responsabilités. Je suis venu travailler en France, mais je n'ai pas choisi de vivre à Paris. C'est Paris qui m'a choisi.

C'est avec une choucroute alsacienne que j'ai vraiment goûté pour la première fois la cuisine française. La choucroute a été mon premier choc ! Une choucroute de la mer, dans une grande brasserie parisienne, L'Européen. J'ai adoré.

Quand j'ai commencé à cuisiner, j'ai eu envie de rendre hommage à chaque région, je voulais faire mon Tour de France de la cuisine. J'étais obligé d'aller sur internet pour savoir quand commence ou finit la saison de chaque fruit ou de chaque légume – parce qu'à Paris on trouve tout toute l'année !

Quand j'ai commencé à cuisiner dans un restaurant, je n'ai pas tout de suite pensé à la cuisine de ma mère. Je voulais faire de la cuisine française, dans les règles, montrer que j'avais bien appris pendant ma formation avec mes chefs.

Au début, quand je cuisinais un plat un peu épicé d'après mes souvenirs d'enfance, je me rendais compte que je faisais fausse route, les proportions n'étaient pas justes, c'était trop parfumé. Petit à petit, j'ai pris confiance en moi et je me suis lancé. J'ai commencé à construire un pont sur la Méditerranée, en associant les parfums et les épices de mon enfance avec les beaux produits et les plats de la gastronomie française.

Dans mon restaurant, je cuisine la bouillabaisse, le bourguignon, les omelettes, les crêpes bretonnes ; je propose du colin à la bretonne, du couscous au bar sauvage, du tajine au cochon de Dordogne ; je prépare un gâteau de châtaignes ou au brocciu corse… J'ai envie d'être partout et, chaque fois, j'ajoute ma petite épice, qui ne doit pas perturber la grande richesse de ces plats, mais qui me rappelle d'où je viens. C'est ma manière d'exprimer que la cuisine n'a pas de frontières. J'ai découvert que l'on peut tout dire à travers un plat.

Pastilla de canard à l'orange

Si je devais, en hiver par exemple, improviser un repas, ce serait une pastilla de canard à l'orange, légèrement farcie de quelques cubes de foie gras, accompagnée de zestes d'orange. En entrée, je pourrais faire une petite salade d'endives et de romaine, avec du roquefort, des dattes et des noix, assaisonnée d'une huile de sésame ou de noisette. Et, en dessert, des marrons ! Une quenelle de marron praliné, du chocolat noir et quelques clémentines confites. Il y a beaucoup de produits du Sud, du désert ou d'ailleurs, qui peuvent se marier avec la cuisine et la pâtisserie française.

Pour réaliser cette pastilla, on peut utiliser un effiloché de canard préparé par un bon boucher ou un bon volailler. On réserve les magrets, les cuisses de canard et les carcasses pour faire un bouillon. On récupère toute cette chair. Pour six cents grammes d'effiloché, on peut ajouter le jus de deux oranges, d'un citron, deux cuillères à soupe de fleur d'oranger, deux cuillères à soupe de miel, deux pincées de cannelle, deux cuillères à soupe de pistache. Il faut toujours du citron avec le salé-sucré, pour casser le côté trop sucré qui coupe la faim à la moitié du repas. La fraîcheur du citron compense la douceur du miel et permet de n'en conserver que les saveurs.

On mélange le tout et on enveloppe cette farce dans deux feuilles de brick, que l'on fait rôtir au four pendant vingt-cinq minutes, thermostat 7, à 170 °C. Avec une petite salade, la pastilla nappée au sucre glace… on peut faire un bon repas! On peut même la préparer la veille et prendre le temps de boire tranquillement l'apéro avec ses amis.

Ma mer entre mes deux terres

J'ai vécu vingt-cinq années en Tunisie, pendant lesquelles je n'ai vu mon père qu'un mois par an. J'adore la Méditerranée, mais j'avais aussi envie qu'elle disparaisse! En mélangeant les meilleurs produits du terroir français et une touche tunisienne qui m'appartient, j'essaye de réduire la distance qui sépare nos deux rivages.

J'ai toujours eu le sentiment que la France m'appelait. Tout ce que j'ai goûté de bon, tout ce que j'ai porté de plus beau, venait de France. En Tunisie, nous n'avions même pas le droit de manger à la cantine: les enfants de fonctionnaires ou de parents qui travaillaient en France ne mangeaient pas à la cantine; c'est blessant quand on est enfant, surtout quand a faim et envie de partager son repas avec les copains. On nous disait que nous étions des privilégiés, avec le Smic de mon père, alors que c'était l'inverse, la double peine.

La nostalgie d'un monde que je n'ai pas connu

On peut partir au bout du monde, mais la cuisine et les parfums de l'enfance s'exilent avec nous. On peut tout abandonner, ses affaires, sa maison, ses copains, mais on ne peut pas oublier les saveurs, les senteurs du pays natal.

Dans les années 1960, dans le Maghreb, certains quittaient leur pays parce que leur vie avait changé ou, comme mon père, pour chercher à manger. Plus tard, la cuisine traditionnelle s'est figée avec le tourisme de masse. La vraie cuisine tunisienne, on la retrouve dans les familles, transmise de mères en filles jusqu'à aujourd'hui.

Moi, j'ai envie de retrouver ces saveurs oubliées. De leur redonner une autre vie. Je veux aussi rendre hommage à ces personnes qui, un jour, ont fait des plats merveilleux à la Goulette ou à Alger. Quand ils viennent chez moi, ils retrouvent un parfum de bonheur d'un temps passé.

Transmission

J'adore la transmission, l'architecture, la construction et la photo. Mais la transmission passe avant tout. Enfant, j'ai connu mes arrière-grands-mères, mon arrière-grand-père. Je les ai beaucoup écoutés. Dès que quelqu'un transmet son expérience, parle d'un temps ancien, d'une époque révolue, je suis à ses pieds ! J'aime qu'on ne garde pas tout pour soi – surtout les belles choses. Transmettre est un devoir.

Le *mâlouf* tunisien, par exemple, est une musique traditionnelle transmise de génération en génération ; c'est une musique d'exilés, une musique andalouse installée en Tunisie… Les Andalous ont révolutionné la culture, la cuisine et la musique en Afrique du Nord.

Quand j'entends la musique d'Ali Riahi, je suis frustré, parce qu'elle appartient au temps ancien de mes parents et de mes grands-parents. Une époque que j'ai envie de recomposer, de reconstituer. Entre les Français, les Italiens, les Berbères, les Andalous, les Ottomans, entre les musulmans, les juifs et les chrétiens, il y avait un brassage culturel incroyable ; les cuisines se mélangeaient, le marché de la Goulette était un vrai festival de saveurs et de savoirs.

J'imagine cette période de fêtes perpétuelles, j'ai la nostalgie de ces années que je n'ai pas connues et j'essaie d'en faire renaître la joie dans ma cuisine. Je n'étais pas là, mais je pense à ces gens attablés ; même s'ils ne partageaient pas les mêmes cultures, les mêmes croyances, ils se réjouissaient ensemble autour d'un couscous, comme le couscous au mérou, que l'on cuisine aussi en Sicile. Le couscous est, comme un bœuf bourguignon, ou une bouillabaisse, un plat de partage, généreux comme j'aime.

Moi, je suis français et tunisien mais avant tout méditerranéen ; je me sens proche d'un Marseillais, d'un Corse ou d'un Andalou, mais éloigné du Moyen-Orient. L'identité méditerranéenne a existé et elle va reprendre une place de plus en plus grande. La cuisine de notre Méditerranée, c'est ce qui nous lie tous.

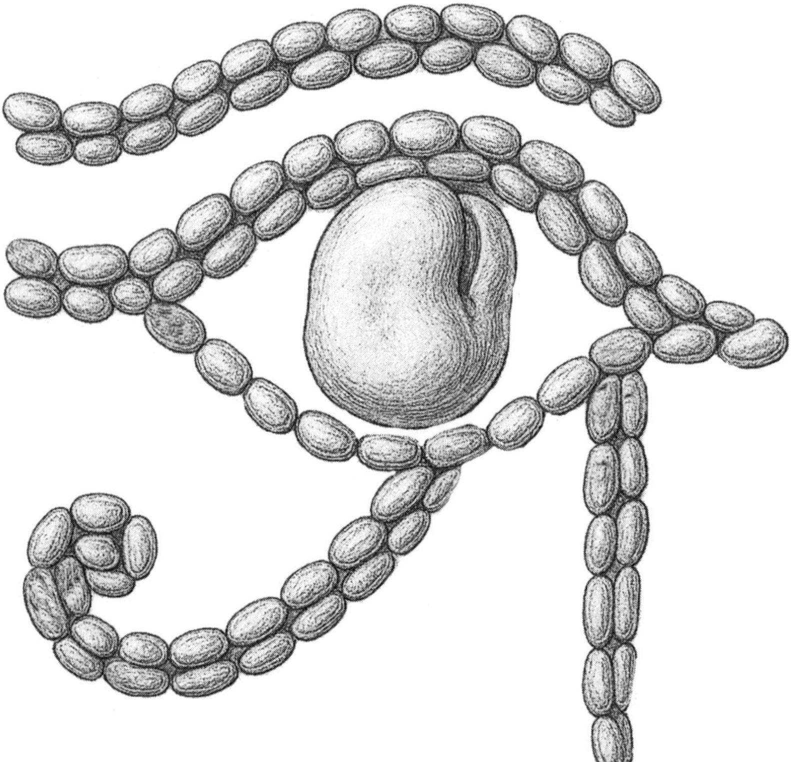

Foul sentimental

Tobie Nathan

Tobie Nathan, professeur émérite de psychologie, ethnopsychiatre et écrivain, raconte le foul, *cette fève qui le passionne et qui ressemble à l'enfant du Caire qu'il était dans les années 1950 : le* foul, *ce plat national égyptien, qu'il évoquait dans son livre* Ce pays qui te ressemble *(Stock, 2015).*

Le peuple égyptien se nourrit depuis toujours de *foul.* Si l'on ressemble à ce que l'on mange, c'est sûr, je suis un *foul* ! (en arabe, on le dirait au féminin : une *foula*). *Foul* signifie « fève », et *foulan* signifie « quelqu'un ». *Foul* est probablement le mot qui a donné son nom au peuple *peul,* que l'on appelle aussi *Foulanis,* les « gens ».

Si le *foul* est un végétal, il est sous-entendu qu'il désigne aussi « les gens ». C'est donc à la fois une fève et des personnes. Au fond, certains végétaux sont animés et deviennent une puissance par eux-mêmes : c'est le cas du *foul* !

La fève fait partie des plus anciens végétaux cultivés, puisque sa culture est attestée il a 10 000 ans ! Un texte très étrange d'Hérodote, datant du ve siècle avant J.-C., affirme que les Égyptiens détestent la fève. C'est d'autant plus surprenant que les fouilles archéologiques le contredisent totalement. Déjà du temps d'Hérodote, le *foul* était le plat national égyptien. On se demande donc pourquoi Hérodote a écrit cela. En vérité, Hérodote a souvent été une sorte d'ethnologue de salon, il se basait sur des textes, sans doute sur des écrits religieux, selon lesquels il semble que la fève était, dans l'Égypte antique, interdite aux prêtres, tout en étant conseillée au peuple.

Graine magique ou graine divine ?

Le *foul* est une graine *vivante*. Même plus que vivante : puisque le *foul* est un fœtus ! Si on regarde attentivement une fève, elle ressemble à un fœtus, recroquevillé sur lui-même dans le ventre de sa mère. C'est la première phrase de mon livre :

> Les Égyptiens sont des cannibales. Regardez bien une fève, observez-la de près, vous verrez combien elle ressemble à un fœtus. Depuis l'Antiquité, les Égyptiens sont des mangeurs de fèves, des mangeurs de fœtus. Ma mère s'appelait Esther. Des fœtus, elle dut en manger des quantités avant de finalement tomber enceinte.

L'image du fœtus n'est pas de moi, je n'ai rien inventé. On trouve cette description dans les textes grecs anciens. L'helléniste et anthropologue Marcel Detienne évoquait dans *La Cuisine du sacrifice* (1974) les prêtres égyptiens qui considéraient que manger la tête de son père ou manger une fève était équivalent. C'était donc un interdit du cannibalisme qui s'attachait rituellement à la fève. Et, en même temps, pour le peuple, c'était le plat national ! C'est là la position étrange de la fève, à la fois indispensable et dangereuse, à la fois destinée à chacun et potentiellement maudite.

Pour Aristote, la fève ressemble à un testicule. Si l'on regarde bien, sa forme rappelle aussi celle d'un testicule, certes un peu écrasé… On mange bien des testicules de taureaux, jamais de testicules humains… Les Pythagoriciens disaient que les fèves contiennent l'âme des morts. La preuve, selon eux : quand on mange des fèves, on a des vents dans le ventre. C'est donc bien que ces vents étaient contenus dans les fèves ! Et qu'elles renferment les âmes des morts. C'est d'ailleurs très probablement pour cela que la fève s'appelle *foul*, c'est-à-dire, « les gens », tous ceux qui sont morts... Cette pensée est sans doute restée, nichée dans l'inconscient populaire. Cela explique sans doute pourquoi la fève a été supprimée de notre cuisine européenne, elle qui était pourtant si populaire jusqu'aux XVe et XVIe siècles en Europe. Elle a ensuite été supplantée par le haricot venu d'Amérique du Sud, qui, lui, n'était pas entaché par toutes ces charges symboliques.

Quand je suis né, ma mère n'avait pas de lait. Pour me nourrir, on a donc cherché une nourrice. À l'hôpital, une Syrienne venait de donner naissance à une petite fille et elle avait beaucoup de lait. Durant ma première semaine, j'ai été nourri au lait de cette femme en même temps que sa petite fille. Ma mère, tout au long de sa vie, m'a répété : « N'épouse jamais une Syrienne, il pourrait s'agir de ta sœur de lait. » Et ça, épouser sa sœur de lait, c'était totalement interdit ! Peut-être plus encore que d'épouser sa sœur biologique.

La fève, un repas

La fève constitue un repas très consistant. On peut en manger le matin – c'est ce que l'on conseille de faire, parce qu'elle tient bien à l'estomac. Lorsqu'on consomme la fève le matin, on dit que c'est le repas du prince *(Amir)*. Si la fève compose le repas du midi, c'est que l'on n'a pas les moyens de manger de la viande. On dit alors que c'est le repas du pauvre *(Fa'ir)*. Et lorsqu'on en mange le soir, c'est qu'on ignore les maux de ventre et les cauchemars qu'elle causera ! On dit alors que c'est le repas de l'âne *(Hamir)*, de celui qui ne comprend rien.

Alors, si l'on en croit le proverbe, il vaut mieux manger les fèves le matin. C'était d'ailleurs une coutume à la maison, quand j'étais enfant, le samedi matin. Toute la famille venait. C'était un événement, presque un rituel, de manger les fèves du samedi matin !

Je pense qu'on prépare le *foul* toujours de la même manière aujourd'hui encore. Le plat de *foul* est éternel et très facile à préparer.

Pour réaliser ce plat, il faut prendre ce que l'on appelle du *foul medammes. Medammes* désignant la façon de le cuire : comme ces fèves séchées sont très dures, on les prépare la veille au soir. On les met à tremper dans l'eau et il est bon d'ajouter une cuiller de bicarbonate de soude pour les laisser décanter et ramollir. *Medammes* signifie : « qui bout sous terre », à l'étouffée, si on veut ; c'est-à-dire qu'on cuit les fèves dans un four enterré, une marmite entourée de braises de charbon. Aujourd'hui, on les cuit à petits bouillons dans une cocotte en fonte jusqu'à ce que les fèves deviennent tendres.

À la maison, c'est un plat que l'on agrémente à sa convenance. Au départ, on met forcément de l'huile d'olive et du citron, c'est la base dans laquelle on écrase les fèves. On obtient une sorte de pâte à laquelle on ajoute du sel, du poivre, du cumin, de l'ail, puis on incorpore d'autres ingrédients, selon ses goûts : des tomates, du fromage blanc, des œufs durs et, surtout, du pain égyptien, qu'on appelle pain *shami* (« oriental »). Ce plat est un repas complet, totalement végétarien, aussi nourrissant qu'un ragoût de viande.

Je me souviens que, en Égypte, lorsque j'étais petit, dans les années 1950, on laissait le *foul* cuire toute la journée, à feu très doux pendant huit à dix heures d'affilée, ça parfumait toute la maison ! Rien qu'à la senteur, on savait qu'il y aurait du *foul.*

Le *foul* que l'on mange dans la rue ressemble à une sorte de sandwich, il est déjà prêt et présenté dans un pain rond, comme une pita, mais avec bien plus de goût.

Le *foul* égyptien est plus brut, plus authentique, à mon sens, alors qu'au Liban ou en Turquie, on y ajoute un tas d'ingrédients qui, pour moi, altèrent le goût initial, par exemple du persil ou de la menthe, parfois même de la mayonnaise

Évidemment, tout le monde n'a pas les moyens d'ajouter du fromage ou des œufs. Cependant, on mange toujours le *foul* avec de l'oignon cru : avec une fourchette, on cueille un peu de *foul* et on croque dans l'oignon cru… une bouchée de *foul*, une bouchée d'oignon cru. Ça donne un goût… c'est le goût de l'Égypte ! Et il reste longtemps ! On en profite la journée durant ! C'est pourquoi, le *foul* est plutôt un plat que l'on consomme le matin.

La table, la fourchette et le pain

J'ai découvert le rituel de la table en France. En Égypte, bien sûr, on mangeait à table. Mais ce n'était pas un rituel ; on n'y passait pas des heures et, surtout, on n'avait pas ce rite autour de la succession des plats : une entrée, une soupe, un plat de résistance, un autre, la salade, le fromage, un dessert, etc. On apportait tout à table, tout de suite : les salades, le plat, les desserts, tout était servi en même temps. Chacun composait son repas, en fonction de ses désirs, de sa faim.

De mon temps déjà, on utilisait la fourchette. Mais, traditionnellement, c'était le pain qui en tenait lieu. Le pain arabe, qui est un pain mou, au goût encore délicieux à mon souvenir, était utilisé pour recueillir les bouchées, comme on le fait encore en Éthiopie. Je trouve que c'est plus civilisé. On fait très attention quand on mange avec les mains à ce que ses mains soient propres, attention à ne pas se salir… On est obligé d'être plus civilisé quand on n'utilise pas de couverts, sinon les autres convives risquent d'être incommodés par vos manières. Je trouvais que c'était une bonne chose, mais, déjà de mon temps, on ne le faisait plus, on utilisait plutôt les couverts et les plats, comme les Occidentaux qu'on allait devenir.

Dimension mythologique

Le *foul*, c'est à la fois la nourriture du peuple, la nourriture la plus répandue, mais c'est aussi une nourriture presque mystique. Et un jour on a découvert une maladie – une découverte très récente qui date de la fin du XXe siècle : *le favisme*. Jusque-là, on ne savait pas pourquoi on pouvait mourir après avoir mangé un plat de *foul*. On s'est rendu compte que certaines personnes – les cas sont très rares, il faut le préciser –, du fait d'une caractéristique génétique, ont une allergie spécifique à la fève. Il suffit même de respirer du pollen de fève pour tomber gravement malade et peut-être même mourir. Il existe donc bien une puissance dans la fève ! Est-ce que les Anciens le savaient déjà ? Ce serait bizarre, car ils ne l'évoquent jamais. En revanche, ils déclarent que la fève est à la fois substance active et nourriture du commun. Réunir ces deux aspects dans une même nourriture, c'est cela, à mon avis, qui donne à la fève sa dimension magique. Je suis imprégné de cela depuis tout petit. Quand je sens l'odeur d'un plat de fèves, je suis transformé !

En Égypte, il existe deux nourritures vivantes : le *foul* et le *gombo* – la *bamia*, en arabe. Quand on cuit la *bamia*, il en sort une substance gélatineuse, c'est ce qui la rend délicieuse. Cela signifie symboliquement que la *bamia* nous rattache à des personnes qui transpirent, comme le forgeron, au feu qui transforme le métal en liquide. C'est d'ailleurs la substance du forgeron. Quand on veut prendre de la force, prendre la force du fer en soi, on mange de la *bamia*. J'aime le goût de la *bamia*, comme celui du *foul*. J'aime aussi la force qui transpire de ce végétal presque humain.

Les fruits du sorcier

Deux fruits sont caractéristiques du sorcier : la pomme, comme celle de *Blanche-Neige*, et la grenade de Korè-Perséphone. En Égypte, j'ai surtout connu la grenade. Je crois que tout se cristallise autour de l'histoire de la déesse Korè-Perséphone, fille de Zeus et de Déméter. Perséphone, on s'en souvient, est capturée, emmenée sous la terre et épousée par son oncle Hadès. Pour garder sa jeune épouse rétive, il dépose un grain de grenade dans sa bouche. Capturée, Korè-Perséphone restera captive d'amour, jusqu'au printemps où elle pourra retrouver sa mère Déméter.

Ce qu'il faut retenir ici, c'est que tout s'est noué autour du grain de grenade. Est-ce que le rite précédait le mythe ou l'inverse ? Je ne sais pas. Peut-être que déjà, dans cette Grèce qui a inventé le mythe d'Hadès dieu du monde souterrain, on utilisait le grain de grenade pour capturer magiquement les femmes – les capturer d'amour. Toujours est-il que c'est ainsi que se pratique l'art de la capture : la femme aimée croit avoir choisi son amant alors que c'est l'inverse. C'est une sorte de sorcellerie amoureuse. Et la grenade est restée le fruit du sorcier à jamais.

Le plat de l'enfance, la molokheya

La *molokheya* est un plat de fête. Pourtant, c'est aussi un plat du peuple. Ce n'est pas pour rien qu'on l'appelle ainsi, *molokheya* signifiant « repas des rois ». C'est une plante étrange, au goût tout aussi étrange. Elle ressemble aux épinards, mais n'en a pas le goût. Elle ressemble aussi un peu au haschisch, mais évidemment sans effet toxique ni psychotrope. C'est une plante avec laquelle on prépare une soupe à l'ail. On y ajoute du bouillon de poulet. Certains iconoclastes la mélangent ensuite avec du riz, mais moi je suis contre. Il faut préserver le goût de la soupe, son goût d'herbe sauvage. Et, quand on mange cette soupe, il s'en dégage peut-être une force active, parce qu'on est complètement transporté : c'est un plat divin !

Dans ma petite enfance égyptienne, dans les années 1950, on cuisinait rarement ce plat, parce que le temps de préparation est incroyablement long. Les mères de famille qui le préparaient en avaient pour la journée. Elles achetaient les feuilles fraîches et vertes, les faisaient sécher, les coupaient en petits morceaux, les faisaient bouillir… Ensuite, elles s'attelaient à toute une préparation à base d'ail, *ta'leya*, à laquelle elles ajoutaient des herbes odorantes. Elles laissaient l'ensemble mijoter avant de rajouter le bouillon… La préparation était si longue que les mères n'aimaient pas tellement en faire ! Et, en général, on en mangeait les jours de fête.

Beyrouth années 30

Étel Adnan

La poète Étel Adnan (1925-2021) se souvient du Beyrouth, dans lequel la future artiste peintre et écrivaine a grandi à l'époque du mandat français sur le Grand Liban, dans ce creuset levantin des vestiges récents de l'empire ottoman. De la grenade du jour de l'An au halva, *en passant par la glace au mastic et au riz dans la famille de son père à Damas… Étel évoque de sa douce voix les souvenirs et les saveurs de son enfance.*

Je suis née à Beyrouth il y a très longtemps, en 1925. Ma mère était une Grecque de Smyrne, aujourd'hui Izmir, en Turquie, sous l'empire ottoman ; mon père était né à Damas, en 1880, il faisait partie de l'état-major de l'empire et fut le camarade de classe d'Atatürk. Pendant la guerre de 14-18, il fut blessé à la tête et à la jambe aux Dardanelles. Mes parents ont connu la fin de l'empire ottoman. On était ce qu'on était.

Les rituels du jour de l'An

Ma mère avait un rituel au jour de l'An, il fallait se réveiller et tout faire du pied droit. Mon père, lui, avait le droit de faire semblant de dormir ce jour-là. Parce qu'une Grecque ne dit pas un premier « bonjour » à un musulman le jour de l'An. On attendait donc de mon père qu'il reste dans son lit, qu'il dorme ou fasse semblant. Dès cinq heures du matin, nous quittions la maison, ma mère et moi. Ma mère avait une grande icône, de vingt-cinq centimètres, dans sa poche et moi une toute petite ; je les conserve toujours.

L'année commence du pied droit

En sortant de la maison, du pied droit et en allant vers la droite, nous crachions trois fois en répétant trois fois : « Je crache l'année qui s'en va et je fais face à une nouvelle année heureuse. » Nous marchions alors vers l'église. Il fallait avancer en demi-cercle pour arriver à droite et, devant l'église, nous faisions encore une boucle et nous entrions dans l'édifice, du pied droit, pour dire bonjour au bon Dieu. Le curé, lui, ne portait pas bonheur chez les Grecs, si la première personne que vous rencontriez dans la rue était un prêtre orthodoxe, cela annonçait un petit malheur. Nous nous rendions ensuite, en allant toujours vers la droite, à la boulangerie, là où l'on mettait à cuire le pain qu'on appelait en français le *pain arabe*.

La grenade de la prospérité

La veille, car il ne fallait pas dépenser son argent le jour de l'An, nous avions aussi acheté des grenades : ma mère en avait une dans sa poche et j'en avais une dans la mienne.

Puis nous rentrions chez nous, la grenade et le pain dans les poches. Nous nous agenouillions, faisions le signe de croix devant la porte avant de franchir le seuil, du pied droit. Nous jetions ensuite la grenade dans la petite entrée en disant en grec : « Comme cette grenade est pleine de petits grains, ma maison sera pleine de prospérité. »

Il ne fallait pas manger toute la grenade, au risque de manger sa fortune à venir, juste quelques grains. Encore aujourd'hui, je n'ai pas le cœur de jeter une grenade. C'est un fruit rituel pour toutes les civilisations du Moyen-Orient, un objet magique, et c'est un grand lien avec mon enfance.

On réveillait alors mon père avec un café au lait.

Une pincée de sel

Ma mère a répété ce rituel jusqu'à sa mort. Les Grecques de Smyrne sont très superstitieuses. Si un visiteur s'attardait un peu trop à la maison, elle croyait qu'en mettant du sel sous sa chaise, ça le ferait partir. Ma mère me demandait donc parfois de répandre une pincée de sel sous la chaise des indésirables. Que devaient penser ces gens en me voyant sous leur chaise ?

D'autres superstitions avaient cours. Mon père, jeune lieutenant en garnison dans ce qui est aujourd'hui l'Arabie saoudite, a dit un jour, en arabe, à un chef de tribu : « Comme ce cheval est beau », et le chef bédouin le lui a offert. Car, là-bas, une chose enviée est une chose prise, elle n'est plus à vous. On n'exprime donc pas clairement l'envie, cela apporte le mauvais œil.

Oka *ou kilo*

La vie de ma mère s'était arrêtée avec la catastrophe de l'incendie de Smyrne en 1922. Elle racontait très souvent qu'à Smyrne les marchés étaient couverts d'aliments, surtout de légumes, de petits oignons, de tomates, et la police de la municipalité jetait tous les soirs à la mer les invendus pour que l'on ne vende pas de nourriture détériorée et pour qu'il n'y ait pas d'épidémies. Pour elle, cela expliquait pourquoi le golfe de Smyrne avait tant de poissons.

Elle disait venir d'un pays riche. Alors qu'à Beyrouth on achetait tout au kilo ; à Smyrne, elle achetait en *oka*, ce qui équivaut à près de trois livres.

Le plaki

Cuisiner le poisson faisait partie des fiertés de ma mère, parce qu'elle connaissait des façons de le préparer que les Libanais ou les Arabes, eux, ne connaissaient pas. Par exemple, le poisson au four, le *plaki*, était son plat favori. On envoyait ce plat cuire au four chez le boulanger. Il était recouvert de tranches de tomates et de citron, et de beaucoup de persil. Ma mère savait choisir ce qu'elle appelait des poissons très blancs, contrairement aux petits rougets qui étaient plus communs.

En Syrie, à Damas, avant l'apparition des frigos, on cuisinait moins le poisson, parce qu'il s'abîmait vite. On mangeait plutôt de la viande et surtout de l'agneau, car il y avait très peu de vaches ; elles étaient précieuses, elles donnaient du lait, donc on ne les mangeait pas. Quand on allait chez le boucher, l'animal était dépecé et suspendu, on choisissait le morceau que l'on voulait acheter. Tout était frais. On ne conservait pas les aliments, on les consommait vite.

Ma mère avait un chien

Les hommes seulement, pour de grandes occasions, pouvaient dîner à l'extérieur. Mais du côté paternel, ma tante, son mari et ses deux fils arrivaient parfois chez nous sans crier gare. Or ma mère avait un chien, alors qu'à Beyrouth, il n'y a pas de chiens dans les maisons des musulmans et même dans celles des chrétiens d'Orient. Nos invités faisaient leurs prières cinq fois par jour et il fallait se laver avant chacune d'elles et se relaver si un chien vous touchait, même à peine. Donc, lorsqu'ils étaient là, ma mère enfermait le chien dans sa chambre, mais, parfois, il filait. Un jour, j'ai entendu ma tante chuchoter à mon père en turc : « Tu as épousé une chrétienne, nous n'avons rien dit, elle a mis une icône au-dessus de ton lit, nous n'avons rien dit, mais un chien ! »

Café et petits gâteaux

Lorsqu'on se réunissait, il y avait des bonbons, des dragées, importés, pas fabriqués sur place. Nous n'en mangions pas tous les jours. C'était pour les grandes fêtes, comme les mariages.

En visite, il y avait toujours du café et non du thé ; ma mère disait « café turc ». Mais pour les Libanais le café vient du Yémen. C'est aux yeux des Arabes le vrai café ; il se boit très fort en très petite quantité plusieurs fois par jour. C'étaient en tout cas les habitudes de l'époque.

J'avais vingt ans, je me souviens, lorsqu'un magasin a ouvert au centre-ville, il s'appelait Café du Brésil : on se demandait ce que cela pouvait bien être que ce « café du Brésil » – un grand café, avec beaucoup d'eau, servi dans une large tasse. Cela faisait partie des grands événements de l'époque. Avec le café, on nous offrait toujours quelque chose à manger : une boîte de gâteaux arabes, des *ka'aks*, ou ce qu'on appelle *barazzi*, des biscuits au sésame.

Glaces à Beyrouth et mastic à Damas

J'étais et je suis toujours gourmande, j'aimais avant tout les glaces. Il n'y en avait qu'en été. À Beyrouth, mon père m'emmenait manger des glaces. Ce n'étaient pas des glaces servies dans des cornets et nous ne les mangions pas dans la rue. Nous les savourions assis. À Damas, la glace était battue à la main. Elle était tellement dense qu'on en achetait un gros morceau dans du papier que l'on courait rapporter à la maison. Ces glaces à l'ancienne étaient vraiment très bonnes et il y avait du mastic à l'intérieur – une résine que l'on mastiquait comme du chewing-gum. Mes parfums de glace préférés étaient pistache, citron, ou au mastic tout simplement.

Le goût du halva

De mon enfance je garde encore le goût du *halva*, cette pâtisserie à base d'huile de sésame et de sucre. Mon père devait l'aimer autant que moi, car il en achetait dans une épicerie en ville et, très souvent, le *halva* n'arrivait pas à la maison, car mon père et moi nous le mangions en chemin. Le *halva* pouvait être mélangé à de la mélasse – un très bon ensemble –, puis roulé dans du pain, dans une sorte de sandwich.

Labné, laban *et* fatteh

J'étais une des premières petites filles à aller nager. Les femmes ne nageaient pas avant les années 1940. Ma mère m'a emmenée nager dès que j'ai eu cinq ans. Elle préparait la moitié d'un pain arabe, glissait dans la *pita* un œuf bouilli écrasé ou du lait caillé, *labné*, que les Grecs mangent beaucoup, *yaourti*. Dès que j'étais rhabillée, je me précipitais et parfois je le mangeais dans la rue sur le chemin du retour à la maison.

Ma mère savait aussi très bien préparer l'aubergine frite, mon plat favori. On faisait frire cette aubergine, qui était ensuite déposée sur du papier pour absorber l'excès d'huile, et on préparait à côté du *laban*, le yaourt en arabe, qui est différent du yaourt essoré, le *labné*. Dans ce yaourt, on ajoutait de l'ail en petits morceaux. C'est une des choses que j'aime le plus au monde.

Avgolemono *et* tsoureki

J'ai aussi gardé le gout d'une soupe de poissons qu'on appelle en grec *Avgo* (œuf) *lemono* (citron) : on bat des œufs pour empêcher la coagulation de l'œuf. Le poisson doit être épais, comme la lotte. On tourne ce mélange de citron et d'œuf qui enveloppe le poisson. C'est typiquement grec et absolument délicieux. Enfin, je n'ai pas oublié le *tsoureki*, la brioche que l'on ne préparait que pour Pâques : on plaçait un œuf coloré au milieu de cette brioche.

Le menu de la semaine

Dans la semaine, à Beyrouth, nous mangions très peu de viande. Ma mère achetait deux cents grammes de viande hachée pour nous trois, avec toujours du pain arabe, mais aussi des courgettes, des aubergines, des haricots verts. Elle faisait des beignets, des *beureks*, que je ne voyais pas chez les Libanais, et des *fatayers* aux épinards avec un peu d'oignons verts, servis chez les Grecs avec du fromage blanc et du persil. On les mangeait tout chauds, tout juste frits. Le soir, on ne cuisinait pas, on mangeait du pain, du fromage blanc et quelques fromages, comme de la feta, c'est tout.

Le dimanche, c'était différent. On mangeait du poulet, dont ma mère était très fière, ou des côtelettes d'agneau. C'était quelque chose ! Ce plat étant cher, il était réservé au dimanche. Après dîner, nous nous asseyions et entamions toujours la même grande conversation : « Et demain, qu'est-ce qu'on va manger ? » La nourriture était notre grand souci.

Sur un tapis de Turquie le couvert se trouva mis

Je me souviens que, en Syrie, il y avait un autre mode de vie, une autre atmosphère, une sorte de fête perpétuelle. À Damas, on mettait une nappe ou un tapis et on dînait par terre, nous mangions toujours du riz, avec des choses farcies, comme le chou farci, qui était très bon. Avec les feuilles de vigne, ma tante mettait parfois des pieds de mouton et des tripes, que l'on nomme *iskembe* en turc. C'était gras, mais le goût était délicieux ! Ma mère, elle, ne les cuisinait pas souvent, peut-être une fois dans l'année.

La recette originale était bien élaborée, très épicée, avec de la coriandre. Mon oncle faisait trois kilomètres à pied pour aller acheter de la coriandre. Il s'y rendait en pyjama. Ma mère le vit un jour et le dit à mon père : « Ton beau-frère est sorti en pyjama ! » Une femme, elle, ne pouvait pas sortir comme ça, sinon elle était zigouillée…

J'attendrai

Nous n'avions qu'un phono à la maison, nous écoutions des chansons grecques, deux ou trois disques, ou du *taqsim* arabo-turc. À vingt ans, j'écoutais *J'attendrai*, de Rina Ketty, c'est la première chanteuse dont je me souviens, et elle chantait en français avec un accent italien ; c'était quelque chose de nouveau pour moi.

Mes seuls remèdes

La nourriture fait partie des réflexes de l'enfance, et c'est ce qui nous manque le plus. C'est un des premiers plaisirs avant de penser, de voyager. Et c'est ça la civilisation. On ne mange pas n'importe quoi. Pendant la guerre civile libanaise qui a duré quinze ans (1975-1990), la chose qui a mes yeux a tenu le pays, c'est cette conviction qu'on ne mange pas n'importe quoi. Même pendant le siège israélien de Beyrouth, lorsque les gens manquaient de presque tout, ils faisaient des efforts pour manger comme il faut. Ils risquaient leur vie pour aller acheter telle épice, pour tel plat, parce que c'est ainsi qu'on doit le faire. La tradition, c'est la survie, c'est la chose qui vous tient. La façon de préparer un plat fait partie du sacré, c'est presque religieux.

Dans mon cas particulier, j'ai été très seule, très longtemps, j'ai vécu au jour le jour jusqu'à mes trente ans. Ce n'était pas facile. Mais deux choses m'ont sauvée : je ne suis pas allée consulter des psychanalystes, des médecins. J'ai résolu et je résous toujours mes problèmes, instinctivement, par deux choses : le sommeil et la nourriture. À chaque séparation douloureuse, je dormais et, aussi, je mangeais. Lorsque j'étais étudiante à la Sorbonne, à Paris, le restaurant universitaire était pour moi abominable. Je passais mon temps à la pâtisserie alsacienne qui a disparu, au coin de la rue Monsieur-le-Prince. Je ne mangeais que ce qui me plaisait : déjeuner de pain aux raisins et de tarte aux fraises. Autant de plaisirs qui n'existaient pas à Beyrouth.

Qu'est-ce que c'était que ce monde ?

C'est si important la nourriture, c'est fondamental de s'intéresser à ce qui nous nourrit trois fois par jour et ce qui nous manque le plus. Tout cela me paraît à la fois très loin et très proche. C'est un monde révolu dont je ne me souviens pas de chaque détail. Je peux en parler, mais cela me demande un effort. Il est parti, sans être pour autant oublié. Sa nostalgie, son poids sont très présents. C'est un poids lourd, mais pas douloureux. Je le sens dans mon corps, il me fait m'asseoir comme dans la poésie les soirs d'automne.

Dans la cuisine de Monique Lévi-Strauss

Monique Lévi-Strauss

Monique Lévi-Strauss est une écrivaine française, sociologue de la culture et historienne de la mode. À quatre-vingt-dix-neuf ans, elle a publié J'ai choisi la vie *(Plon, 2025) ; elle y évoque une partie de sa vie avec Claude Lévi-Strauss. Dans* Une enfance dans la gueule du loup *(Seuil, 2014), elle racontait sa jeunesse pendant la guerre dans l'Allemagne nazie. Et, à propos de gueule, elle nous fait goûter son canard aux huîtres, ses blinis bien cuits et de petites pieuvres crues.*

Le plaisir de vivre

J'ai rencontré mon époux, Claude Lévi-Strauss, à un dîner chez Lacan. Il m'a demandé de relire des épreuves en anglais d'un livre australien. J'ai ensuite été sa compagne pendant soixante ans, pourtant « le cru et le cuit » conservent beaucoup de secrets pour moi ; c'est même tout ce qui fait leur intérêt. C'est tout ce qui fait le plaisir de vivre : tous les jours, on découvre d'autres secrets, d'autres possibilités de la nature ! C'est justement ce que l'on apprend lorsque l'on voyage.

Le musicien Isaac Strauss, qui a fait l'orchestration de l'*Orphée aux Enfers* d'Offenbach – où l'on entend le fameux *French cancan* –, était l'arrière-grand-père de mon mari, le père de sa grand-mère. Strauss était donc le nom de jeune fille de sa grand-mère. Le père de Claude était peintre. Il était le fils de cette femme née Strauss et, comme il trouvait que beaucoup de peintres s'appelaient déjà Levy, il a décidé de s'appeler Lévi-Strauss.

Les recettes de France-Soir

La cuisine passionnait Claude. Ce n'était pas un bavard. Ses amitiés étaient plutôt épistolaires. Sa grande distraction, c'était la lecture des journaux. Et le journal le plus distrayant à l'époque – peut-être pas le plus instructif –, c'était *France-Soir*; on était au début des années 1950, c'était la grande époque de Pierre Lazareff, qu'il avait bien connu aux États-Unis. Tous les soirs, Claude lisait *France-Soir* avec délice. *Le Monde* et *Le Figaro* lui donnaient les nouvelles, mais il lisait *France-Soir* pour la rubrique Cuisine : pour les recettes.

Quand une recette le séduisait, il disait « Chiche ! Est-ce que tu le ferais ? ». C'était, par exemple, un canard aux huîtres, une recette de Louis XIV. Il faut dire qu'à l'époque on achetait une douzaine d'huîtres très facilement ; c'était à peine plus cher que les moules. Il s'agissait d'un canard rôti dont la sauce était aux huîtres – une sauce chaude, qu'on déglaçait avant d'y mettre les huîtres à peine cuites. Vraiment délicieux !

Lever la pâte

J'ai une passion pour les blinis. Ce qui me plaît, c'est de regarder la pâte lever. Pour moi, une pâte qui lève, c'est un être vivant. Presque une danseuse de *French cancan* ! C'est comme si elle vous parlait. Elle vous dit comment elle va être ! Et puis, les bulles…

Il y a une recette très facile, qui consiste à écraser de la levure de boulanger avec un peu de lait tiède, une pincée de sucre et une petite quantité de farine. On mélange bien et on laisse cette préparation lever. Environ une heure avant de faire cuire les blinis, on ajoute le reste de la farine, des jaunes d'œufs et on mélange bien. On réserve le tout dans un endroit tiède pour que la pâte lève dans sa totalité. Au moment de faire les blinis, on ajoute les blancs battus en neige. Il est préférable d'avoir des petites poêles à blinis, où la pâte lève très bien… Ça sent si bon ! Je les sers avec du beurre fondu et de la crème liquide un peu tiède – il ne faut surtout pas qu'elle soit glacée. On peut les recouvrir d'œufs de saumon, de saumon fumé ou d'autres poissons fumés comme la truite. On peut ajouter des petits oignons nouveaux. Tout est bon avec les blinis !

Le goût de l'enfance

La formation de mon goût culinaire a été marquée pendant l'enfance par ce que je mangeais chez ma grand-mère maternelle. Elle était américaine, vivait à Saint-Cloud et cultivait l'art de la cuisine. Elle ne consacrait du temps à ses petits-enfants que le matin à partir de 10 heures, et cela à peu près pendant un quart d'heure. Nous ne prenions jamais nos repas avec elle et, comme elle avait une vie mondaine très remplie, nous la voyions très peu. Pourtant elle aimait bien que je vienne m'asseoir à côté de son lit, le matin, vers 9 heures et demie. Là, c'était un véritable défilé. D'abord, le chef venait établir les menus avec elle. Ces menus me faisaient rêver. Ils seraient impossibles à reproduire aujourd'hui et il faudrait aussi les domestiques pour les servir ! Mais ça nourrissait l'imaginaire de mon cerveau d'enfant. Ma grand-mère traduisait ensuite les menus pour deux jours en liste des courses à effectuer chez ses fournisseurs à Paris. Elle donnait ses ordres au chauffeur pour aller rue de Passy ou avenue Victor-Hugo dans des magasins somptueux qui n'existent plus aujourd'hui. Il y avait à mon échelle d'enfant : un poissonnier géant, un volailler formidable… Ma grand-mère passait ses commandes au téléphone pour que tout soit prêt quand le chauffeur passerait les récupérer.

Le goût du Japon

En 1977, la première fois que nous avons été invités, Claude et moi, par le gouvernement japonais, nous étions reçus dans les meilleurs endroits. Nous étions accompagnés d'une interprète qui avait pour mission de faire un rapport détaillé de notre journée. Tous les soirs, vers 22 heures, quand nous allions nous coucher, elle téléphonait à son responsable, un membre du gouvernement, pour rendre compte de nos activités. Elle m'a raconté bien plus tard que, le plus important, c'était de dire comment monsieur et madame Lévi-Strauss avaient mangé ! On nous jugeait entièrement sur notre manière d'accepter la nourriture japonaise.

Claude avait un principe, que je comprenais parfaitement : on ne refuse jamais rien, on mange tout ! Une fois, on nous a apporté une carpe vivante, que l'on a découpée devant nous ; nous avons vu tous ses muscles tressaillir… mais nous l'avons mangée ! Nous avions donc très bonne presse parce que nous mangions de tout. Les étrangers vous jugent beaucoup sur votre façon d'apprécier leur cuisine locale.

Ce qui m'a le plus étonnée, au Japon, c'est la quantité de végétaux que les Japonais mangent et que nous ne connaissons pas, ou pas encore. Parce que ces plantes poussent souvent chez nous aussi ! Pourtant leur palette est trois fois plus étendue que la nôtre. Chaque fois que nous mangions, c'était un peu comme si nous allions au cinéma. Ces nouveaux mariages de goûts, de couleurs, les façons de présenter la nourriture…

Les anguilles *« unagi »* au Japon, c'est un produit de grand luxe, mais on ne les mange pas comme ça en France. Les Japonais sont aussi de grands consommateurs de sésame sous toutes ses formes. Sucré, salé, pilé, dans le thé…

Nous avons énormément aimé ce séjour, il faut ajouter que les Japonais sont très cohérents, ils privilégient les nourritures de saison, comme ces petites pieuvres, qui arrivent au mois de juin. À ce moment de l'année, ils pêchent énormément de bébés pieuvres – c'est la délicatesse, la merveille même. Nous étions sur une petite île de la mer du Japon, entre le Japon et la Corée. Nous séjournions dans une auberge et, au petit déjeuner, on nous servait ces petites pieuvres, crues. Au déjeuner aussi, au dîner encore. Le troisième jour, je n'en pouvais plus! On nous a proposé autre chose: «On peut vous les faire griller!» En même temps, j'étais pleine de respect pour ces pêcheurs qui ramenaient des quantités de ces petits animaux. C'était le moment de l'année idéal pour les déguster dans leur plus délicieuse fraîcheur. Ils avaient raison de nous les faire goûter!

Harengs soyeux

J'ai connu quelque chose d'un peu semblable en Hollande, quand arrivent les premiers harengs, que l'on mange crus également. Ils sont soyeux, sucrés, délicieux; ce sont des petits harengs que l'on déguste intégralement.

Identités gastronomiques

Je ne crois pas qu'il faille tenter de reproduire les nourritures qui n'appartiennent pas à notre culture. Même si les liens entre l'Asie et l'Europe sont de plus en plus visibles sur nos tables. Ce sont d'ailleurs les cuisines asiatiques, et en particulier la cuisine japonaise, qui ont influencé notre «nouvelle cuisine». La nouvelle manière de présenter les assiettes est importée du Japon.

Les chefs peuvent se lancer dans des associations de cultures différentes, mais ils peuvent aussi commettre des impairs… J'aime mieux être cliente de cuisiniers talentueux pour les apprécier. Quand on se lance dans ces associations, on est souvent rattrapé par son ignorance.

J'ai des amis japonais qui viennent souvent habiter chez moi à Paris. Ils sont extrêmement choqués quand ils viennent me voir travailler dans ma cuisine. Par exemple, parce que j'utilise la même planche pour couper des oignons, des pommes, de la viande ou du poisson, et parfois avec le même couteau ! C'est inimaginable pour eux. Alors que je lave tout, ce n'est pas la question. Mais eux, ils ont une planche pour le poisson, une autre pour la viande, des couteaux très différents pour chaque sorte d'aliments et on ne passe jamais de l'un à l'autre. On ne peut pas approcher leur exigence et leur précision ! Ils sont horrifiés et ils me le disent. Alors, comme ils m'aiment beaucoup, ils m'apportent des planches.

La bonne adresse

Cuisiner, c'est d'abord cuisiner pour quelqu'un. Pour moi toute seule, ça ne marche pas du tout, ce n'est pas un plaisir. Le plaisir de cuisiner, c'est de savoir qu'on le fait pour quelqu'un qui va apprécier. Ce que j'aime, c'est par exemple une grande bête qui a cuit dans le four, qu'on dresse sur un beau plat, avec des légumes magnifiques autour. Un pot-au-feu aussi peut être merveilleux. Je fais mon marché sans idée préconçue, je regarde les morceaux de viande et il faut qu'ils me plaisent. Le poisson, c'est pareil. Sur le même étal, on trouve de beaux poissons et d'autres qui sont vraiment de seconde qualité. Les vendeurs me connaissent !

La bonne pâte

J'aime beaucoup faire les pâtes à tarte et les tartes. Ce qui étonne mes amis, ce sont mes petits trucs. Par exemple, une fois qu'on a chemisé le moule avec la pâte, il faut l'imperméabiliser, surtout si on y place des fruits un peu juteux. Pour cela, il suffit de l'enduire d'un blanc d'œuf. Le blanc d'œuf s'étale comme du vernis à ongles incolore. S'il y en a trop, on bascule le moule et on laisse couler. Ensuite, on peut saupoudrer la pâte d'un tout petit peu de chapelure. Après quoi, on pose les fruits et on obtient une pâte très croquante une fois cuite. Feuilletées, brisées, sablées, toutes les pâtes sont intéressantes. Depuis quelques années, je fais aussi des pâtes avec du jaune d'œuf dur, pour la *linzer Tochte* par exemple, avec des amandes hachées.

Mon petit chou

Et si vous venez à l'improviste, je peux faire un chou rouge aux pommes. C'est un chou rouge qu'on fait cuire pendant deux heures, avec des pommes, éventuellement des lardons, beaucoup d'oignons, du miel, du cumin et un verre de vinaigre. C'est assez sucré, à cause du miel.

Nourritures terrestres et spirituelles, l'agriculture, les cultes, les cultures

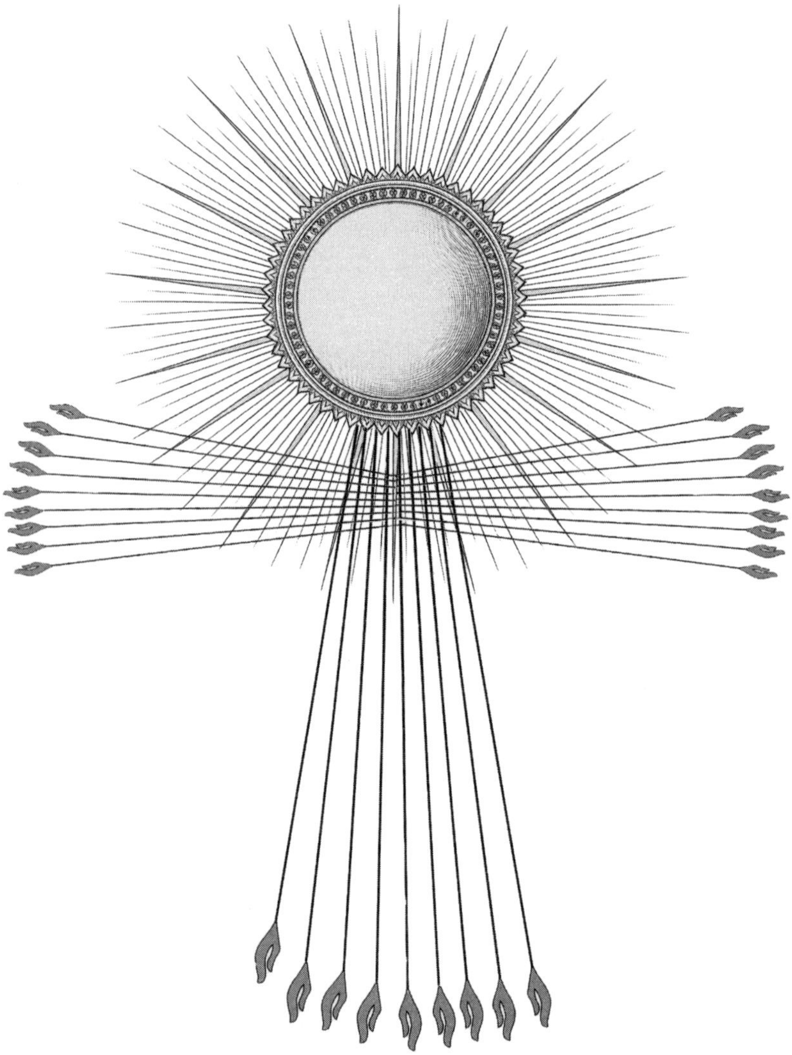

L'hostie : manger rien pour absorber le tout

Jean Pierre Brice Olivier

Jean Pierre Brice Olivier, frère dominicain du couvent de l'Annonciation à Paris, a dirigé une galerie d'art contemporain. Il a publié aux Éditions du Cerf Oser la chair *en 2014 et* La Chair en corps *en 2020. Il a enquêté sur ce petit disque blanc qui, par le miracle de la transsubstantiation, transforme le pain et le vin en corps et en sang du Christ et avec lequel les catholiques communient au moment de l'eucharistie.*

Dans la célébration de la messe catholique, l'hostie pour le fidèle est aujourd'hui un petit disque de pâte blanche presque transparente, celle du prêtre est un peu plus grande. Il y en a deux types, l'une blanche faite d'une pâte mince peu cuite et une autre plus épaisse, dorée, craquante. Les traditionalistes préfèrent l'hostie fine et immaculée qui se dissout entre la langue et le palais, qu'il est interdit de mâcher ; elle disparaît, fond, et il n'y a rien à goûter.

Manger le corps du Christ

La veille de sa mort, au cours du dernier repas avec ses disciples, Jésus prend du pain qu'il partage en disant : « Prenez et mangez-en tous car ceci est mon corps. » Il ajoute : « Faites cela en mémoire de moi » (Luc 22,19-20 ; Matthieu 26,26-28 ; 1 Corinthiens 11,23-25). Ce mémorial, le « faire mémoire », n'est pas seulement rompre et manger le pain mais consentir au don de soi-même comme Jésus l'a fait, aller jusqu'où lui est allé, c'est-à-dire donner sa vie. Le signe du pain rompu et distribué exprime l'offrande de sa propre vie, le don de lui-même, corps et sang pour tous les humains, le croyant qui communie est invité à l'imiter.

La Sainte Cène s'est déroulée pendant la Pâque juive et Jésus a pris le pain de la célébration judaïque. Les premiers chrétiens utilisent un pain levé ordinaire, mais, à partir du VIIe siècle, pour des raisons de commodité, on se sert de pain sans levain afin d'éviter les miettes au moment de la fraction et du partage. Le concile de Tolède décide en 693 que le pain consacré doit être petit, entier, propre et fabriqué expressément.

Parce que ce pain devient le corps du Christ entier, présent dans chaque morceau, les miettes contiennent aussi le Christ, ce qui exige de les traiter avec respect et grand soin, et peut parfois donner lieu à des scrupules excessifs et rendre fébriles prêtres et sacristains.

Dans l'Évangile (Matthieu 15,22-28 ; Marc 7,25-30), on trouve un récit qui devrait détendre les catholiques ; il est question de miettes accordées à la gent canine. Le dialogue entre Jésus et une femme étrangère ne manque pas de sel. Une Cananéenne sollicite Jésus pour qu'il guérisse sa fille tourmentée par un démon. Jésus l'ignore, convaincu qu'il est venu seulement pour Israël. Elle insiste, importune tout l'auditoire. Alors Jésus lui dit qu'« il n'est pas bien de prendre le pain des enfants et de le jeter aux petits chiens ». La femme réplique du tac au tac que « les petits chiens mangent les miettes qui tombent de la table du maître ». Jésus se laisse vaincre par sa repartie et son audace ; cette rencontre lui fait comprendre qu'il n'est pas venu pour la seule Maison d'Israël, mais pour tous les humains.

Le savoureux pain de Bethléem

Un Noël à Bethléem, je participais à une célébration eucharistique de rite melchite, ces chrétiens de rite byzantin ayant rejoint l'Église catholique en 1724, et j'ai été frappé par le goût et la réalité du pain de la communion. C'était un vrai pain, épais, succulent, il contenait même des épices. Je l'ai savouré avec délice et appétit, heureux de découvrir combien Jésus pouvait être un aliment goûteux ! Goûtez comme le Seigneur est bon ! est-il dit dans le Psaume 33. Ce pain est tranché avant la célébration par le prêtre lui-même à la sacristie, pour éviter que trop de miettes soient consacrées.

La fabrication d'hosties chez les sœurs capucines

Dans le monastère des capucines de Montorge en Suisse, où les sœurs gagnent leur vie en fabriquant des hosties pour le bon peuple catholique, je me suis intéressé à l'élaboration de ce mystérieux pain. J'ai été un peu déçu tant la recette est simple : juste un mélange d'eau et de farine de blé. Bien sûr les proportions sont essentielles, suivant que l'on veut une pâte plus liquide ou plus ferme. Aujourd'hui des machines aspirent la pâte et la répandent dans des sortes de grands gaufriers. L'appareil tourne, chauffe et cuit la pâte dosée selon les commandes en hosties fines ou un peu plus épaisses. On obtient alors des feuilles rectangulaires de pâte cuite qu'une sœur capucine empile, puis un emporte-pièce automatique les découpe en disques ronds. Il y a donc des chutes, mais vœu de pauvreté oblige, on ne gâche rien. Le soir, les sœurs m'ont servi une soupe dans laquelle nageaient des débris de cette pâte à hostie. C'était bon, cocasse aussi.

Peut-on se nourrir uniquement d'hosties ?

Marthe Robin (1902-1981) a vécu – dit-on – des dizaines d'années en ne se nourrissant que quelques fois par semaine de l'hostie consacrée. « L'inédie » serait une capacité à pouvoir vivre sans manger, une pratique de privation de nourriture dans un but de pénitence, de détachement des sens et des désirs qui se développe au IVe siècle dans le désert de l'Égypte chrétienne. On pourrait dire que, pour cette mystique catholique française, il s'agit d'une anorexie poussée à son comble, mais peut-être est-ce une absence d'appétit au profit d'un autre désir plus essentiel ? Son cas n'est pas unique dans l'histoire du christianisme, qui compte également des faits d'imposture. L'hostie comme seule nourriture reste une énigme.

Hostie et Saint-Sacrement

Au cours de l'eucharistie catholique, quand le prêtre prononce les paroles du Christ, « Ceci est mon corps », le petit pain plat et rond devient le corps du Christ. Appelé Saint-Sacrement, il désigne à la fois les hosties individuelles consommées par les fidèles et celles conservées dans le tabernacle, le meuble qui abrite les hosties consacrées.

Sous la forme d'une hostie plus grande placée dans la monstrance, cette pièce d'orfèvrerie religieuse dans laquelle une hostie est conservée et exposée dans une lunule en verre, le Saint-Sacrement est proposé à l'adoration des fidèles. On dit alors que cet ostensoir contient « la Présence Réelle » du Christ ; sa faveur va jusque-là : les prêtres contraignent Dieu à habiter cette forme et il y consent par amour des fidèles.

Le Saint-Sacrement est exposé – c'est la formule – au croyant qui le vénère. Pour moi, en vérité, il s'agit de deux présences réelles. Je crois que le fidèle est autant exposé devant le Saint-Sacrement que l'inverse. Je pense qu'il y a réciprocité, relation, dialogue. Lever les yeux vers l'hostie exposée, dans ce double regard, peut susciter une rencontre réelle. Contempler le Christ, c'est aussi l'accueillir, le recevoir comme dans la communion. Pour des personnes qui n'auraient pas accès à l'eucharistie à cause des règles de l'Église, l'adoration est toujours possible et un échange peut avoir lieu, des noces où chacun se donne à l'autre.

Une icône blanche d'inspiration très ancienne

La perfection du cercle exprime une certaine totalité, une plénitude. Les grands luminaires, soleil et lune, qui offrent la lumière, nous apparaissent circulaires. Le disque solaire est un symbole très ancien des mythologies. Râ (soleil au zénith) est, dans l'Égypte ancienne, une divinité majeure, l'incarnation du soleil ; chez les Aztèques, le soleil occupait la place centrale du panthéon. L'ostensoir traditionnel ressemble à un soleil irradiant, dispensateur de lumière et de chaleur, nécessaire à la vie.

Abstraction pure

Je connais des religieuses qui passent beaucoup d'heures pendant leur vie à contempler ce disque blanc. On se trouve devant une abstraction pure, celle qui en peinture va jusqu'au non-peint et ici, en nourriture, au non-pain. Je songe évidemment au *Carré blanc sur fond blanc* de Malevitch, présenté en 1918 et que l'on peut voir à New York au Moma. L'infini devant vous… Quand il l'élabore, le maître de l'abstraction fonde le courant suprématiste. J'aime ce mot qui claque soudain, suprême, prodigieux ; c'est un vocabulaire qui peut convenir au Saint-Sacrement. À propos de son carré blanc, dans *Du cubisme et du futurisme au suprématisme* (1916), Malevitch a écrit : « Je suis sorti dans le blanc, voguez à ma suite […]. Voguez ! L'abîme libre blanc, l'infini sont devant vous. »

Avant les monochromes blancs peints par Malevitch et ensuite par d'autres artistes comme Yves Klein (1928-1962) ou Robert Ryman (1930-2019), Alphonse Allais (1854-1905) a réalisé vers 1880 une série de sept monochromes dont un blanc intitulé « Première communion de jeunes filles chlorotiques par un temps de neige ». La chlorose est une maladie liée à l'anémie. C'est sans doute le premier monochrome blanc, réalisé le 1er avril 1897; son titre nous entraîne dans une dérision anecdotique, narrative. La peinture devient illustrative, tandis que Malevitch se situe à l'opposé dans des formes non objectives, libérées de toute représentation et même de toute symbolique.

Au commencement était la manne...

La manne vient d'un terme hébreu qui signifie « qu'est-ce que c'est? ». Dans le livre de l'Exode, les Hébreux ont fui l'Égypte, ils errent dans le désert, n'ont rien à manger, pas d'eau. Alors, pour les désaltérer et les nourrir, Dieu opère une série de miracles, il leur offre ainsi cette manne. C'est une sorte de croûte de givre ou de rosée que l'on trouve sur ou sous certaines plantes dans le désert, le tamaris, par exemple. En la découvrant, les Hébreux ont dit « *mân hou,* qu'est-ce que c'est? ». Le pain eucharistique se réfère au pain azyme de *Pessa'h* (la Pâque juive), mais aussi à la manne des Hébreux au désert.

Pessa'h signifie « passage ». Pour les Juifs, la célébration rappelle l'exode hors de l'Égypte, après quatre siècles d'esclavage, et la traversée de la mer Rouge avec Moïse. La messe s'enracine dans cet événement. C'est en effet au cours de fête de la Pâque, la veille de sa crucifixion et de sa mort, que Jésus a donné en partage ce pain qui est son corps; mais, avant tout, l'eucharistie fait mémoire du passage de la mort à la vie – la résurrection du Christ. Pour les chrétiens, Pâques n'est plus seulement le rappel de la traversée miraculeuse de la mer Rouge, mais celui de la traversée de la mort par le Christ. Le salut qu'il apporte sauve l'humanité de la mort définitive. Pâques célèbre le franchissement de la mort par le Vivant.

Manger rien pour absorber le tout

Ce petit bout de pain presque transparent, sec, sans saveur, se conserve quasi indéfiniment, comme le pain azyme. Il relève d'une certaine permanence et peut-être veut-il nous rappeler l'invariabilité et l'éternité de Dieu ?

> Pour en venir à goûter tout, ne veuille avoir de goût en rien ; pour en venir à savoir tout, ne veuille avoir savoir en rien ; pour en venir à posséder tout, ne veuille possession de rien ; pour en venir à être tout, ne veuille être de chose en rien.
>
> Jean de la Croix, *Montée du Carmel*, livre I, chapitre XIII.

Bon nombre de croyants qui veulent s'unir à Dieu partagent, me semble-t-il, le désir puissant exprimé par Jean de la Croix dans son aspiration au « *nada por todo* – rien pour tout ». Vouloir le tout, désirer Dieu, souhaiter le faire entrer en soi, peut-être cette soif insatiable des mystiques s'étanche-t-elle dans la manducation de presque rien, à peine du pain, si ténu, insipide, évanescent ? À peine un signe, un indice, un avant-goût, l'empreinte évanouie de Dieu qui ne peut pas être un goût, ni une matière, ni une forme.

Enfermer Dieu dans le Trésor

Les hosties consacrées non consommées durant la messe sont réservées pour être éventuellement portées à des malades chez eux. Elles sont gardées et protégées dans une coupe noble, coiffée d'un couvercle – le ciboire –, rangée dans une petite armoire appelée tabernacle. Le tabernacle est fermé à clef, dans une église, elle aussi souvent fermée ; la clef du tabernacle se trouve dans la sacristie, elle-même fermée à clef. Dieu est bien gardé, trésor emprisonné pour – dit-on – le défendre des profanations, mais est-ce la seule raison, n'y aurait-il pas aussi une volonté toute humaine de contrôler Dieu ?

La Cène

La messe adopte le rituel d'un repas. On dresse une table de fête, avec nappe et napperon (appelé corporal), fleurs, bougies… On utilise une vaisselle plus somptueuse encore qu'une vaisselle royale – puisqu'il s'agit du corps et du sang de Dieu, elle ne peut pas être moindre –, avec des objets très précieux qui ajoutent encore au sacré et au mystère.

Il est possible de célébrer avec du vin rouge, mais, le vin blanc est privilégié, parce que le rouge tache et ses taches sont tenaces. J'ignore si les catholiques sont les seuls à utiliser du vin blanc ; des protestants utilisent du rouge, mais je me dis qu'ils ne doivent pas avoir les mêmes lavandières ou qu'ils célèbrent moins souvent.

Le passage du divin vers l'humain

La puissance de Dieu se découvre dans la faiblesse : « Ma grâce te suffit, car ma puissance donne toute sa mesure dans la faiblesse » (2 Corinthiens 12,9). Dans cette petite part de pain, il y a le don du divin à l'humain. Ce mystère s'exprime aussi par la parole et le chant. L'hymne ancienne *Pange Lingua*, que le théologien dominicain Thomas d'Aquin (1225-1274) a adaptée et intégrée dans son office sur le Saint-Sacrement, commence par « Chante, ô ma langue, le mystère de ce corps très glorieux et de ce sang si précieux ». La langue qui goûte est aussi celle qui chante.

Chante, ô ma langue, le mystère de ce corps très glorieux
Et de ce sang si précieux que le Roi des nations
Issu d'une noble lignée versa pour le prix de ce monde.
Fils d'une mère toujours vierge né pour nous, à nous donné,
Et dans ce monde ayant vécu, verbe en semence semé,
Il conclut son temps d'ici-bas par une action incomparable :
La nuit de la dernière Cène, à table avec ses amis,
Ayant pleinement observé la Pâque selon la loi,
De ses propres mains il s'offrit en nourriture aux douze Apôtres.
Le Verbe fait chair, par son verbe, fait de sa chair le vrai pain ;
Le sang du Christ devient boisson ; nos sens étant limités,
C'est la foi seule qui suffit pour affermir les cœurs sincères.

Le verbe fait chair

« Le verbe fait chair, par son verbe, fait de sa chair le vrai pain », il s'agit de l'incarnation du Christ jusqu'au don de sa chair comme nourriture. Le christianisme propose trois idées folles aux croyants. La première affirme que Dieu s'est incarné, qu'il a pris la chair de l'homme ; la deuxième assure que, dans l'eucharistie, Dieu donne sa propre chair en nourriture ; la troisième atteste la résurrection de la chair. Le christianisme est une religion de l'incarnation. Je considère que nous n'avons rien d'autre à accomplir nous-mêmes que nous incarner dans notre propre chair, à l'image de Dieu, le suivre sur ce chemin de devenir humain. Jésus dans l'Évangile (Jean 2,1-11) participe à des noces à Cana, ainsi qu'à de nombreux autres banquets, par exemple chez un pharisien où, à cette occasion, une prostituée vient pleurer sur ses pieds (Luc 7,36-50). La foi chrétienne se situe et se vit dans la réalité humaine ordinaire.

Une communauté qui célèbre et qui partage

La philosophe et théologienne allemande Edith Stein (1891-1942), née juive, devenue religieuse carmélite et assassinée à Auschwitz, a écrit : « Le Seigneur est présent dans le tabernacle, avec divinité et humanité. Il est là non pas pour lui-même, mais pour nous, car sa joie est d'être avec les hommes. »

Le caractère de réjouissance, d'un banquet de fête par célébration commune, est central dans l'eucharistie. C'est une communauté joyeuse qui célèbre et partage. Ce n'est pas une dévotion personnelle ; la communion elle-même n'est pas une démarche individuelle. Pour des raisons pratiques, les catholiques communient en file indienne – hélas, le prêtre devient un distributeur ! C'est regrettable, parce qu'on y perd le sens de la communion dans le partage du même pain. Des communautés protestantes font circuler le panier du pain parmi les fidèles et ceux qui le désirent « se servent » ;

cela me semble plus juste, d'autant que Jésus a dit « Prenez », sans précaution de pureté, ni condition de dignité ou d'exigence morale – « Prenez-en tous ». Le don de son corps est offert à tous, et aussi à ceux qui veulent le ravir, mettre la main sur lui, les prédateurs. Ça se vérifiera le lendemain, pendant la Passion, où il laissera prendre son corps, que des hommes pendront à une croix.

En avalant l'hostie, nous n'absorbons pas l'Autre. Même si nous le mangeons, ce n'est pas pour nous l'approprier, mais pour l'incorporer et qu'il vive en nous. Nous apprenons l'Inconnaissable sans le saisir.

Bouillons de sœur Angèle de Lorette[1]

Selon la saison au potager et l'humeur de la cuisinière…

Bouillon clair, mélanger au goût du chef : carotte, panais, oignon, navet, courge, topinambour rose, radis, champignon, pois chiche…

Bouillon vert, à l'envi : cardon, salade en montaison, fève verte, pois mangetout, cresson, doucette, chou, ortie, pissenlit, oseille, épinard…

Éviter la pomme de terre, sauf nouvelle ; l'ail, le céleri, le poireau, la chicorée, le fenouil en petite quantité, car ils peuvent l'emporter en saveur.

Laver avec soin et couper les légumes ; les faire suer dans une marmite et fricoter avec une bonne cuiller de saindoux ; baisser le feu, ajouter laurier, sel et poivre, puis recouvrir largement d'eau ; laisser mijoter sous couvercle, les légumes ne doivent pas être fondus ; en fin de cuisson, quelques cuillers de flocons d'épeautre ou de gruau. Surtout ne pas mouliner. Servir très chaud.

Pour le *domus debilium*[2], enrichir le bouillon clair avec un pied de veau, un os de bœuf à moelle ou une carcasse de volaille, miton-

1. Angèle de Lorette, moniale capucine converse, 1832-1917.

2. Dans les monastères, le « *domus debilium* – maison des malades » est le réfectoire où peuvent être servis des régimes particuliers et de la viande aux moines souffrants et faibles.

ner plus longtemps, amender sur la table d'une tombée de vin. Pour le bouillon vert, crème, peau de lait, œuf dur en miettes.

Au moment de dresser la soupe, y jeter du jardin des simples des herbes fraîchement hachées : serpolet, armoise blanche, cerfeuil, estragon, ciboulette… *Éviter absinthe, aurone mâle, menthe, coriandre et sauge, trop envahissantes en bouche.*

Compléter avec des petits morceaux de pain sec ou des brisures de pâte à hostie.

Hiver, ajouter des châtaignes ou des cerneaux de noix.

Dimanches et fêtes de Notre Seigneur, enjoliver avec des fleurs : capucine, souci, violette, gaillet croisette, bourrache, hysope anisée, pensée sauvage…

Avent et Carême, donner une couleur violette au bouillon clair avec du chou bleu et de la betterave rouge.

Saint Augustin et sainte Monique : la délectation de l'illicite

Jacques-Noël Pérès

*Jacques-Noël Pérès, théologien luthérien, professeur honoraire de théologie patristique et d'histoire de l'Église ancienne à la Faculté de théologie protestante de Paris, a aussi enseigné le guèze (éthiopien classique) à l'Institut catholique de Paris et participé aux deux volumes d'*Écrits apocryphes chrétiens, *notamment en traduisant du guèze* L'Épître des Apôtres *(La Pléiade, 1997, 2005). Il évoque Augustin d'Hippone (354-430) et ses* Confessions, *la jeunesse du futur Père de l'Église et son goût du fruit défendu, des pommes, des poires et des amphores de vin que sa mère sainte Monique allait goûter.*

Dalí, les jésuites, saint Augustin, Jésus et le fromage

En 1961, Salvador Dalí est interviewé dans *Gros Plan* sur la première et unique chaîne de télévision française. Avec son accent et son phrasé si caractéristiques, à propos du paranoïaque et du côté mystique de la cuisine, parlant de lui à la troisième personne, à la question des jésuites « Quel rapport entre le fromage et le mysticisme ? » Dalí répond une chose sublime :

> Parce que Jésus, c'est du fromage ! Là il y a eu un certain malaise de la part des jésuites, mais, comme je suis très jésuitique moi-même, je

savais déjà que cette chose, c'était saint Augustin qui l'avait dite avant Dalí. Je leur ai donc cité un psaume : *Montus coagulatus, Montus fermentatus, Montus...* C'est une série de montagnes, lesquelles ont toutes les attributs et les vertus caractérisées et ammoniacales du fromage ! Et rien d'autre que cela ! Saint Augustin écrit textuellement que ce passage, il faut l'interpréter : Jésus, ce n'est pas une montagne de fromage, c'est des montagnes et des montagnes et des montagnes de fromage.

Je me suis dit : « Dalí a lu saint Augustin et c'est bien. » Parce que c'est un passage d'Augustin qui ne figure pas parmi les plus célèbres, c'est dans ses *Commentaires sur les Psaumes*. Un texte très complexe, le grec et le latin sont particulièrement difficiles à traduire, d'autant que les termes mêmes sont ambivalents. Dans ce psaume (67 ou 68, selon les numérotations), il est question de montagne fertile, de montagne grasse, où Dieu habite – nous savons tous que les dieux habitent toujours sur les montagnes.

Ce que l'on traduit quelquefois par « montagne d'abondance », c'est en fait une montagne fermentée et le lait fermenté, cela s'appelle du... fromage ! L'expression utilisée, c'est une montagne « riche comme du lait », qui va donc devenir un fromage. Mais les Latins ne savaient pas trop comment le traduire. Les traductions modernes ne parlent plus du tout de fromage. Et d'ailleurs, dans la traduction œcuménique de la Bible, une petite note stipule qu'il y a « des problèmes d'étymologie ».

Dalí a donc bien lu Augustin, qui parle de cette montagne fermentée ou fromagère. On a là une idée de plénitude, Augustin ajoute que cette montagne laiteuse, c'est aussi Jésus.

Le Gaffiot, dictionnaire consubstantiel au latiniste, nous apprend que le mot *« coagulum »* signifie en latin « lait caillé », mais aussi « ce qui réunit ». Il nous signale qu'on peut l'utiliser comme un mot doux pour s'adresser à l'élu de son cœur : « mon petit fromage », c'est délicieux, n'est-ce pas ?

Augustin revient sur cette image plusieurs fois, il en parle aussi dans *Les Confessions*. Quand il se retire après sa conversion au christianisme à Cassiciacum, « près du Lac de Côme », pour dépeindre ce lieu dont on ignore la situation exacte, il écrit : « l'aménité de ton paradis sempiternellement ruisselante de lait, ta montagne grasse ». On voit qu'il reprend le mot du psaume qu'il connaît bien. Même si tout le monde a lu *Les Confessions*, ce dont je ne doute pas, ce passage est passé inaperçu pour quelques-uns, mais c'est réellement dans les *Commentaires sur les Psaumes* qu'Augustin explique qu'effectivement Jésus est une montagne de fromage.

Fruits défendus

Les allusions d'Augustin d'Hippone aux repas sont nombreuses : le fromage, le miel, le vin et les fruits surtout sont présents dans son œuvre. Dans *Les Confessions* en particulier, il est question de pommes, de poires et de raisins.

Le vol des poires, c'est une histoire importante, très importante ! Je trouve que c'est un des plus beaux textes des *Confessions*. Au livre II, Augustin raconte qu'il s'est acoquiné avec une bande de chenapans avec qui il fait les quatre cents coups. C'est encore un adolescent, il a seize ans. Près du vignoble familial, à côté de chez lui, il y a des poires. Avec ses amis, ils ont décidé de les voler. La manière dont saint Augustin en parle est intéressante : il dit que ces poires ne sont pas belles, même pas bonnes à donner aux pourceaux ; ce qui est important, ce n'est pas de voler les fruits, c'est le vol lui-même, c'est la délectation de l'illicite. Augustin explique aussi le lien qu'il y a entre l'objet du désir, c'est-à-dire la poire, et ce que ça signifie : comment on se l'approprie, comment on en fait quelque chose de bon ou de mauvais. Le même plat n'a pas le même goût pour tous.

Le texte de la Genèse dit simplement que Dieu recommande et même enjoint à nos protoplastes, Adam et Ève, de manger ce qu'ils veulent dans le jardin, mais surtout de ne pas toucher au fruit de l'arbre de la connaissance. Parce que, le jour où ils y goûteront, ils mourront. C'est tout ce que l'on sait du fruit.

On s'est interrogé sur l'emplacement de cet Éden, on a pensé le situer dans le Croissant fertile; or quels sont les arbres et les fruits qui poussent au Proche-Orient? Certains ont pensé à la vigne ou au figuicr, d'autant que, après leur expulsion de l'Éden, Adam et Ève se couvrent de ses feuilles; d'autres ont penché pour l'abricot, la grenade, la pomme grenade et finalement on a dit: «la poire ou la pomme», et la pomme est restée. Mais l'histoire de la pomme ne vient pas de ce troisième chapitre de la Genèse, mais du Cantique des cantiques, de mon cher roi Salomon.

Dans le dernier chapitre du Cantique des cantiques (chapitre 8, verset 5), les dialogues entre le fiancé et la fiancée, dans la traduction latine, sont ambigus. Le texte (je le cite de mémoire) dit: «Sous le pommier, je te réveille, là où fut enceinte de toi ta mère, là où fut enceinte celle qui t'enfanta.» Dans la traduction de saint Jérôme, cela donne *«sub arbore malo»*, «sous l'arbre de la pomme». Or, entre «pomme» et «mal», il y a une ambiguïté: la pomme se dit *«malum»*, le mal se dit *«malum»*, et quand c'est décliné, on ne sait plus! *«Sub arbore malo»*, «sous l'arbre de la pomme» ou «sous l'arbre du mal», c'est ce qu'on a compris. Voilà comment on en arrive à la pomme.

Bon à manger et beau au regard

Mais Augustin ne raconte pas toutes ces choses, même s'il connaît, bien sûr, ce verset du Cantique des cantiques. Et d'ailleurs, dans son *Commentaire sur la Genèse contre les Manichéens*, il mentionne ce fameux arbre, et ce fameux fruit, mais il parle du fait de manger le fruit! «La femme vit que le fruit de l'arbre était bon à manger et beau au regard», dit Augustin que je cite de mémoire. «Beau et bon à manger»: il y a ce désir de quelque chose de beau. Augustin explique alors que le serpent a demandé: «Mais est-ce que Dieu réellement vous a dit que le jour où vous mangerez du fruit vous mourrez de mort?» Ève réfléchit et se demande s'il s'agit de comprendre mourir physiquement ou spirituellement.

Augustin poursuit : « Quand ils eurent mangé, Ève d'abord puis Adam, leurs yeux s'ouvrirent », c'est le texte de la Genèse. Ils s'ouvrirent pour voir quoi ? « Ils virent qu'ils étaient nus. » Ils avaient pourtant les yeux ouverts avant cela, dit Augustin, puisque si les animaux sont passés devant eux pour prendre un nom, c'est bien qu'ils les voyaient ! Alors, si « les yeux ouverts » est une métaphore, est-ce que « mourir » n'est pas aussi une métaphore ? C'est très intéressant, cette explication que donne Augustin. Nous sommes séduits par quelque chose : il y a des promesses, et encore faut-il comprendre ces promesses. Selon Augustin, qui est un génie, il y a plusieurs explications possibles : est-ce une métaphore, est-ce la vérité ? etc., « libre au lecteur d'en décider ». On a l'impression que les Pères de l'Église, Augustin ou les autres, ont tout dit et qu'il n'y a plus rien à discuter dans l'Écriture. Eh bien Augustin soutient, lui, que le lecteur est libre de décider !

Augustin, inventeur du péché originel ?

On a reproché à Augustin d'être l'inventeur du péché originel, je ne pense pas que ce soit vrai : c'est un problème qui s'est posé dès le début du christianisme. Il y a le péché des origines : Adam et Ève ont désobéi à l'injonction divine : « Vous ne mangerez pas du fruit. » Et ils l'ont quand même mangé ! Est-ce que ce péché est propre à Adam et Ève ou bien est-ce que nous le partageons ? C'est bien là le problème qui se pose. Augustin explique que c'est l'humanité dans sa totalité qui, finalement, participe à cette désobéissance : c'est cela qu'on appelle le péché originel. Avec la vie nous appartenons à l'humanité telle qu'elle est, celle qui a les yeux ouverts, au sens où nous l'entendions plus haut. Il est clair que le péché, ce n'est pas d'avoir croqué le fruit. Le péché, c'est d'avoir désobéi. Et quand Augustin parle de l'expression « le verbe fait chair », ce qui est important, c'est que « ce verbe fait chair » assume notre humanité telle qu'elle est, pour la sauver, souligne Augustin. « La venue du

Christ, l'incarnation, le verbe qui se fait chair, ce n'est pas une question de nécessité, c'est une question de miséricorde. »

Sainte Monique

La mère d'Augustin est née au début des années 330. Elle est berbère, elle s'appelle Monnica, un prénom amazigh… Selon certaines étymologies, on suppose que le nom vient du grec « *monos* », « seul », mot qui a donné « moine ». Monique, c'est « la seule » et, effectivement, pour son mari romain Patricius Aurelius, elle aurait dû être « la seule », mais je ne pense pas que ce soit la bonne étymologie.

On reconnaît l'étymologie berbère, « Monnica », avec un redoublement du « n », « Monna », ou « Monne », une divinité connue dans ces régions d'Afrique du Nord, de la Numidie ancienne. Monnica, donc, portait un nom lié à une divinité libyque. Dans l'Antiquité, les chrétiens portaient parfois des noms d'origine non chrétienne, on en connaît un certain nombre. Parmi les plus célèbres : Origène, « fils d'Horus », saint Isidore, « don d'Isis » …

Augustin raconte dans *Les Confessions* que sa mère avait une vieille gouvernante qui lui avait inculqué les meilleures manières. Augustin raconte cette anecdote, qu'il tenait de sa mère elle-même : jeune fille, elle descendait à la cave et, au début, elle goûtait le vin en y trempant le doigt. Juste une goutte ! Car elle ne trouvait pas ça très bon… Le vin, dans l'Antiquité, c'était plutôt acide et on le coupait à l'eau. Monnica en prenait donc un tout petit peu, puis elle y a pris goût ! Elle aimait bien boire un petit peu de vin, très peu. Augustin emploie les expressions « elle suçait » ou « elle lampait ».

Dans un autre texte des *Confessions*, Augustin raconte comment sa mère allait au tombeau des martyrs, apportant des gâteaux, du pain et du vin, qu'elle serrait bien contre elle, au point de le réchauffer. Monnica et le vin, c'est une vieille histoire !

Il y a aussi de joyeux ivrognes chez Augustin, notamment dans *Les Confessions*. En se promenant, il rencontre un mendiant très gai, très animé. Augustin s'interroge : « Lui, il est très joyeux, tandis que moi j'ai tellement de tracas, je me pose tellement de questions ! » C'est le moment où il est en pleine recherche spirituelle... Puis il comprend : « Lui, il est gai du vin. Moi je ne suis pas gai du vin, je suis plutôt croulant sous les problèmes. Mais finalement, je suis gai de la promesse. » Augustin, au contact de cet ivrogne joyeux, fait un rapprochement imagé : il y a ceux qui sont joyeux d'une réalité passagère, comme le vin, d'autres d'une réalité plus pérenne. Il écrit : « Il y a une autre joie, celle de la résurrection, la joie du salut, la joie du Christ, qui nous prend avec lui. »

Noé n'a pas bu que de l'eau

Dans la région d'Hippone, dont Augustin est originaire, on ne buvait certainement pas que de l'eau ! Il est bon de le rappeler. Saint Cyprien, encore un Numide, le grand évêque Cyprien de Carthage, la ville où Augustin a été étudiant, écrit dans une de ses lettres : « Noé n'a pas bu que de l'eau. » L'histoire de l'ivresse de Noé est connue... Cyprien souhaite que, dans l'eucharistie et la Sainte Cène, il y ait réellement du vin et pas autre chose. C'est le vin qui est important. Voilà qui est assez amusant. Néanmoins, on ne buvait pas que du vin et on pouvait concocter d'autres boissons, à base de miel, comme de l'hydromel...

Augustin, après avoir dit le plus grand bien des Psaumes dans ses *Confessions*, à un moment, va évoquer la qualité « mellifère » des écritures, qui sont du miel dont on se régale, en quelque sorte. Lire la Bible, lire l'Écriture pour en faire quelque chose pour soi, pour sa vie, c'est se remplir non pas le ventre mais l'esprit ! C'est se délecter de miel. On pourrait s'amuser à chercher chez Augustin toutes les allusions aux repas : elles sont nombreuses. Nous n'en avons cité que quelques-unes !

« Elle vit que cela était beau et bon à manger. » Il faut profiter de ce qui est bon !

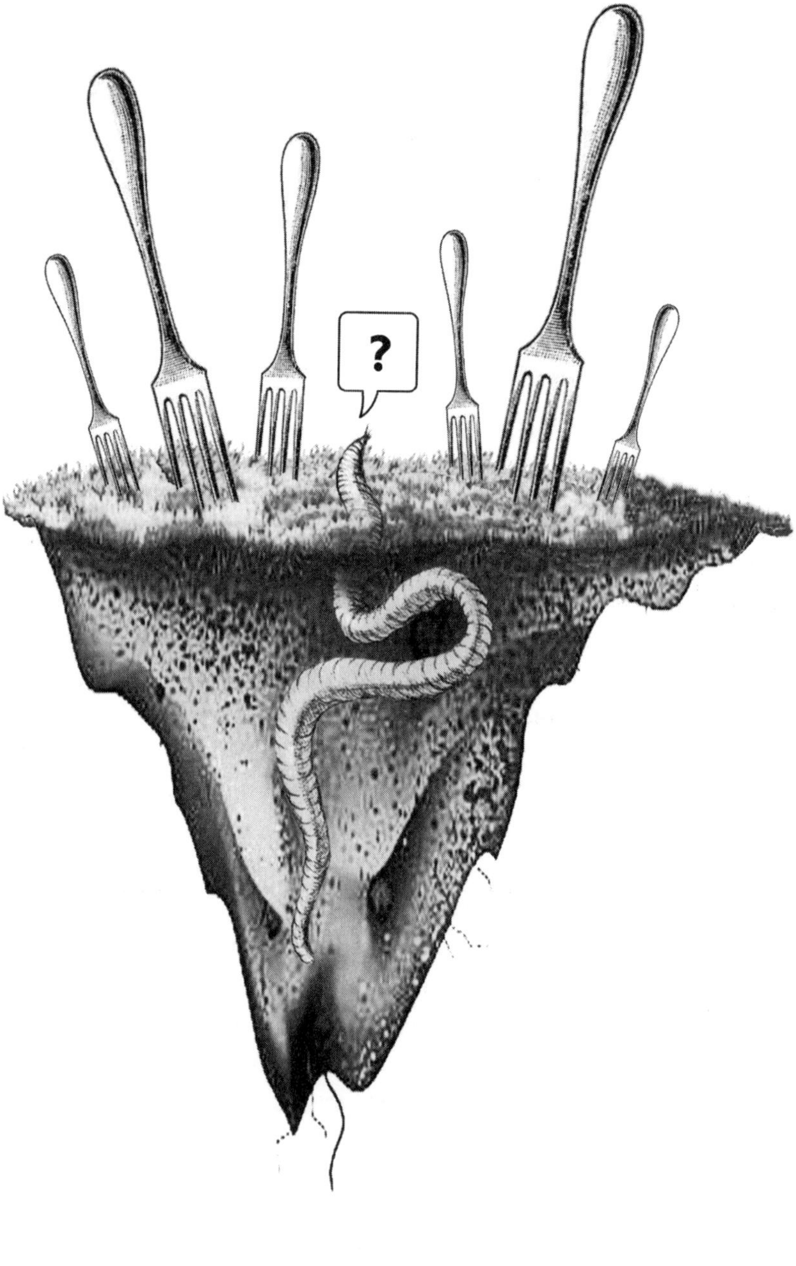

Le sol et ses amis les vers de terre

Marcel Bouché

Marcel Bouché est un ex-jardinier devenu directeur de recherche en géodrilologie, la branche de la zoologie qui étudie les lombriciens. Il est l'auteur du livre Des vers de terre et des hommes *(Actes Sud, 2014). Un sujet hautement gastronomique et capital pour la qualité de notre alimentation, puisque nos chers vers de terre représentent la première biomasse animale des sols. Un trésor menacé par l'agriculture intensive, ses tracteurs et ses pesticides. Et, constatant les carences scientifiques actuelles en matière environnementale, il a aussi publié :* Fonder la Science de l'Environnement pour sortir de la crise» *(Éditions Arbre et Paysage, 2023).*

Je suis un jardinier qui a mal tourné ; toutefois, j'ai retenu de cette période de ma vie l'usage de la bêche. Un outil qui s'avère très utile pour étudier les vers de terre ! J'ai pris des cours en autodidacte, puis j'ai été aux facs des sciences de Paris et Orsay pour recevoir une formation fondamentale, puis je suis revenu à l'INRA, l'Institut national de la recherche agronomique – le plus grand institut d'Europe en recherche agronomique. J'y avais débuté comme aide de laboratoire en 1955 et j'y suis devenu directeur de recherche.

Un aliment de choix

Pourquoi évoquer les vers de terre quand on parle de gastronomie ? Parce que ces vers de terre sont la première source de viande disponible dans nos milieux, donc ils constituent une alimentation abondante ! Il y a environ 7 000 espèces de vers de terre dans le monde et 400 en France, mais on est loin d'avoir tout découvert.

En France, nous ne mangeons pas énormément de vers de terre. Ou, plus exactement, nous n'en mangeons plus. Sauf peut-être quand nous dégustons de la bécasse, lorsque nous goûtons de délicieux petits canapés de bécasses constitués de leurs contenus digestifs, lesquels ne sont que des digestats de vers de terre, car les bécasses se nourrissent presque exclusivement de lombriciens. Le gastronome apprécie donc encore les vers de terre.

Nous avons la quasi-certitude que tous nos ancêtres se sont nourris de vers de terre. Les populations actuelles de chasseurs-cueilleurs, comme les Bushmen dans le Kalahari, les Amérindiens en Amazonie, les Aborigènes en Australie ou les Papous de Nouvelle-Guinée se nourrissent encore de vers de terre. Les femmes font leur « cueillette », alors que les hommes vont à la chasse.

Cela peut surprendre, mais, en France, on trouve en moyenne 1 200 kilos de chair vive de vers de terre à l'hectare. À titre de comparaison, il y a pour un hectare 60 kilos d'insectes, 50 kilos d'hommes, 1 kilo d'oiseaux… Les vers de terre représenteraient – c'est très difficile à établir avec certitude – entre 60 et 80 % de toute la masse animale. Et quelle masse animale d'un point de vue gastronomique ! Ici on s'exprime en masse sèche, car on commence par sécher les vers avant de faire les dosages et les mesures. Les protéines représentent 70 % de cette masse sèche. Et ce ne sont pas n'importe quelles protéines : des protéines avec des acides aminés qu'on appelle « essentiels », qu'on ne trouve pas, par exemple, dans la viande de bœuf, mais qui sont présentes dans le poisson. De même, il y a 15 % d'acides gras, dont la moitié est constituée par des acides gras insaturés, les fameux omégas 3…

Ainsi les vers de terre constituent un véritable régime crétois en matière de ressource alimentaire ! Cela n'a échappé ni aux chasseurs-cueilleurs ni aux oiseaux, qui ont l'œil. Deux collaborateurs de l'INRA, Philippe Granval et Régine Aliaga, ont compilé nos connaissances relatives à la consommation de vers de terre par les oiseaux et les mammifères. Ils ont répertorié 186 espèces d'oiseaux qui apportent des vers à leurs oisillons (c'est au nid qu'on l'observe) et douze mammifères mangeurs de vers. Parmi eux, il y a la taupe, qui ouvre dans le sol des galeries dans lesquelles les vers tombent. Tous les matins, elle se promène dans ses galeries et récolte sa manne. Notre ami le cochon est aussi un fou de vers de terre, et son cousin, le sanglier, mange la valeur de deux biftecks par jour de cette excellente source de protéines. Personnellement, je n'en mange pas, j'avoue n'avoir même pas eu la curiosité de goûter. Je préfère les dévorer des yeux !

Naissance d'une passion

À l'école d'horticulture, j'étais premier en botanique, on m'a donc affecté en zoologie lors de mon recrutement à l'INRA comme technicien chargé d'extraire, avec des appareils, des animaux depuis de petites prises de sol où il n'y avait pas de vers de terre mais des microarthropodes.

À l'époque, la recherche agronomique ne s'intéressait pas du tout aux vers de terre, parce que les vers de terre ont, du point de vue économique, deux défauts majeurs : ils ne vont pas dans notre assiette – ce n'est pas un produit agricole, tel le miel des abeilles – et ils ne font pas de dégâts, pas de ravages dans les cultures.

Par ailleurs, du point de vue zoologique, il ne faut pas confondre vers et vers. Les vers qui mangent les racines des plantes sont souvent des vers blancs ou des vers gris. Ce sont en fait des larves d'insectes. Il existe aussi des vers qui creusent le bois, les vrillettes, qui sont encore des larves d'insectes. Il y a énormément de vers, dont le ténia dans nos intestins, qui n'ont rien à voir avec les vers de terre. Ce sont des lignées animales complètement différentes.

Les vers de terre vivent cachés dans le sol où ils semblent heureux. À peine la motte de terre est-elle retournée par la bêche du jardinier qu'ils surgissent de leurs galeries. Il y en a de toutes les tailles de 2 centimètres à 1,60 mètre en France.

J'ai évoqué l'importance des vers pour les oiseaux, mais ils sont aussi des proies pour les reptiles et les amphibiens, et tous les pêcheurs à la ligne savent que, lorsqu'ils accrochent un ver de terre au bout de l'hameçon, le poisson mord ! Ce n'est pas le fruit du hasard. En réalité, les poissons de rivière apprécient les lombriciens. Cela paraît curieux, car il n'y a pas de vers de terre dans l'eau. Cependant, dès qu'il y a une pluie abondante, certains vers de terre remontent à la surface du sol et sont entraînés vers les rivières. C'est une source d'alimentation très importante pour les poissons.

De l'agriculture

À l'échelle mondiale, l'abondance des vers de terre est liée à la fertilité des sols et dépend du climat. Elle est faible dans les milieux très froids, comme la Laponie, ou très secs, comme le Sahara. En France, milieu tempéré, comme nous l'avons vu, leur biomasse moyenne est de 1,2 tonne à l'hectare, mais très réduite par l'agriculture intensive. Dans les zones de culture intensive, les agrotechniques mises en œuvre n'ont jamais été évaluées en regardant ce qui se passe dans le sol. On s'intéresse uniquement au rendement à court terme. La logique est simple : lorsqu'on fait l'essai d'une agrotechnique (travail du sol, pesticide, engrais), si le rendement est meilleur, on s'en félicite et on l'adopte sans chercher à considérer le fonctionnement du sol qui a induit ce rendement. Un sol ne se détériore pas immédiatement ; cela peut prendre dix ans. Un sol a en mémoire son fonctionnement qui dépend des vers de terre, des racines..., de la vie animale et végétale en général. Plus les plantes produisent, plus elles fertilisent le sol de leur apport organique énergétique par la photosynthèse ; plus les vers de terre nourrissent les plantes et s'en nourrissent, plus le sol est riche.

Je connais des agriculteurs qui ont pris le parti de saisir une bêche, d'aller ouvrir le sol et d'attirer l'attention sur la vie des sols. Les agriculteurs, en général, sont conscients de l'importance des vers de terre. Tout le monde d'ailleurs reconnaît leur importance, mais cela s'arrête là. Dans le même temps, les agriculteurs ont à leur disposition les agrotechniques dont on leur a vanté les bénéfices, parce qu'elles leur offrent de meilleurs rendements, sans toutefois connaître l'impact de celles-ci sur le sol qui les fait vivre, car il n'a pas été étudié. Résultat : même les agriculteurs bien intentionnés détruisent leur sol. Parce qu'on leur a vendu des tracteurs avec des belles couleurs et de bons gros pneus. Si une maladie est en train d'annihiler leur culture, on leur dit : « mettez cette poudre de perlimpinpin » ; ils le font et ils sont très contents de l'effet ! Mais ils ne se rendent pas compte que cette poudre empoisonne leur sol. Et si les herbicides ne tuent pas les vers de terre, ils les affament.

Un terrain agricole est formé de plantes qui ont des feuilles de géométries différentes ; on y trouve aussi des arbres ou des arbustes en agroforesterie. Cela signifie que l'énergie solaire est captée par des dispositifs qui se complètent : des feuilles horizontales, des feuilles verticales… S'il ne reste qu'un seul modèle de capteur en monoculture, la capture de l'énergie qui permet au champ de vivre est très réduite, puis, pire encore, le capteur est complètement coupé après la moisson, le terrain est nu et il le restera pendant des mois avant que les semis suivants germent. Or, pendant le temps où il n'y a pas de capteur solaire actif, le sol s'appauvrit et les vers de terre dépérissent.

Non seulement les vers de terre n'ont pas une énergie nutritionnelle suffisante, mais, comme je l'ai découvert tardivement, ils ont aussi besoin, comme nous, d'une diversité nutritionnelle. En monoculture, on ne leur laisse qu'une seule plante comme source de nourriture ; ils dépérissent, même quand la plante en question est riche en azote, comme la luzerne. La seule méthode pour qu'ils ne dépérissent pas, c'est dc leur fournir une alimentation variée, comme c'est le cas avec la richesse d'un tapis herbacé naturel.

De la structure des sols naturels

Ce que l'on voit à la surface champ, c'est la partie émergée de l'iceberg. Réaliser des coupes du sol, c'est la science des pédologues, ceux qui étudient les sols. C'est une science qui a été fondée du temps des tsars. Dans un sol naturel, il existe plusieurs couches, plusieurs niveaux de sol organisés. En agriculture, la charrue coupe les vers et désorganise le sol. Quand on fait une coupe de sol dans une prairie permanente, on peut examiner l'organisation naturelle largement structurée par le travail des vers de terre. On y observe sous la surface un incroyable mélange de racines et de petits grumeaux de sol. Cela correspond en gros aux six premiers centimètres de sol. Cette couche superficielle est composée de l'accumulation de crottes de vers de terre qui se sont stabilisées grâce aux microorganismes et qui sont envahies de racines qui viennent y puiser leurs éléments nutritifs pour la plante. C'est un bon recyclage. Ça, c'est la partie superficielle et, en dessous, c'est apparemment massif. En réalité, le sol est truffé de galeries creusées par les vers de terre qui, mesurées, représentent en France quatre mille kilomètres de galeries par hectare.

Du fonctionnement des sols naturels

Lorsque l'on creuse, malheureusement, on détruit le sol qu'on observe. Aujourd'hui, on fabrique des sondes spatiales capables d'explorer l'espace, mais, sous terre, on n'a jamais rien su inventer d'équivalent. Alors, j'ai conçu des techniques qui permettent de voir ce qui se passe dans le sol depuis la surface en se servant des lombriciens comme sondes. Tout d'abord, avec mes collaborateurs, j'ai trouvé le moyen de colorer des vers de terre pour les reconnaître comme sonde. Puis, je les charge en azote 15, un isotope différent par sa masse de l'azote 14 omniprésent dans la nature. C'est un isotope qu'on sait doser grâce à un spectromètre de masse qui, comme son nom l'indique, distingue les masses différentes des azotes 14 et 15. Pour charger ces sondes lombriciennes, je les ai alimentées avec des algues préalablement cultivées avec de l'azote 15, et non 14, comme engrais. Ensuite, au terrain, j'ai réintroduit les lombriciens marqués dans la population naturelle dont ils avaient été extraits et dans leur galerie préalablement repérée. Il faut que ce soit dans un milieu non perturbé, sinon cela ne fonctionne pas. Je les renvoie donc chez eux avec pour carte de visite leur petite couleur pas très naturelle.

Il n'y a pas de protéine musculaire sans azote ; cela représente 70 % de la constitution d'un ver de terre séché. À ma stupéfaction – parce que tout cela était inconnu –, en recapturant les vers de terre colorés, on observe que, en 24 heures, ils ont excrété une part substantielle de leur azote 15, substitué par l'assimilation d'azote 14, incorporé par digestion depuis la matière organique naturelle du sol.

J'ai pu observer ce processus pendant plusieurs semaines, jusqu'à quarante jours. L'azote 15 lombricien passe brièvement dans le sol, puis immédiatement après dans les racines des plantes et ensuite dans la partie aérienne des plantes, l'ensemble à une vitesse surprenante. Tous les jours, les vers de terre assimilent puis excrètent sur leur passage vers les plantes une dose homéopathique. Les galeries sont truffées de racines et les plantes s'y alimentent. La quantité d'azote observée directement ainsi, dans cette prairie naturelle non perturbée, est transférée depuis le sol aux lombriciens puis vers les plantes. Cette quantité extrapolée à son peuplement connu de vers de terre, dont l'activité saisonnière est mesurée, est de 550 kilos par hectare et par an. Cette estimation de l'apport observé d'azote *via* les vers de terre aux plantes, une quantité bien supérieure aux apports d'engrais en céréaliculture (250 kg/ha/an), a été jugée par un ingénieur agronome incroyable ! Il ne s'agit pas ici de *croyance* relative à un fonctionnement inconnu du sol, mais d'une mesure directe de la réalité de ce fonctionnement dans notre environnement, d'un progrès des savoirs heurtant les dogmes de la fausse science agronomique actuelle.

Des sols à sauver

L'homme fait sa place à sa façon. Avec son aveuglement, son incapacité à comprendre le sol et la nature en général, il a imposé ses techniques à l'environnement. Le labour, que les vers de terre font très bien, a été remplacé par des charrues, dont la fabrication et l'utilisation consomment énormément d'énergie fossile, alors que les vers de terre n'utilisent que l'énergie solaire des plantes, à condition que les sols soient végétalisés en permanence et que leur vie ne soit pas affectée, notamment par les pesticides actuellement non évalués dans ceux-ci.

Le sol est naturellement couvert par des végétaux, des feuilles, des brindilles… Avec l'agriculture intensive, ses tracteurs et ses pesticides, il est souvent nu. Les petits grumeaux qui constituent la couche superficielle du sol, de même que les galeries de vers de terre, n'y jouent plus aucun rôle. L'eau de pluie notamment n'y percole plus vers les nappes phréatiques au débit d'un orage, mais, en érodant la terre arable, ruissèle et inonde. Ces galeries sont en effet capables, comme observé et mesuré en plein orage méditerranéen, d'empêcher cet écoulement de surface…

Sur un sol fertile, l'homme ne fait que se servir. Mais, lorsque les ressources du sol sont taries, il recrée artificiellement sa fertilité en fabriquant notamment des engrais azotés avec de l'énergie pétrolière ou nucléaire ; une énergie ainsi accumulée présentant un risque d'explosion – tout le monde se souvient du terrible accident qui s'est produit à Toulouse en 2001 à l'usine AZF. L'homme dépense donc de l'énergie pour remplacer ce qui fonctionne spontanément à l'énergie solaire captée par photosynthèse, cette dernière permettant notamment la fixation biologique de l'azote si le sol est aéré, drainé et brassé finement (1000 T/ha) par le travail lombricien, également permis par cette énergie.

Ne devrions-nous pas avoir l'intelligence d'observer et d'essayer de comprendre ce qui se passe dans le sol et tout simplement faire ce que font les vers de terre ? Comment se fait-il que nous ignorions de très loin la première masse animale, alors que nous avons tant de chercheurs ? Cela prouve que nous avons un grave problème de démarche scientifique. La crise environnementale n'est pas politique, mais scientifique. C'est la science qui est défaillante. Il faut fonder la science de l'environnement pour sortir de la crise environnementale.

Les nourritures agroforestières

Geneviève Michon

Geneviève Michon est ethnobotaniste, directrice de recherche à l'Institut de recherche pour le développement (IRD). Cette passionnée d'agroforesterie a publié, en 2015, aux Éditions Actes Sud et aux Éditions IRD : Agriculteurs, à l'ombre des forêts du monde *et, en 2025, aux Éditions de l'IRD :* Face à l'aridité, la puissance de l'arbre.

Des agroforêts où il fait bon vivre

Il ne s'agit pas de forêts sauvages, mais de forêts paysannes, d'agroforêts ; c'est-à-dire des systèmes construits autour des arbres au fil du temps par les agriculteurs de France, d'Europe et des pays du Sud. Ces systèmes de culture intègrent des espèces d'arbres comestibles plus ou moins domestiquées : chez nous des pommiers, des châtaigniers, des noyers, des chênes (eh oui, on a très longtemps consommé des glands, et nos cochons en raffolent toujours), plus au sud des manguiers, des avocatiers, des girofliers, ou encore des palmiers dattiers, des grenadiers. Malheureusement, l'agriculture intensive continue à les faire disparaître à une vitesse inquiétante. En France, nous avions autrefois beaucoup de haies, des vergers mélangés, de petits bois, qui ont presque totalement disparu… Il faut pourtant que ces systèmes subsistent ou se redéveloppent, pour des raisons environnementales, mais aussi (et surtout?) parce qu'ils fournissent de très saines et bonnes nourritures.

On a oublié que l'agriculture sert avant tout à produire de la nourriture et non des produits pour l'agro-industrie. C'est aussi le cas de l'agroforesterie, que l'on réduit souvent à tort à la présence d'arbres dans l'agriculture à des fins environnementales – pour le climat, le sol, l'eau... On oublie également de rappeler que ces arbres offrent, directement ou indirectement, de très bonnes denrées. On pourrait citer des dizaines de fruits délicieux. Mais on oublie que la meilleure charcuterie que l'on puisse manger est issue de porcs élevés sous les arbres, dans ces agroforêts européennes de Méditerranée qu'on appelle des « parcs agroforestiers », les *dehesas* en Espagne, les *montados* au Portugal. Cette charcuterie est délicieuse, car les animaux vivent sous les arbres, mangent des herbes, des glands, des châtaignes – je ne sais pas s'ils sont heureux, je ne suis pas dans leur peau, mais en tout cas ils n'ont pas l'air malheureux.

Le Lamentu di u castagnu *d'Angel-Marie Lecca*

Ce *lamentu* a été écrit à une époque où le châtaignier était la base de ce qu'on a appelé la « civilisation du châtaignier » : une « civilisation du pauvre », car ce sont les paysans des régions les plus pauvres qui mangeaient leurs châtaignes : les Cévennes, l'Ardèche, la Corse, les montagnes d'Espagne ou d'Italie... Au moment de l'exode rural, ces paysans ont dû quitter leurs montagnes, et des industries se sont installées qui ont utilisé le bois de châtaignier pour faire des tanins. Pour avoir un peu d'argent, les paysans ont donc vendu leurs châtaigniers et un poète corse a écrit ce *lamentu* où un châtaignier s'exclame : « Ô Corse, après tout ce que je t'ai donné, comment oses-tu me tuer sans me demander mon avis ? »

Cette grande histoire du châtaignier est faite de beaucoup de souffrances, de peines et de joies. Avant, on vivait du châtaignier.

Ceux qu'on appelait les « mangeurs de châtaignes » n'étaient pas bien considérés. On disait qu'ils mangeaient du « pain du bois », la châtaigne constituant la base de l'alimentation, au lieu du pain de céréales. Tout un travail a été fait dans les Cévennes, en Ardèche, en Corse, pour réhabiliter cette nourriture et lui permettre de changer de statut ; elle n'est plus considérée aujourd'hui comme une « nourriture de pauvres », mais presque comme un produit de luxe. On le voit notamment avec la farine de châtaigne. On est parvenu à convaincre les consommateurs qu'elle avait un réel intérêt gustatif et qu'elle était bonne pour la santé, car sans gluten. Les paysans se sont associés avec des chefs cuisiniers, ils ont inventé des recettes, les enfants ont goûté et aimé…

Les enfants et l'agroforesterie

Les enfants (et de nombreux adultes…) sont d'abord assez étonnés que les animaux puissent manger de l'arbre : on n'a pas l'habitude de penser à une vache comme à un animal qui va se nourrir dans l'arbre, même si ce n'est pas son alimentation essentielle.

Un été, en Corse, il y a quelques années, il faisait vraiment très chaud et il n'y avait plus d'herbe dans les champs. Un agriculteur avait apporté du foin à ses vaches qui étaient en train de se rafraîchir à l'ombre d'un chêne vert. Elles baignaient dans le foin, elles en avaient jusqu'au ventre, mais elles préféraient manger les feuilles du chêne vert plutôt que le foin ! Ce n'est pas leur nourriture de base, mais il y a des éléments essentiels dans les feuilles d'arbre, comme des tanins et de nombreux minéraux. Dans leurs fruits aussi. On s'est notamment aperçu que donner des fruits du frêne aux brebis ou aux chèvres juste après l'été (ce que font encore les bergers de l'Atlas marocain, ou les agriculteurs du Massif central) agissait comme une cure de vitamines et leur permettait de bien passer l'hiver.

Des animaux ennemis des arbres, des arbres ennemis des cultures

Avec les fruits de l'arganier, un arbre très présent dans le sud-est du Maroc, on produit de l'huile d'argan, c'est un très bel arbre et une très bonne huile, aujourd'hui connue dans le monde entier pour ses qualités alimentaires et cosmétiques. Les chèvres qui vivent sous les arganiers ont la particularité de grimper dans les arbres… Les touristes adorent les regarder et les photographier. Elles se nourrissent des feuilles et des fruits au goût unique. Mais les forestiers des services des Eaux et Forêts n'apprécient pas les chèvres qui viennent manger les jeunes pousses, les feuilles et les fruits des arbres. Ils ont ainsi, depuis longtemps, qualifié les chèvres d'« ennemies des arbres ». Voilà pourquoi, encore aujourd'hui au Maroc, les services forestiers de l'État s'opposent à la certification de la viande de chevreau de l'arganier, qui est pourtant une très bonne viande. Heureusement, des collectifs d'agriculteurs et d'éleveurs essaient de réhabiliter cette viande qui a la particularité d'être bénéfique quand on a du cholestérol, contrairement à la viande de mouton ou de porc.

À propos de cholestérol, on dit : « Surtout, ne mangez pas de charcuterie ! » Mais la charcuterie des cochons noirs, d'Espagne ou de la châtaigneraie corse, on pourrait en manger presque autant qu'on veut !

Si certains animaux ont pu être désignés comme des « ennemis des arbres », les arbres pour leur part sont devenus les « ennemis » des cultures, et l'agriculture moderne s'est employée à les éradiquer ; ce sont les haies qui ont le plus souffert du remembrement agricole ; elles ont très largement disparu, et continuent à être coupées. Or, dans les haies, se trouvaient de nombreux « petits fruits » : les mûres, les prunelles – qui donnent une excellente liqueur –, les églantiers, ou « gratte-culs », très riches en vitamine C et dont on fait de délicieuses confitures… Autant de plantes que l'on mangeait, que l'on a oubliées et que les enfants d'aujourd'hui ne connaissent plus. Ce qui est fort dommage !

L'agroforesterie en Afrique subsaharienne

L'agroforesterie est pratiquée par les agriculteurs du Sahel dans ce qu'on appelle des « parcs agroforestiers » : des forêts très ouvertes, des savanes arborées, des grands espaces avec des arbres comme les karités ou les acacias. Le beurre de karité est surtout connu pour entrer dans la composition des cosmétiques, mais il a eu une grande fonction dans l'alimentation des populations locales, tandis que les acacias servent à nourrir le bétail, les chèvres ; il existe bien d'autres arbres tout à fait utiles en zone sahélienne, dont le mal famé palmier à huile.

En zone tropicale humide, on trouve de nombreux exemples d'agroforêts d'une très grande richesse. Par exemple avec le cacaoyer, un arbre du sous-bois des forêts brésiliennes, donc un arbre qui préfère l'ombre. Au Cameroun, les cacaoyers sont cultivés à l'ombre de grands arbres forestiers sauvages, associés à des arbres fruitiers plantés qui participent à l'alimentation quotidienne des villages (avocatiers, citronniers, manguiers, safoutiers…).

Il faut parler des palmiers à huile. Aujourd'hui, ces palmiers sont considérés comme les ennemis des forêts, car c'est à cause d'eux qu'on déforeste en Indonésie ou au Cameroun, pour établir de grandes plantations spécialisées. Dans les villages, au Congo, comme dans toute l'Afrique centrale, les palmiers à huile ne se trouvent pas dans des plantations spécialisées, mais dans des agroforêts diversifiées, qui comportent aussi des manguiers, des safoutiers, des colatiers, des avocatiers… Traditionnellement, on écrase leurs fruits pour obtenir cette huile épaisse et d'un rouge profond qu'on appelle la *« moambe »*, l'huile traditionnelle de palmier, qui est très bonne, riche en vitamines et en carotène, et qui entre dans de nombreuses préparations culinaires.

Le mythique durian

Ah, le durian ! C'est un fruit unique d'Asie du Sud-Est, de cette Asie tropicale humide. Il ressemble à un gros ballon de rugby couvert d'épines. À l'intérieur, ses graines sont entourées d'un arille crémeux au goût très particulier, entre la noisette, le munster, le camembert et l'oignon doux…

L'arbre qui porte le même nom mesure quarante mètres de haut, voire davantage à Sumatra. Ce n'est pourtant pas un arbre sauvage ; il a été domestiqué, introduit dans ces agroforêts, cultivé par les agriculteurs. C'est aussi un créateur de lien social, de fête. Dans les villages, tous les habitants partis travailler en ville reviennent pour la saison des durians. Ils s'enivrent au durian ; c'est une nourriture riche, parfois un peu fermentée, qui, si on la consomme en trop grande quantité, peut faire partir ailleurs…

Moi, je les adore. Je les mange crus ! C'est ainsi qu'ils sont les meilleurs. Mais comme la saison ne dure qu'un temps et qu'il y a beaucoup de durians qu'on ne peut pas manger, on peut les faire confire doucement au feu pour fabriquer ce qu'on appelle du *« dodol »*, une pâte de durian, sèche, sucrée, que l'on peut consommer toute l'année. On retrouve le goût unique et irremplaçable du durian frais, mais un peu atténué, puisque le fruit a été cuit. Un véritable régal !

On cuisine d'autres préparations que je trouve moins appétissantes, comme ce qu'on appelle *asem durian*. Il s'agit d'une sorte de crème de durian fermentée, vraiment acide – *asem* signifie acide –, qui accompagne le poisson séché. Le durian et ses dérivés font partie de ces nourritures un peu fortes dont on n'a plus l'habitude en Europe occidentale (quoique, les fromages…).

Les épices

À Sumatra, sous les durians, on trouve des canneliers, des girofliers, des muscadiers, qui sont des arbres de moyenne hauteur, de quinze mètres à peu près, qui s'accommodent parfaitement de l'ombrage léger des grands arbres. Quand on se balade dans les villages, on peut voir de la cannelle et des clous de girofle sécher au soleil. Ces parfums des agroforêts à épices sont incroyablement puissants. C'est un peu comme si on les goûtait « par le nez ». Ces épices constituent une bonne source de revenus pour les agriculteurs. Aux Moluques ou à Zanzibar, les arbres à épices sont cultivés dans de belles agroforêts qui ressemblent à l'agroforêt à durians que l'on vient d'évoquer, avec de nombreuses autres espèces comestibles : des cocotiers, des arbres à pain, des châtaigniers de Tahiti, des « noyers » locaux, des manguiers…

Le poivre est une liane qui pousse elle aussi à l'ombre ; elle s'enroule autour du tronc d'un cannelier par exemple, ou d'un giroflier. Elle est abondamment cultivée à Sumatra, ou en Inde… C'est une petite plante qui s'intègre très bien dans ces systèmes complexes agroforestiers. Et on pourrait dire la même chose de la vanille, une autre liane cultivée dans les agroforêts de Madagascar.

Les effets du réchauffement climatique

Si le Sud de la France devient encore plus aride, on trouvera plutôt de l'arganier que du durian. Le durian et les arbres des tropiques humides de l'Équateur ont besoin de beaucoup d'eau… Mais on commence aussi dans le Sud de la France à développer la culture de l'avocat, déjà présent depuis des années en Corse. Ce n'est pas le changement climatique qui a permis d'introduire l'avocat en Corse, mais plutôt la plasticité de l'arbre. Le jour où l'on ne pourra plus cultiver que de l'arganier dans le Sud de la France, il faudra vraiment s'inquiéter !

Protéger les abeilles grâce à l'agroforesterie

Pour protéger les abeilles, qui pâtissent de la déforestation et du changement climatique, il est intéressant de réintroduire des espèces d'arbres nectarifères : des arbres dont les fleurs produisent un nectar que les abeilles butinent pour faire du miel. On l'a un peu oublié mais, au départ, le miel est une production forestière. Dans l'est de l'Europe comme sous les tropiques, c'est encore le cas, et une importante quantité de miel est collectée sur les grands arbres – là, il ne s'agit pas uniquement d'agroforêts, mais surtout de forêts naturelles.

Dans les agroforêts des pays du Sud, on conserve des arbres spécialement dédiés aux abeilles. En Éthiopie, de très belles agroforêts permettent de cultiver le café, car le caféier est aussi un arbre des sous-bois forestiers. Le café arabica est d'ailleurs originaire des forêts des montagnes éthiopiennes, et il est le plus souvent cultivé à l'ombre de grands arbres. Parmi ces grands arbres, on trouve des schefflèras, sortes de lierres géants. Les fleurs du schefflèra, butinées par les abeilles, donnent ce qu'on appelle « le miel blanc », un des miels les plus recherchés au monde, crémeux, goûteux... Chez nous, le miel d'arbre, ce sera plutôt le miel d'acacia, et le miel de châtaignier au goût plus marqué et bien amer.

Les vignes, membres de la famille de l'agroforesterie

Les vignes peuvent parfaitement s'intégrer dans des systèmes agroforestiers : ce sont des lianes qui poussent naturellement au bord des cours d'eau en grimpant sur les arbres des rives. On les cultivait autrefois dans ce qu'on appelait des « complants », des parcelles où l'on mélangeait la vigne avec des arbres fruitiers. Aujourd'hui, la vigne est une monoculture, une culture spécialisée, mais on peut tout à fait envisager, dans le cadre du changement climatique, de réintroduire des arbres pour avoir un microclimat un peu plus favorable, si le climat s'assèche un peu trop ou devient trop chaud.

Cela se fait de plus en plus, car les viticulteurs ont compris qu'ils ne s'en sortiraient pas sans les arbres. De grands domaines à Bordeaux ou en Bourgogne et de nombreux « petits » producteurs se lancent aujourd'hui dans la « vitiforesterie » : une agroforesterie au service de la vigne !

Changer de logiciel

On a appris aux agriculteurs, après la Première puis la Seconde Guerre mondiale, à détester les arbres. Les agriculteurs ne sont pas les ennemis des arbres, mais leurs gros tracteurs le sont. On a éradiqué l'arbre en agriculture après la Seconde Guerre mondiale en grande partie pour faire passer de plus grosses machines dans les champs. J'ai discuté avec de nombreux agriculteurs en France qui ne sont pas contre la réintroduction des arbres, mais qui s'interrogent sur le moyen de continuer à utiliser leurs tracteurs et leurs moissonneuses. Avec la révolution industrielle de l'agriculture au XXe siècle, on s'est mis à penser et à organiser le système cultivé en fonction de la machine, ce qui est aberrant. Il faut inverser les positions et penser les machines en fonction du système de culture, et se dire que, puisqu'on a vraiment besoin des arbres pour porter l'agriculture dans l'avenir, on va en replanter, en les disposant, selon les besoins, en alignement, en quinconce, en forêts, en petit bois… Et, surtout, on va utiliser des machines-outils adaptées, spécialement conçues pour ce genre de système plus complexe. Une technologie agricole au service des agriculteurs, et pas l'inverse !

Un jour, dans le Lot, un paysan éleveur et cultivateur de châtaignes dans le Ségala m'a dit : « Je ne suis pas agriculteur, je suis paysan. Pour faire passer mon gros tracteur sous mes châtaigniers, il fallait que je les taille très haut, sans quoi je ne pouvais pas passer. Et puis j'en ai eu assez, j'ai réalisé que ce n'était pas bon pour mes arbres. Je me suis dit : et si j'achetais un tracteur plus petit ? » Il a effectivement acheté un tracteur plus petit, et il fait nettoyer ses châtaigneraies par ses vaches : et il n'a plus besoin de son gros tracteur. Avantage important : il n'a plus besoin de s'endetter non plus pour acheter un matériel agricole très coûteux et souvent surdimensionné.

Lutter contre la désertification par les arbres

C'est ce qu'on met en œuvre dans ce qu'on appelle « la grande muraille verte » – un projet de reforestation en Afrique, de l'Atlantique à la mer Rouge. Alors oui, bien sûr, replanter des arbres c'est la première chose à faire pour essayer de lutter contre la désertification. Parce que ça améliore les sols très vite, ça reconstitue des sols vivants et, sans sols vivants, on ne peut pas produire (ou alors il faut apporter énormément d'engrais chimiques, ce qui détruit les sols et n'est bon ni pour la terre, ni pour ceux qui la cultivent, ni pour ceux qui en mangeront les fruits).

Les arbres restaurent cette vie du sol qui est indispensable à la production.

C'est bon aussi pour le cycle de l'eau, donc de la pluie qui va pénétrer dans le sol grâce aux racines des arbres (au lieu de ruisseler à la surface en entraînant les sédiments) et y être stockée dans les nappes phréatiques. L'arbre est un allié de la qualité de la production agricole pour de nombreuses raisons environnementales ; ça, les paysans du monde l'ont compris depuis longtemps. Mais les arbres forestiers intéressent moins les paysans que ceux qui produisent des fruits ou qui aident à nourrir les animaux. Les agences de développement l'ont enfin compris, et ce ne sont plus les services forestiers de l'État qui décident des espèces d'arbres à planter. Au contraire, ils incitent les paysans à choisir « leurs » arbres, ceux dont ils prendront soin, car ils leur seront directement utiles.

L'arbre peut aussi devenir un allié en milieu urbain : il existe une « ville verte », en Chine, à Liuzhou, qui a réintroduit massivement des arbres pour lutter contre la pollution atmosphérique, et la température moyenne de la ville a chuté de trois degrés et demi. Juste en plantant des arbres… Alors, allons plus loin : pourquoi ne pas planter en ville des arbres comestibles plutôt que des arbres dits « d'ornement » ? Et, en plus des alignements d'arbres le long des rues, pourquoi ne pas implanter des arbres entre les immeubles des jardins-forêts, comme le fait par exemple la ville d'Elne, dans les Pyrénées-Orientales ?

Bonnes nourritures et joie de vivre

Nous n'avons pas l'habitude de penser aux arbres comme à des êtres nourriciers, ni aux forêts comme à des milieux qui peuvent nous procurer de la nourriture. On peut penser bien sûr à tous les fruits, et en particulier aux « petits fruits » oubliés, aux noix, aux amandes. En se souvenant que les fruits des variétés anciennes sont bien meilleurs que ceux des arbres sélectionnés pour produire de gros fruits (et en général gavés d'engrais et de pesticides de synthèse). Mais n'oublions pas les jeunes pousses, d'arbres ou de plantes de sous-bois, qui fournissent de délicieux épinards. N'oublions pas non plus les animaux qui mangent l'écorce, les feuilles, les fruits des arbres, et dont les produits (viandes, laitages) sont bien meilleurs au goût que ceux des animaux nourris par l'agro-industrie.

Les bonnes nourritures rendent heureux. Aujourd'hui, on mange surtout des végétaux dopés aux produits chimiques et des animaux mal nourris et élevés dans des systèmes concentrationnaires, où ils sont en permanence stressés. Comment voulez-vous que ça ne se retrouve pas dans le goût de la viande ? Sans parler des effets nocifs sur notre organisme.

Alors que, quand on va dans la *dehesa*, ce grand parc agroforestier espagnol avec des chênes verts, de l'herbe, des cultures saines, et qu'on voit les cochons qui s'ébattent sous les arbres dans une belle lumière de fin du jour, on le comprend : ça ne peut être que bon.

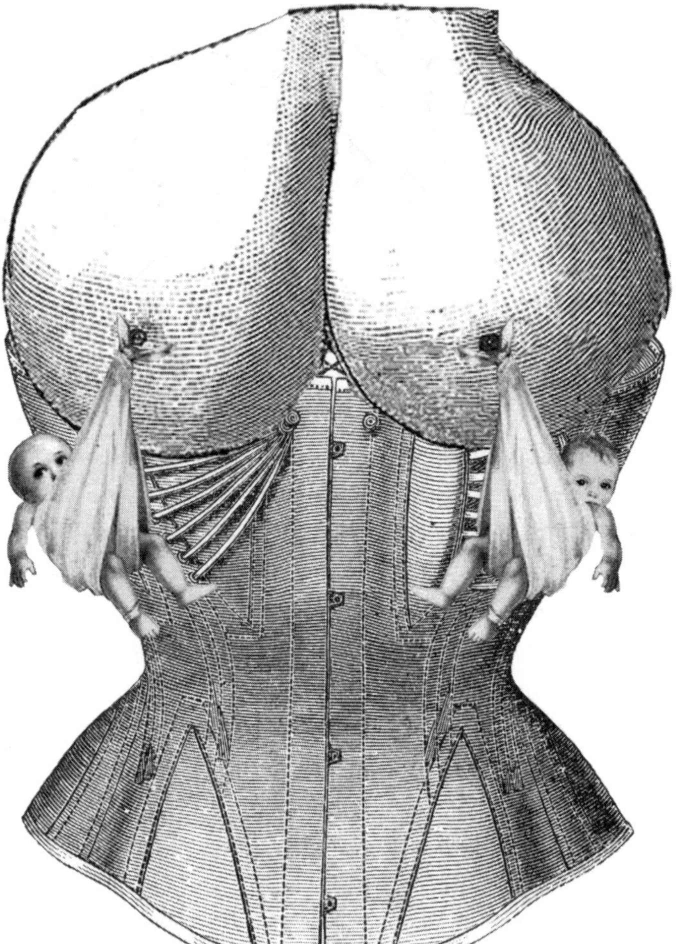

Industrie et légendes du lait nourricier

Emmanuelle Romanet-Da Fonseca

Emmanuelle Romanet-Da Fonseca est historienne et chargée d'enseignement à l'Université catholique de Lyon (UCLY). Elle aborde un sujet essentiel depuis l'Antiquité, celui de l'allaitement par les nourrices.

Je me suis d'abord intéressée aux enfants abandonnés, parce qu'à Lyon se trouvent de très belles archives des Hospices Civils, qui se sont occupés de ces enfants pendant des siècles. Finalement, ils n'étaient pas gardés dans l'institution, dans le centre de la ville ; ils étaient placés très rapidement à la campagne. Voilà comment j'ai découvert ce monde des nourrices qui m'a passionnée.

Dans le code d'Hammurabi, qui date d'environ 1750 av. J.-C., les juristes babyloniens statuaient déjà sur l'allaitement : « Une nourrice qui n'allaite pas assez un nourrisson qui lui est confié et cause sa mort aura son sein tranché. » On constate l'intérêt pour l'allaitement, le « nourrissage », comme on l'appelait aussi.

Le lait et le sang

Le lait maternel est un aliment à part. Dans l'Ancien Testament, le lait et le miel symbolisent la Terre promise. Le lait fait partie, avec le sperme et le sang, de ce qu'on appelle les grandes humeurs du corps humain, et on lui accorde de puissants pouvoirs – je ne sais pas s'ils sont magiques, mais ils sont attestés. Dans la mythologie, on estime qu'un enfant peut avoir un destin singulier grâce à ce lait : tout le monde connaît la légende de Romulus et Remus, allaités par une louve, et leur destin de fondateurs de Rome.

On considère aussi que le lait va donner une parenté symbolique à des enfants allaités par une même femme, d'ailleurs, ces frères et sœurs « de lait » n'auront pas le droit de se marier entre eux, puisqu'ils sont considérés comme des frères et sœurs « de sang ».

Depuis l'Antiquité et jusqu'au XVIIe siècle, le lait a été décrit comme du sang transformé. La fabrication du lait est longtemps restée un mystère. On pensait que le lait était du sang cuit et blanchi. On s'était imaginé que le sang qui nourrit le bébé *in utero* montait dans les seins des femmes après l'accouchement, qu'il était cuit – on nomme cette cuisson « coction » –, devenait ensuite blanc et nourrissait l'enfant nouveau-né.

La médecine moderne rejeta cette idée. Les médecins du XIXe siècle considéraient qu'il y avait une continuité biologique entre la grossesse et l'allaitement, et que la femme devait allaiter puisque c'était la suite de sa grossesse. Adolphe Pinard, célèbre obstétricien et père de la puériculture, aura cette maxime, bien souvent répétée : « Le lait de la mère appartient à l'enfant. »

Lait impérial

Les femmes romaines de haut rang achetaient des esclaves chargées de nourrir leurs bébés. Les femmes plus modestes, quant à elles, se rendaient au *forum lactarium*, une sorte de marché où, près de la Colonne lactaire, on louait les services de nourrices. Jules César, alors qu'il parcourait la ville, se serait étonné : « Les Romaines n'allaitent-elles plus leurs enfants, qu'elles n'ont au bras que des petits chiens ? » On reconnaît déjà cette forme de jugement selon lequel les femmes « ne font plus leur travail de mères ». Dans les siècles qui suivent, on trouvera toujours un gouvernement, un État, qui s'intéressera à cette question de l'allaitement.

Derrière la question de l'allaitement se pose celle de la mortalité infantile, de la surmortalité en cas de mise en nourrice et, évidemment, de la natalité, donc de la croissance démographique. Du point de vue de ses dirigeants, un pays est fort quand sa population est importante. Aussi la question de l'allaitement a-t-elle toujours intéressé le pouvoir, qui a sans cesse statué sur ces questions. Puisque le lait est considéré comme un transmetteur, il est crucial qu'il soit de bonne qualité et ne soit pas porteur de maladies. On dit que l'empereur Titus avait été allaité par du lait pourri, si bien qu'il avait passé sa vie entière en souffrance. Il était donc capital que la nourrice soit en bonne santé.

Louis XIV, quant à lui, est né avec ce qu'on appelait à son époque une « bouche meublée ». Il avait deux incisives à la naissance, ce qui n'est pas si rare. Neuf nourrices se sont succédé, parce qu'il leur déchirait les seins avec ses dents. Ce qui est intéressant dans cette histoire, c'est l'interprétation politique de la voracité du futur roi ; on a dit que les pays voisins de la France pouvaient trembler parce que cela présageait de l'aspect belliqueux du futur monarque… Louis XIV prendra plus tard une ordonnance sur l'allaitement en 1715, qui interdit aux nourrices, en cas de grossesse ou de maladie, de prendre des enfants pour les allaiter, sous peine de fouet et d'amende.

Les enfants placés au XIXe siècle

Le XIXe siècle marque l'apogée de l'allaitement par les nourrices : on parle alors d'allaitement mercenaire et de réelle industrie. Pour donner quelques chiffres : à Paris, dans les années 1890, 30 % des bébés sont placés en nourrice, sans compter les enfants qui ont une « nourrice sur lieu », c'est-à-dire à domicile, pour lesquels il est plus difficile de collecter des chiffres. Le phénomène est encore plus prononcé à Lyon, où 48 % des nouveau-nés sont confiés à une nourrice. Dans cette ville, à la fin du siècle, ce chiffre atteint le taux record de 65 % d'enfants placés en nourrice, à la campagne.

D'autres chiffres de l'époque sont encore plus effrayants : ceux de la mortalité infantile. On peut même parler de surmortalité infantile : à la fin du XIXe siècle, 71 % des « Petits Paris », les nourrissons parisiens placés en nourrice, n'atteignent pas l'âge de un an. Quelquefois, ils n'arrivent même pas jusque chez leur nourrice. Ils font le voyage avec des meneurs ou des meneuses. Dans *Fécondité* (1899), Émile Zola parle avec indignation des meneurs qui transportent les enfants dans d'immenses paniers, sans ménagement, comme des marchandises. Il écrit : « Il fallait voir dans les trains quel entassement de pauvres êtres qui criaient de faim. L'hiver, surtout par les grandes neiges, cela devenait pitoyable tant ils grelottaient, bleus de froid, à peine couverts de maillots en loques. Souvent, ils en mourraient. »

Comme on peut l'imaginer, les conditions d'hygiène dans les campagnes au XIXe siècle sont exécrables. À la ferme, les nourrissons sont évidemment au contact du fumier, des animaux, qui, parfois, occupent l'unique pièce à vivre. On sait aussi que les nourrices ne font pas cela pour le plaisir mais contre une rémunération ; elles peuvent s'absenter, partir ramasser du bois, laissant les bébés livrés à eux-mêmes. Il arrive alors qu'elles les suspendent à côté de la marmite près de la cheminée pour qu'ils ne se brûlent pas en leur absence. Les animaux, quant à eux, viennent parfois lécher, voire dévorer les enfants.

Nous disposons de très belles archives (archives des Hospices Civils de Lyon) qui relatent les inspections des hospices dont le rôle est de placer les enfants abandonnés. Les rapports de médecins nous décrivent la situation : il est fait mention d'enfants mordus, blessés. Les conditions dans lesquelles ils vivent sont extrêmement difficiles.

À ce type de danger s'ajoute la maladie. Les nourrices n'appellent pas les médecins quand les enfants sont souffrants, préférant les soigner elles-mêmes pour ne pas dépenser d'argent, ce qui augmente encore la mortalité infantile.

Quand un enfant placé meurt, il arrive que la nourrice ne soit pas rémunérée, ou qu'on ne lui propose plus de nouvelles gardes d'enfants. Mais c'est le seul « risque » encouru. Très souvent, la nourrice a son propre bébé qu'elle allaite aussi, et l'enfant placé n'est alors pas assez nourri : on complète son alimentation par du lait animal ou des bouillies ; une alimentation inadaptée aux nourrissons. S'ensuivent des diarrhées, des infections et des décès.

Certes, les biberons existent déjà, mais il faut attendre Pasteur et la stérilisation pour avoir un biberon sain. Auparavant, on enroulait les becs des biberons dans des sortes de torchons qui faisaient office de tétines. De plus, le lait est très vite contaminé par les bactéries. Or, à cette époque, le lait stagnait dans les biberons. Dans ces conditions d'hygiène inadéquates, l'équipement s'infectait très vite ; les enfants tombaient malades et nombre d'entre eux mouraient très rapidement. Au XIXe siècle, on qualifie donc le biberon d'« engin de mort ».

Lait et transmission

Au IIe siècle, le médecin grec Soranos d'Éphèse expliquait déjà qu'il fallait qu'une nourrice soit sensible et paisible, afin de retrouver ces qualités dans son lait. Au XIXe siècle, on rencontre toujours cette croyance dans les « guides » où l'on explique que, si la nourrice est bornée ou peu intelligente, son lait va « épaissir l'intelligence » du nourrisson.

On retrouve cette conception du lait comme vecteur de transmission chez Stendhal qui, dans *Mémoires d'un touriste* (1854), écrit : « Cet ensemble d'habitudes et de manières de voir qui vous émerveille dans votre enfant, et que vous appelez son caractère, lui est donné d'abord par sa nourrice. » On a longtemps considéré que le lait transmettait les vices et les qualités et qu'ainsi il fallait bien choisir sa nourrice. Cette croyance a donné lieu à toute une littérature.

On rencontre encore cette idée dans un texte intitulé « Les Nounous », où Alphonse Daudet écrit : « Quand Nounou pleure, les sangs tournés font le lait aigre. » À la lueur de ce texte qui figure dans *La Jeune Mère* (1889), on voit combien il est important que la nourrice soit dans de bonnes conditions et d'humeur égale. Cette expression « lait aigre » s'employait aussi spécifiquement pour parler des femmes rousses. On leur prêtait un lait aigre qui risquait de donner des diarrhées aux bébés et on ne les choisissait donc pas comme nourrices. Un autre stéréotype répandu voulait que les femmes brunes aient un lait de meilleure qualité que les autres.

Nourrices sur lieu

Les nourrices venues du Morvan étaient très recherchées pour la qualité de leur lait. C'est intéressant, parce qu'en venant s'installer à Paris, elles permettaient à leurs familles d'acheter des prés, des bois et des biens, notamment des maisons qu'on appelait des « maisons de lait ».

Au XIXe siècle, le docteur Charles Monot s'alarme de la situation à l'échelle des dix communes de son canton dans la Nièvre. La majorité des morvandelles venant d'accoucher – près de 75 % – partent pour Paris ; elles quittent leurs maris pour devenir nourrices. Elles emmènent avec elles leurs nourrissons, le temps de trouver une place, et elles les renvoient ensuite avec un meneur. Ces nourrices demeurent chez leurs employeurs entre douze et dix-huit mois. Cette situation était évidemment dramatique pour les familles. À cette époque de l'allaitement mercenaire, la « nourrice sur lieu » se généralise, puisque la bourgeoisie urbaine cherche à imiter l'aristocratie, un milieu dans lequel on n'allaite traditionnellement pas ses enfants. En outre, en prenant une nourrice à la maison, on peut la surveiller.

Pourtant, au XVIIIe siècle, les Lumières avaient beaucoup expliqué aux femmes que ce n'était pas bien d'allaiter d'autres enfants que les leurs. Rousseau, en particulier, était très virulent à ce sujet. Il alla jusqu'à affirmer, dans *Émile, ou de l'éducation* (1762), qu'une femme qui allaite l'enfant d'une autre n'est en aucun cas une vraie mère et que, si les femmes allaitaient leurs propres enfants, la société irait beaucoup mieux. Mais les Lumières n'ont pas du tout convaincu les femmes de l'époque. Il y a bien eu la mode dite « de la mamelle », en usage à la Cour, où les femmes se faisaient apporter leurs enfants pour leur donner le sein. Mais il ne s'agissait que d'une mode, un phénomène passager, et l'usage s'est perdu.

En revanche, les philosophes des Lumières ont bien fait comprendre l'importance de surveiller les nourrices. Avoir une nourrice à la maison est moins dangereux pour l'enfant. Plus la nourrice est éloignée de la ville, moins on va payer cher la mise en nourrice de son enfant, mais la possibilité d'exercer une surveillance sera moindre, car on ne voyageait pas facilement à cette époque. Aussi, à la naissance de Berthe, l'Emma Bovary de Flaubert place-t-elle sa fille au bout du village, chez la mère Rollet, la femme du menuisier.

Le morceau de la nourrice

Les nourrices « sur lieu », qui venaient à domicile s'occuper des enfants, étaient très bien traitées. On trouve même des nourrices suralimentées, au point que certains médecins étaient contraints de mettre en garde les familles en disant : « Attention, arrêtez de la gaver ! » Une expression est même restée dans le langage populaire, le « morceau de la nourrice », qui désignait le meilleur morceau d'un plat.

L'allaitement se déroulait dans l'intimité familiale. En revanche, ce qui n'était pas du tout intime, c'était l'expérience de la nourrice venue chercher une place dans une grande ville comme Paris. Elle passait par un bureau de placement, expérience difficile où elle devait se soumettre à l'examen de médecins, qui lui palpaient les seins et goûtaient même son lait. Puis les parents venaient la choisir, un peu comme sur un marché aux bestiaux. Les sages-femmes et les médecins jouaient d'influence, forts de leur compétence en matière de santé, pour conseiller les parents en quête d'une nourrice.

Les mères de remplacement

Ce sont les mères qui sont remplacées par les nourrices. Il y a même eu en 1901 une pièce de théâtre d'Eugène Brieux, intitulée *Les Remplaçantes* et jouée au Théâtre Antoine, dont le succès fut tel qu'elle fut novélisée en 1902.

Nous disposons de magnifiques gravures qui représentent des nourrices allant promener des bébés dans les parcs à Paris ou à Lyon. Elles étaient très souvent courtisées par les soldats, car, choyées par les familles qui les employaient, elles étaient plutôt joliment habillées, avec de beaux rubans. Néanmoins, elles étaient aussi très surveillées. En effet, il y a un interdit, un tabou qui persiste au cours des siècles, peut-être même jusqu'au début du XXe siècle : on ne doit pas avoir de rapports sexuels lorsqu'on allaite. Notre médecin grec, Soranos d'Éphèse, déclarait à ce propos qu'il fallait choisir entre le rôle de mère et celui d'épouse. On interdit donc aux femmes qui allaitent d'avoir des rapports sexuels. Les nourrices employées dans les milieux bourgeois étaient très surveillées aussi pour cette raison. Il en allait de même pour toute épouse qui allaitait – et les femmes allaitaient bien souvent jusqu'au troisième ou au quatrième enfant.

Ce n'est que lorsque l'enfant avait sa première dent (ce n'était pas valable pour Louis XIV !) que le mari pouvait « faire valoir ses droits » et avoir de nouveau des rapports sexuels avec sa femme. Les femmes redevenaient alors des épouses et plus seulement des mères de nouveau-nés.

Cet interdit a beaucoup contribué à la mise en nourrice. En effet, le mariage chrétien décrète que les époux doivent se jurer fidélité ; aussi, pour ne pas risquer de commettre l'adultère, le mari incitait-il bien souvent sa femme à prendre une nourrice pour que la vie intime du couple puisse renaître. Les nourrices, quant à elles, ne vivaient pas avec leurs propres enfants. Ils étaient renvoyés chez eux non sevrés, dès lors que leur mère était choisie dans le bureau de placement. Ce qui entraînait de nombreux décès.

L'allaitement aujourd'hui

Aujourd'hui, on promeut de nouveau l'allaitement maternel. Les derniers chiffres à ce sujet montrent que 74 % des mères allaitent leur nouveau-né à la maternité. Ce pourcentage diminue avec la reprise du travail. Il y a une vraie pression aujourd'hui pour allaiter. Les études scientifiques montrent que c'est meilleur pour la santé du bébé, que le QI de l'enfant allaité serait même supérieur…

L'OMS est favorable à l'allaitement et bon nombre d'associations le soutiennent, si bien que l'on constate parfois une dérive : selon un article récent, de plus en plus de femmes qui ne peuvent ou ne veulent pas allaiter elles-mêmes passent des petites annonces, en quête d'une nourrice qui allaiterait à leur place. Or cela est très dangereux, car le lait peut toujours transmettre des maladies. Ce n'est plus la syphilis, comme au XIXe siècle, mais plutôt le sida, ou d'autres infections.

Contrairement à ce qui se pratique encore en Angleterre, l'allaitement ne fait plus partie des missions des nourrices françaises de nos jours, et leur profession est bien encadrée. Si elle est moins intrusive, la législation reste abondante. En même temps, les personnes qui s'occupent de jeunes enfants à domicile ne respectent pas nécessairement à la lettre les réglementations en vigueur.

On trouve encore des nourrices à domicile en France, dans les milieux très aisés, en vertu du schéma social qui existait déjà au XIXe siècle : seule la femme aisée, issue de la noblesse ou de la grande bourgeoisie, pouvait se permettre de faire appel aux services d'une nourrice à domicile, une « nurse » comme on les appelle aujourd'hui dans certains milieux, chargée de s'occuper des petits enfants, parfois de jour comme de nuit. Mais elles n'allaitent plus.

WIMPY

Le hamburger, un sous-produit du travail des femmes

Jacques Borel

Jacques Borel est une légende. Né le 9 avril 1927, fils d'un ingénieur, polytechnicien et chômeur victime de la crise de 1929, le jeune Borel a connu la guerre, il a même servi de courrier pour la Résistance. En 1950, fraîchement sorti d'HEC, il devient premier vendeur chez IBM France, dont son père est devenu président.

Précurseur en matière de centrale d'achat et de restauration collective, il lance le premier restaurant d'hamburgers, puis les Restoroutes et la chaîne Novotel… Jacques Borel International est à l'origine du groupe Accor… Le Ticket-Restaurant, c'est encore lui… Si Borel répète depuis plus de soixante ans que « le hamburger est un sous-produit du travail des femmes », c'est qu'il voit le monde changer. Plus le temps de préparer les bons repas d'antan…

Le 31 mai 1961 à Paris, entre la Bourse et l'Opéra, dans la France de Salut les copains, *du général de Gaulle et de la guerre d'Algérie, Jacques Borel inaugure son premier Wimpy, « le café de l'an 2000 », un repas* cheap *et chaud. Le* show *est dans la salle, les serveuses sont jolies comme dans* American Graffiti *et, chez Borel, « on ne mange pas à mangeoire ». Les sièges créés par un jeune designer de génie, Roger Tallon, sont aujourd'hui exposés au musée des Arts décoratifs.*

Jacques Borel, présenté par la presse de l'époque comme l'ennemi public n° 1 de la cuisine française, est surtout un entrepreneur visionnaire, un travailleur infatigable, fasciné par la logistique du débarquement en Normandie. Au garde à vous dans son uniforme trois pièces de manager tout droit sorti de la série Mad Men, *sa poigne de fer vous saisit, son œil cabossé transperce d'épaisses lunettes – un terrible accident de voiture a failli anéantir toute sa famille. Plusieurs fois riche et ruiné, héros homérique d'une Amérique rêvée, ce catholique éprouvé évoque son aventure et ses rencontres avec Eddie Gold, le créateur de Wimpy, et Ray Kroc, l'homme qui a fait de McDonald's le premier restaurateur de la planète et le créateur de l'Université du hamburger.*

Naissance du fast-food dans le Chicago de la Grande Dépression

Dans *La Vie facile* (1937), le film de Mitchell Leisen écrit par Preston Sturges, l'actrice Jean Arthur découvre les automates des premiers fast-foods. Le lien entre le fast-food et la Grande Dépression est un lien absolument direct, puisque le créateur des Wimpy, Eddie Gold, s'est trouvé sans travail au début des années 1930. Sans moyens de subsistance, il s'est mis à vendre des hamburgers sur les trottoirs de Chicago. Il a remarquablement réussi, ce qui lui a permis d'ouvrir une première boutique quelques mois plus tard.

À l'époque, la viande devait voyager vivante. Le temps du voyage était très important : plus il était court, mieux c'était. Chicago est alors devenue la capitale de l'alimentation et de la viande en particulier, puisque les animaux arrivant à Chicago étaient abattus, transformés en carcasses et, de là, envoyés dans le reste des États-Unis. Il faut savoir que seulement un tiers de la viande est réellement comestible immédiatement ; pour pouvoir manger le reste, il faut soit la hacher, soit la faire cuire pendant deux à trois heures. Tant que les femmes restaient à la maison, ce qui était le cas dans la génération de ma mère, elles avaient le temps de faire cuire le bœuf miroton, le pot-au-feu, le bœuf bourguignon, etc., pendant trois heures et plus. À partir du moment où les femmes ont commencé à travailler, elles n'ont plus eu le temps de réaliser une si longue cuisson. Il ne restait plus que la première option : hacher la viande. C'est pour cette raison que je dis et affirme que le hamburger est un « sous-produit » du travail des femmes.

Par ailleurs, dans mon enfance, nous étions sept enfants à la maison et nous n'avons mangé au restaurant que deux fois en vingt ans. Aujourd'hui, les enfants vont au restaurant toutes les semaines. Autrement dit, le développement de ces chaînes bon marché a permis aux femmes qui travaillent de pouvoir, le mercredi, emmener leurs enfants chez McDonald's, Burger King ou chez Kentucky Fried Chicken, à partir du moment où elles ont eu les moyens financiers de le faire, alors que, dans mon enfance, les restaurants étaient très chers.

L'idée d'un Wimpy à la française

J'étais en classe de septième en 1936 et, dans les illustrés qui traînaient sur les tables de l'école, il y avait *Popeye*. Popeye mangeait des épinards et Gontran (Wimpy en anglais) mangeait des hamburgers. Il avait une moustache tout à fait remarquable, et un ventre tout aussi remarquable. Il aimait manger beaucoup de hamburgers, mais pas les payer : il voulait qu'on les lui offre. Beaucoup de gens apprécient en effet ce qu'on appelle en anglais un *« free dinner »* : *« There ain't no such thing as a free lunch ! »*

Au début des années 1960, j'étais très lié avec la chaîne J. Lyons, les « Lyons Tea », en Angleterre. Et J. Lyons avait le *« master franchise »* de Wimpy pour toute l'Europe. J'avais déjà une petite boucherie pour mes restaurants, qui traitait six bêtes par semaine (plus tard, ce serait cinq cents !). Et, à l'époque, l'équilibre entre les steaks qui m'étaient réclamés par la clientèle dans les restaurants en libre-service et le reste de la viande n'était pas établi. Il fallait absolument que j'arrive à vendre le reste de la viande, sinon ce n'était plus possible économiquement. Et c'est à ce moment-là que je suis allé rendre visite aux gens de J. Lyons à Londres en leur disant : « Vous n'avez pas développé Wimpy en France, parce que vous pensez que les Français sont des gourmets qui ne mangeront jamais de hamburgers. Eh bien, moi, je pense qu'il y a le marché pour des hamburgers parce que, à pouvoir calorifique égal, vous aurez un prix qui sera le tiers ou le quart de ce qu'est le prix d'un steak. Et je suis sûr que Wimpy réussira ! »

J'ai négocié avec les gens de J. Lyons à Londres. Pendant six mois j'y suis allé tous les jeudis, j'ai fini par obtenir satisfaction et, de là, je me suis rendu à Chicago pour rencontrer le créateur des Wimpy, Eddie Gold. Malgré son âge – il devait approcher des quatre-vingts ans –, il était toujours très actif. Eddie Gold était quelqu'un de très intelligent, de très perspicace, de très soucieux du client et de la qualité du produit… Un type formidable !

« Les Français ne mangeront jamais de hamburgers » (Ray Kroc)

Il y a tous les ans au mois de mai, à Chicago, une immense foire pour tous les produits et matériels de la restauration et de l'hôtellerie. Je m'y étais rendu pour mes Wimpy et les organisateurs de cette manifestation ont trouvé intéressant de m'asseoir, au grand banquet de clôture, à côté de Ray Kroc, l'homme qui a fait de McDonald's le premier restaurateur du monde. Nous avons discuté et c'était passionnant. À la fin du dîner, nous avons échangé ces mots :

« *Jacques, you're a nice guy*, je vais vous rendre un grand service ! N'ouvrez pas vos restaurants, les hamburgers, ça ne marchera pas à Paris.

– Pourquoi ? lui ai-je demandé.

– Eh bien, parce que les Français sont des gourmets et qu'ils ne mangeront jamais de la nourriture américaine !

– Merci beaucoup pour le conseil ! ai-je répondu.

– Vous n'allez donc pas ouvrir ce Wimpy ?

– Au contraire, je vais l'ouvrir ! Mais je vous remercie d'être dans cet état d'esprit parce que, vous, patron de McDonald's, avec toute la force que vous représentez, le plus tard vous ouvrirez en France, le plus longtemps vous me ficherez la paix ! » ai-je rétorqué.

J'ai eu dix-huit ans d'avance sur McDonald's en France.

Le premier restaurant Wimpy ouvrit ses portes rue du Quatre-Septembre à Paris. On y servait des burgers à la minute, réalisés sous les yeux du client par un cuisinier coiffé d'un bob en papier. Un petit pain rond, un steak haché grillé, quelques oignons qui dorent tranquillement sur une plaque, des frites (toujours bien chaudes et toute la journée !), un milkshake… Sur la table : un bidon de ketchup, un pot de moutarde et une télécommande pour allumer le jukebox. Le petit pain rond, le *bun*, existait depuis longtemps aux États-Unis, depuis un siècle. Et ce *bun* a été considéré comme plus approprié pour confectionner le hamburger que des « toasts ». De même que vous avez un pain spécial pour les hot-dogs, à la forme longue et arrondie, de même ce *bun*, pour le hamburger, permettait de vendre plus de céréales que de viande ! Parce qu'il fallait nourrir les gens et que les céréales coûtaient moins cher que la viande. Autrement dit, la présence du *bun*, qui représentait trois à quatre fois le poids de la viande, était très importante : plus de 60 % du poids total ! Mais nous, dans les « Wimpy », nous n'avions pas de *bun* mou, nous toastions le *bun* de façon à lui donner de la consistance.

Ennemi public n° 1

Associer, comme on l'a longtemps fait, McDonald's à la malbouffe, le premier restaurateur mondial et le premier restaurateur français, c'est complètement idiot ! La réponse ne peut venir que du consommateur. Quand j'ai commencé dans la restauration, j'avais mille clients par jour… Vingt ans après, j'avais un million de clients par jour ! Autrement dit, tous les jours, un million de personnes

« votaient » en ma faveur. Et le reste, eh bien, ce sont des histoires… Des histoires intéressantes, amusantes et qui se colportent, mais qui font mal. Néanmoins, je suis quand même passé de mille clients par jour à un million. Lorsque *France-Soir*, à l'époque premier quotidien français, titra « Les Français ne mangeront jamais de hamburgers ! » et huit jours plus tard « Jacques Borel, l'ennemi public numéro un », cela m'a fait une publicité monstre !

Le hamburger, une révolution française

Le hamburger était déjà une révolution pour la France, et je n'ai pas voulu faire deux révolutions en même temps, c'est-à-dire faire défiler les clients à la caisse pour qu'ils passent leur commande et aillent ensuite à leur table. J'ai pensé qu'il fallait les servir. Cela coûtait 12 à 14 % plus cher, mais j'étais convaincu que, sur le plan marketing, c'était indispensable. Et ce fut l'un des facteurs du succès. Si bien que, pendant les dix-sept années où j'ai fait tourner Wimpy en France, nous avons servi les consommateurs à table ! Ça nous permettait de donner le choix entre des hamburgers saignants ou des hamburgers à point – ce qui était, du point de vue du goût et aussi du marketing, une différence extrêmement importante –, avec ou sans oignons, pour ceux qui ne les aiment pas, avec ou sans ketchup et moutarde. Et il y avait des boules, rouges pour le ketchup et jaunes pour la moutarde, qui permettaient au client d'ajouter le ketchup et la moutarde à sa guise. Autrement dit, il y avait chaque fois un produit qui était adapté à ce que voulait le consommateur.

La viande, élément central de la concurrence des chaînes

Quand une viande a perdu une partie de son sang, elle perd une partie de son goût, c'est évident. Autrement dit, vous avez besoin de compenser cette perte de goût par l'épice. Avec l'autorisation du ministère de la Santé, nous l'avions ajoutée dans le « Wimpy ». Chaque chaîne cherche à développer son propre goût. Et pour ce faire, soit elle ajoute des épices, soit elle ajoute des légumes, des salades de toutes les couleurs et de toutes les formes et de tous les goûts... Et chacun essaie de se différencier des autres!

Certaines chaînes de hamburgers, comme celle de Five Guys par exemple, qui s'est beaucoup développée aux États-Unis et aujourd'hui en Europe, vendent un hamburger plus du double du prix de celui que l'on achète chez McDonald's. Où l'on voit que le prix n'est donc pas le seul critère d'achat. La clientèle cherche quelque chose de différent, qui ait plus de goût, et elle est prête à payer plus cher pour l'obtenir. Mais le véritable marché se trouve dans le bon marché, ne nous y trompons pas! Avec de la viande d'excellente qualité. Pourquoi est-ce que la viande hachée serait de mauvaise qualité? Elle provient des muscles entiers du bœuf et présente la même qualité que le steak sorti d'un filet de bœuf.

Un problème se pose cependant à partir du moment où la viande est cuite d'avance, ce qui n'était pas le cas du hamburger « Wimpy », puisque nous avions le « Wimpy » saignant et le « Wimpy » à point. Aujourd'hui, la viande des hamburgers est toujours cuite à point, alors évidemment, les personnes qui ne l'aiment pas ainsi n'ont pas ce qu'elles attendent! La différence de prix si vous voulez avoir de la viande saignante et de la viande à point est de l'ordre de 12 à 15 %. C'est une différence considérable! C'est la raison pour laquelle je dis que, pour le marché de base, en ce qui concerne le hamburger, le prix est une des données importantes.

Quand je suis allé pour la première fois aux États-Unis, en 1948, toutes sortes de chaînes existaient déjà... Il y avait les White Castle par exemple, qui vendaient des hamburgers à un *nickel* de cinq cents. C'était la chaîne d'Edgar Waldo Ingram, le « Henri Ford des hamburgers », qui s'enthousiasmait dans le bulletin de sa société: « Lorsque l'on mentionne le mot hamburger, on pense immédiatement aux cirques, aux carnavals, aux foires régionales et même aux petits bouges crasseux et mal éclairés des bas-quartiers de la ville. L'ère du hamburger graisseux est révolue. Nous n'aurons plus jamais le privilège de goûter au hamburger seulement au cirque et au carnaval, car un nouveau système est né, le système White Castle ! »

Du Wimpy au musée des Arts décoratifs

Toute l'image que l'on a d'un produit que l'on va consommer passe d'abord par celle du restaurant. Il faut bien comprendre que le client voit l'architecture d'un restaurant avant de découvrir le produit. Dans un premier temps, il faut réussir à le faire entrer. L'architecture joue donc un rôle essentiel. Pour les Wimpy, j'ai demandé à Daniel Tallon de se charger de l'ameublement. Les sièges Wimpy sont désormais exposés au musée des Arts décoratifs. Il y a une évolution à la fois du produit, de l'architecture et de la décoration qui suit l'évolution des mœurs modernes et, évidemment, c'est quelque chose de passionnant à suivre ! Aujourd'hui par exemple, les arches d'or de McDonald's se parent des couleurs du bio.

C'est encore une approche marketing, parce qu'il était évident qu'attirer les familles multipliait par quatre ou par dix le potentiel de ventes. Ray Kroc comprenait le client et quel produit il fallait lui donner pour l'attirer et, surtout, le fidéliser. Il se mettait à la portée des clients. Après avoir vu ce que faisaient les frères McDonald à San Bernardino en Californie, il a anticipé le développement gigantesque des fast-foods qu'il y aurait dans tous les États-Unis et dans le monde, parce que c'est ce dont avaient besoin les consommateurs. Il a même créé l'Université du hamburger.

Monsieur TVA

J'ai passé le tiers de ma vie à négocier des changements de taxes, parce que, dans tous les pays où je voulais implanter une entreprise de restauration, la fiscalité était la fiscalité pour la restauration d'avant-hier… et il fallait avoir une fiscalité qui soit la fiscalité de demain. Quand j'ai rencontré Maurice Lauré, l'inventeur de la TVA, je lui ai dit : « Les services à l'heure actuelle ont une taxe locale qui est totalement imbécile. Il faut que l'on mette la TVA, qui est la taxe de l'industrie, dans les services ! » Et Maurice Lauré a immédiatement compris ; il m'a emmené en discuter chez Antoine Pinay, alors ministre des Finances. C'est avec le troisième ministre des Finances, Giscard d'Estaing, que nous avons finalement appliqué la TVA en France. Et comme la TVA était trop élevée, je me suis battu pour la faire baisser d'abord de 15 % à 6 % en 1967, pour les hôtels et pour la restauration collective. Il m'a fallu ensuite quarante-deux ans de plus d'efforts pour l'appliquer aux restaurants. Et c'est un facteur de développement gigantesque ! Parce que, au fur et à mesure que la main-d'œuvre passait de 30 % à 40 %, il fallait bien que les taxes baissent de 20 % à 10 % pour compenser, sinon le système n'était plus viable !

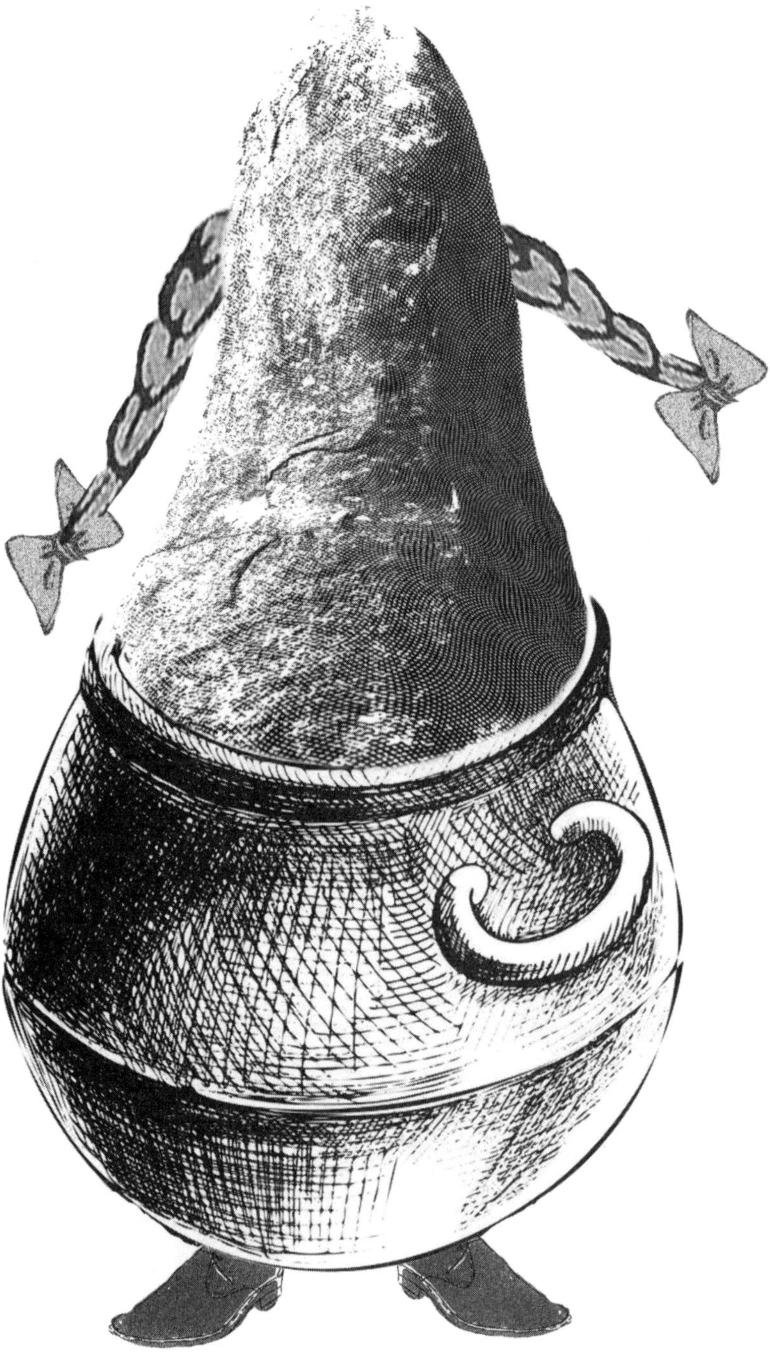

Le ventre d'Obélix

Nicolas Rouvière

Nicolas Rouvière est maître de conférences en littérature à l'Université Grenoble-Alpes. C'est aussi un passionné des aventures d'Astérix le Gaulois. Il est l'auteur de Astérix ou les lumières de la civilisation *(Presses universitaires de France, 2006), une lecture politique et anthropologique d'Astérix, matinée de psychanalyse. Il a publié également* Astérix ou la parodie des identités *(Flammarion, 2008) et* Le Complexe d'Obélix *(Presses universitaires de France, 2014).*

Les aventures d'Astérix et Obélix débutent en 1959, en même temps que le journal Pilote. *Le premier album,* Astérix le Gaulois, *écrit par René Goscinny (1926-1977) et dessiné par Albert Uderzo (1927-2020), est publié en 1961 par Dargaud, à la demande des auteurs qui constataient le succès de ces histoires auprès des lecteurs du journal.*

Dans *Astérix*, la nourriture et la gourmandise sont en général rattachées à l'hédonisme, et au partage. Depuis la fin du XIXe siècle, c'est l'un des stéréotypes culturels positifs du mode de vie prêté aux Gaulois, ce qui se traduit à la fin de chaque aventure par d'emblématiques banquets. Mais le thème peut aussi avoir un versant négatif, lorsque la dévoration indique la perversité du lien à l'autre, ou bien lorsque le trop-plein signale malaises individuels et dérives collectives. Au cœur de cette ambivalence se trouve un personnage connu pour son insatiable appétit : Obélix. Or, lorsqu'on sonde ce dernier, une profondeur symbolique se révèle.

Obélix, une marmite sur pattes

Le corps d'Obélix évoque par sa forme une marmite sur pattes, avec un tronc qui dépasse et des bras qui épousent les contours du récipient. Le fantasme d'incorporation, le désir du plein et le rapport au ventre sont ainsi constitutifs du personnage.

Ce ventre a toujours un petit creux qu'Obélix ne cesse de vouloir combler : il ingurgite de préférence des sangliers, qu'il aime à la croque au sel ou rôtis, des huîtres par douzaines, qu'il ingère avec les coquilles, mais il dévore aussi à l'occasion de ses voyages de l'ours rôti ou du chameau « plus avantageux que le dromadaire, parce qu'il a deux bosses ». Dans ses bouchées à force giclées, il y a une certaine tension libidinale, quelque chose qui nous renvoie à une fixation orale évoquant le plaisir qu'éprouve l'enfant lorsqu'il est mis au sein. Mais la tension se transfère aussi à la main, c'est alors l'agrippement, l'embrassement.

Pour cet enfant pantagruélique, la cueillette et la chasse sont le prolongement direct de la dévoration. Dans la chasse, il n'y a finalement guère de différence entre les sangliers et les Romains qui sont décrits sur le mode de la friandise : on les déguste, on s'en régale, et on peut faire durer le plaisir en les secouant ; c'est plus long que l'expulsion à coups de baffes. Cependant la qualité du Romain, comme celle d'une pâtisserie ou d'un bonbon, peut laisser à désirer : parfois il se ramollit ou alors il persécute par son absence, lorsque l'on doit attendre l'arrivage de troupes fraîches. Les Romains sont constamment associés à des adjectifs gastronomiques. Tout un registre est convoqué : comme les huîtres, on les consomme par douzaine et après la deuxième on commence un peu à se lasser, au dire des villageois. Obélix dit avec mauvaise foi que les petits sont les meilleurs, et il demande à Astérix : « Oh, celui-ci est un peu gras, tu peux me le laisser ? » C'est une manière de dédramatiser la bagarre, qui devient une grande fête du goût, et d'en oublier la violence.

Un gros complexe

Obélix est une figure d'enfant ultra-sensible. Il a des complexes, des manques et manifeste un certain retard intellectuel. Il ne comprend jamais tout à fait ce qui se passe autour de lui et il faut toujours qu'on lui explique les choses ; en dépit de sa lourdeur d'esprit, il aime apprendre.

Obélix a besoin de réassurance en permanence. Lorsqu'il mange, tout se passe comme s'il cherchait à se remplir de confiance et d'amour. Il a besoin de l'affection de ses proches, de l'amitié d'Astérix. La « joyeuse bande de chouettes copains » est du reste très importante chez René Goscinny, qui en a fait l'un des adages du journal *Pilote*. Obélix a particulièrement besoin de l'amour de son petit chien qui est là pour le consoler, lui donner confiance. Il a besoin d'un miroir dans lequel il puisse voir une image positive de lui-même pour éviter une dévalorisation de soi, voire une forme d'effondrement.

Dans *Le Combat des chefs* (1966), alors qu'Astérix et Obélix sont en quête d'un psychothérapeute pour guérir Panoramix de sa perte de mémoire, Obélix est sur le divan du druide Amnésix. Ce dernier se méprend sur la raison de sa présence et lui dit : « Vous êtes gros et cette grosseur vous fait souffrir. » Obélix intériorise cette image et s'effondre moralement. De fait, son complexe principal tourne autour de la grosseur. L'adjectif « gros » tend à réifier le personnage, à former un tout. Obélix préfère dire qu'il est « enveloppé », autrement dit qu'il n'adhère pas totalement à son corps comme à une matière brute. Il suggère qu'entre lui et son ventre, entre lui et son corps, il demeure une forme de pli, de décollement. En somme, ne pas rester attaché ou collé au ventre de la marmite revêtirait pour lui un enjeu symbolique essentiel pour se construire comme sujet.

La chute dans la marmite et la seconde naissance d'Obélix

Dans un récit illustré publié dans un Super Pocket Pilote de 1965 *(Comment Obélix est tombé dans la marmite du druide quand il était petit)*, repris en album en 1989 par Uderzo, on découvre qu'Obélix, avant de tomber dans la marmite de Panoramix, était le bouc émissaire des enfants du village. C'était un petit garçon renfermé, apathique, solitaire. Il avait des difficultés à l'école et sombrait dans l'ennui. Bref, Obélix était une figure dépressive de mélancolique.

Astérix lui dit qu'il faut donner une leçon aux enfants du village : Obélix doit s'introduire dans la hutte du druide, boire un peu de potion magique et leur donner une bonne correction. Poussé par son ami, Obélix pénètre dans la hutte. Il est très impressionné par les grandes serpes suspendues, mais attiré par la rondeur maternelle rassurante de la marmite et par le fumet qui s'en dégage. Survient Panoramix ; Obélix tombe accidentellement dans la potion magique. Le druide sort Obélix tout mouillé de la marmite et le ramène à sa mère. Dans son dessin, Uderzo met en valeur une énorme serpe d'or suspendue à la ceinture du druide.

Cet épisode de sortie du ventre de la marmite est une scène de seconde naissance qui rappelle deux liturgies religieuses : celle du baptême, avec le symbole du bain et celle de la circoncision, avec la serpe. Obélix est désormais référé symboliquement non pas à une figure divine, mais à une figure institutionnelle du village qui relaie la fonction du père : son Papa-noramix en quelque sorte.

La figure du père est récurrente dans l'œuvre de Goscinny. Elle est inscrite par exemple dans le nom de Oumpah-Pah le Peau-Rouge, un personnage inventé en 1951 par Goscinny et Uderzo et qui préfigure celui d'Obélix.

Cette scène symbolique de seconde naissance éclaire plusieurs éléments clés des albums : la potion magique, le sanglier, l'arbre et le personnage d'Idéfix.

Le sang-lier, les racines et la question généalogique

Dans l'album *Astérix le Gaulois* (1961), on apprend que la potion magique a pour ingrédients le gui et les racines d'arbres, or les sangliers se nourrissent de racines. Dans *Le Tour de Gaule* (1965), Obélix explique ainsi que « les racines, c'est bon pour les sangliers et les sangliers, c'est bon pour nous ». La chaîne alimentaire est une chaîne symbolique qui nous renvoie à la question des racines, c'est-à-dire à la généalogie. En se délectant d'un sanglier, Obélix dit qu'il a « un arrière-goût à réveiller un mort ». Il faut prendre sa parole au sens propre. Il y a un arriéré qui ressurgit, une dette généalogique. Le sang-lier nous réinscrit dans la chaîne des filiations. Selon Freud, l'être humain doit une mort à la nature. Certains nous ont précédés, d'autres nous suivront. Obélix a besoin de cette vérité, il a besoin constamment de se nourrir de ce principe de limite, et c'est peut-être là le secret de sa force.

Idéfix, le chien d'Obélix, pleure quand les arbres sont déracinés. De fait, il apparaît comme une sentinelle du lien aux racines. Dans *Astérix en Hispanie* (1969), il veille aussi tout particulièrement sur Pépé, le petit Ibère kidnappé par César et délivré par les Gaulois. Le fils du chef Soupalognon y Crouton, Pépé, fait constamment allusion à son père. L'enfant dit avoir des ancêtres grecs, dont un certain « Périclès ». Cette référence est inscrite dans son prénom, qui est aussi le diminutif de « José » en espagnol, et celui de grand-père en français. Autrement dit, il porte en lui la référence à la chaîne des générations. C'est pourquoi Idéfix veille sur Pépé comme sur les arbres qu'il garde jalousement.

La potion magique : un principe de limite

La potion magique ne délivre pas la toute-puissance. Elle n'a que des effets limités et ne rend pas invulnérable. Dans un premier temps, elle apparaît nimbée d'une sorte de mystère occulte. Mais on s'aperçoit très vite, à travers un dégonflement burlesque, qu'il s'agit en réalité d'une simple recette de cuisine : un peu de fruits, d'herbes, de plantes, agrémentés de différents goûts, de homard, de pralines. Cette mixture est alors désacralisée.

Panoramix le druide la délivre uniquement si les personnages font preuve d'abnégation pour le bien d'autrui, s'ils acceptent la perte, le manque et renoncent à leurs fantasmes de toute-puissance. La potion symbolise l'acceptation des limites. C'est précisément cela dont Obélix a besoin pour se construire comme sujet : intégrer un principe de castration symbolique. Le fait qu'on lui dise non quand il en réclame vient renforcer ce principe fondateur. C'est ainsi que les baffes qu'il délivre grâce à la potion ont une valeur positive : en « baptisant » les Romains qu'il rencontre, il impose une limite au fantasme narcissique de toute-puissance. En expulsant les personnages dans les airs, il les fait décoller et les élève symboliquement.

La potion permet en particulier de modifier le lien au corps : cheveux qui poussent indéfiniment dans *Astérix le Gaulois*, colorations variées du visage dans *Le Combat des chefs*. À travers ces métamorphoses, les personnages ne peuvent plus adhérer au corps comme à une matière brute. Ils décollent physiquement au sens propre, comme le légionnaire Plutoqueprévus qui s'envole tel un oiseau, ou bien ils décollent mentalement au sens figuré, comme les Normands qui apprennent enfin la peur. Le corps prend statut d'image physique : lors des bagarres, il entre dans une composition esthétique aérienne (expulsion hors de l'image, clé de voûte en arc roman, ellipse, etc.). Le corps prend également statut d'image mentale : les personnages narcissiques, désormais couverts de bosses ou victimes de métamorphoses inopinées, ne peuvent plus adhérer à l'image rêvée qu'ils ont d'eux-mêmes.

Le collage à la marmite : un symbole négatif de non-limite

Mais la nourriture a aussi des versants négatifs. Il peut y avoir dans la dimension orgiaque un jeu sadomasochiste. On l'entrevoit chez les Romains dans *Astérix gladiateur* (1962), à propos de la confiture d'épluchures de saucisson ou des gencives de cancrelats de Mongolie dont se délectent les organisateurs des jeux du cirque sortis du *Satyricon*.

Cela est plus marqué encore dans *Astérix chez les Helvètes* (1970), à travers deux emblèmes négatifs de la non-limite. Le premier est une marmite remplie de tripes de sanglier frites dans de la graisse d'urus, que le gouverneur corrompu de Condate a fait apporter pour détourner les médecins du malade qu'il a empoisonné. La marmite devient un symbole meurtrier de toute-puissance, de parricide, voire de déicide : « Ces dieux qui se prennent pour de grands patrons, va falloir que ça change », dit un invité les mains maculées de sauce sanguinolente.

Dans le même album, la symbolique négative réapparaît sous la forme d'une marmite de fondue : tous les convives du gouverneur de Genève sont tellement englués de fromage qu'on ne les distingue plus. Le jeu sadique consiste à envoyer se noyer dans le lac le premier qui laisse tomber son bout de pain dans la marmite. Or tous semblent rêver d'y plonger, portés par une pulsion de mort.

L'argent a une odeur

Le motif de la nourriture peut aussi avoir un versant négatif chez les Gaulois. Dans *Astérix et le chaudron* (1969), contrairement à l'adage populaire, l'argent a une odeur : il sent la soupe à l'oignon. Le chef Moralélastix, bien qu'il fasse affaire avec les Romains, veut soustraire ses gains à l'impôt de Rome. Il verse ses pièces dans un chaudron et demande au village gaulois d'en assurer la garde. En réalité, c'est un piège : il dérobe l'argent pendant la nuit afin de se le faire rembourser par les Gaulois. Astérix qui a failli dans sa surveillance du chaudron est condamné au bannissement par le conseil du village. Obélix, quant à lui, trouve anormal que des sesterces soient versées dans un chaudron qui sent la soupe à l'oignon. Selon sa logique primaire implacable, il considère qu'il y a un mauvais usage du récipient.

Dans *Le Combat des chefs* (1966), Obélix en pleurs traînait une marmite vide, comme la doublure de son propre corps. Cette fois-ci, c'est Astérix, dans une image symétrique, qui traîne en pleurant son chaudron vide. Il doit admettre la perte, le déchirement, le sacrifice. Il doit accepter d'être utilisé comme monnaie d'échange, au nom du respect des valeurs du village.

Abraracourcix et de Gaulle, même combat ?

Dans *Le Bouclier Arverne* (1967), les maux du trop-plein prennent une dimension plus politique. Abraracourcix, à force de mangeailles, souffre de crises de foie. Symboliquement, le corps politique est malade. Et où Panoramix l'envoie-t-il en cure ? À Vichy.

L'embonpoint d'Abraracourcix est celui d'un gonflement, dû au refoulement de la défaite d'Alésia. Ce n'est donc pas un hasard si c'est à Vichy qu'il fait sa cure. Derrière la défaite d'Alésia, on pense à une autre défaite, celle de juin 1940 et à la collaboration avec l'occupant nazi. Ce qu'il faut dégonfler, c'est le mythe selon lequel toute la France aurait été résistante, ou encore le mythe selon lequel le gouvernement de Vichy n'aurait pas représenté l'État français. Pour Abraracourcix, la Gaule, c'est la Résistance, la Résistance, c'est le village gaulois, donc le village gaulois c'est la Gaule. La bataille d'Alésia est nulle et non avenue. De même, le 25 août 1944, lorsque Georges Bidault, président du Conseil national de la Résistance, demande au général de Gaulle de proclamer la République, celui-ci refuse :

> La République n'a jamais cessé d'être. La France libre, la France combattante, le Comité français de la Libération nationale l'ont tour à

tour incorporée. Vichy fut toujours et demeure nul et non avenu. Moi-même suis le président du gouvernement de la République. Pourquoi irais-je la proclamer ?

Charles de Gaulle, *Mémoires de guerre*, 1956.

Régime politique

En remontant la chaîne des propriétaires du bouclier de Vercingétorix, Astérix et Obélix vont découvrir différents degrés de compromissions, jusqu'à la mauvaise conscience qui taraude Alambix, marchand de vin et charbon auvergnat. La cure d'amaigrissement d'Abraracourcix est une régénération, lorsqu'est levé le refoulé. Aminci par son régime et porté en triomphe sur le bouclier arverne par Obélix devant une population réconciliée avec elle-même, Abraracourcix incarne désormais un pouvoir rajeuni, assaini et il s'en trouve grandi.

Pour conclure, le thème de la nourriture dans *Astérix* nous conduit du symbolisme généalogique à la construction de l'identité individuelle et collective. Sa dimension anthropologique et politique prend une résonance particulière lorsque l'on sait que René Goscinny a perdu trois oncles à Auschwitz et que ses grands-parents maternels sont décédés peu après avoir fui la zone occupée. C'est la force insondable de l'humour que d'opposer à la boucherie de l'Histoire une refondation des valeurs par le rire. Pour les lecteurs d'hier, d'aujourd'hui et de demain, *Astérix* constitue ainsi une potion plus que jamais indispensable.

Recettes rêvées et festins cannibales, gorestronomie et nourritures de survie

La bonne chair à canon du chef de pièce Guillaume Apollinaire

Laurence Campa

Laurence Campa est professeure à l'Université Paris Nanterre de littérature du XXe siècle. Écrivaine, elle est la biographe d'Apollinaire et l'éditrice de sa correspondance, ainsi que l'autrice de l'album Cendrars *dans la Pléiade. Blaise Cendrars qui évoquait, à propos d'Apollinaire, un gros mangeur, un gros buveur, doté d'un l'œil malicieux. À la fin de l'été 1915, Guillaume Apollinaire est chef de pièce. Il évoque, avec son humour le plus noir, le festin cannibale de cette terre de France labourée d'obus et de tranchées, aussi affamée que les soldats qu'elle dévore.*

Marmites et marmitage

Le chef de pièce est celui qui dirige le tir du canon de campagne, le canon de 75, la fierté de l'armée française. Les « marmites », en argot militaire, ce sont les obus. On parle de « marmitage » quand il y a un bombardement. Au fond, c'est peut-être une manière d'apprivoiser le danger, de le rendre moins terrifiant.

Il me semble assister à un grand festin éclairé a giorno
C'est un banquet que s'offre la terre
Elle a faim et ouvre de longues bouches pâles

La terre a faim et voici son festin de Balthasar cannibale
Qui aurait dit qu'on pût être à ce point anthropophage
Et qu'il fallût tant de feu pour rôtir le corps humain
C'est pourquoi l'air a un petit goût empyreumatique qui n'est ma foi pas désagréable
Mais le festin serait plus beau encore si le ciel mangeait avec la terre
Il n'avale que les âmes
Ce qui est une façon de ne pas se nourrir
Et se contente de jongler avec des feux versicolores

« Merveille de la guerre », *Calligrammes* (1918).

C'est un tableau presque expressionniste, particulièrement terrifiant. Et en « odorama » – puisque la terre avale les soldats, se nourrit d'eux. L'allusion biblique au roi de Babylone Balthasar, puni pour son festin profanatoire, est farcie d'humour noir. « Qui aurait dit qu'on pût être à ce point anthropophage » ? Ce goût empyreumatique, c'est le goût et l'odeur de la chair brûlée vive, rôtie. Et « empyreumatique » renvoie aussi à « méphitique » ou infernal. C'est une odeur inquiétante, une odeur de mort, très probablement celle que le poète-soldat sent continuellement dans les tranchées. Pour s'en débarrasser, pour conjurer l'odeur des cadavres, de la chair brûlée, il fume beaucoup. Dans de nombreux poèmes et chroniques, il est question de tabac. Quant à savoir ce dont il dispose précisément sur le front, cela doit dépendre de l'approvisionnement : du « gros » de troupe ou du tabac plus aromatique envoyé par les amis en franchise postale !

Dévorer en rêve des repas imaginaires

Apollinaire a une imagination très fertile. Comme il est gourmand, il se rappelle volontiers les plats de naguère, mais aussi les oranges qu'il mangeait pendant ses classes, en garnison à Nîmes, et que lui apportait son amante, Lou – Louise de Coligny-Châtillon, qui habite Saint-Jean-Cap-Ferrat, dans une immense villa entourée d'orangers. Ces oranges sont, pour Apollinaire, un concentré de soleil ; elles lui permettent de se souvenir de la douceur de vivre, de la douceur de la peau de Lou, du soleil, de la joie et de la paix, de tout ce qui lui manque au front.

Jolie bizarre enfant chérie
Je goûte ta bouche ta bouche sorbet à la rose
Je la goûte doucement
Comme un khalife attendant avec mépris les Croisés
Je goûte ta langue comme un tronçon de poulpe
Qui s'attache à vous de toutes les forces de ses ventouses
Je goûte ton haleine plus exquise que la fumée
Tendre et bleue de l'écorce du bouleau
Ou d'une cigarette de Nestor Gianaklis
Ou cette fumée sacrée si bleue
Et qu'on ne nomme pas

Lettre à Lou, 28 avril 1915.

L'amour, c'est le goût de vivre ! Apollinaire l'associe au corps de Lou, dont il se souvient maintenant qu'il est au front ; il l'associe à une série de sensations liées aux cinq sens – le goût, l'odorat, l'ouïe, le toucher, la vue –, mais aussi à l'imagination. Il suscite la femme aimée, comme par magie, en se souvenant du goût de cette femme. Il l'invente à nouveau et il la pare de tous les prestiges. Il crée une sorte d'illusion, qui mêle souvenir et imagination. Ce qui frappe, c'est la sensualité de ce qu'il écrit ; cela n'a rien d'une rêverie éthérée, langoureuse, sentimentale. Surtout pas avec Lou. C'est une femme qu'il a passionnément, ardemment aimée, qui lui convenait jusqu'à un certain point, ardente, libre et libérée. L'image de cette femme apparaît donc avec son cortège de sensations, y compris des sensations gustatives plutôt sucrées, comme si c'était une métaphore de la douceur de vivre.

Guy au galop

Apollinaire signe bien souvent « Guy » dans les lettres plus intimes. Et il précise « au galop », parce que, comme agent de liaison et aussi comme artilleur, c'était un « homme monté ». À l'époque, l'artillerie de campagne était encore hippomobile, on transportait les canons légers grâce aux chevaux. Quand Apollinaire est agent de liaison, en juin 1915, il porte ses messages soit à pied, soit à cheval – peut-être pas au galop, mais en tout cas, à cheval. C'était une manière pour lui de s'imaginer en chevalier.

C'était un temps béni ! Le temps du vaguemestre
On est bien plus serré que dans les autobus,
Et des astres passaient que singeaient les obus
Quand dans la nuit survint la batterie équestre

As-tu connu Guy au galop
Du temps qu'il était militaire
As-tu connu Guy au galop
Du temps qu'il était artiflot
À la guerre

« Les Saisons », *Calligrammes* (1918).

Quand je lis ce texte, publié dans *La Grande Revue* en novembre 1917 et repris dans *Calligrammes*, je pense à l'écrivain Yves Gibeau, l'auteur du roman *Allons z'enfants* (1961), qui habitait au presbytère de Roucy, au pied du Chemin des Dames. C'était un passionné de la Grande Guerre et un amoureux d'Apollinaire. Il a fait ériger une stèle sur laquelle est gravé le refrain : « DIS L'AS-TU VU GUY AU GALOP ». Elle marque l'endroit où Apollinaire a été blessé à la tête, le 17 mars 1916, au Bois des Buttes, non loin du presbytère. Cette butte sanglante était bien loin du Moulin de la Galette et de la Butte Montmartre.

La Butte rouge

Sur c'te butte la, y'avait pas de gigolette,
Pas de marlous, ni de beaux muscadins
Ah, c'était loin du Moulin de la Galette

Et de Paname, qu'est le roi des patelins,
C'qu'elle en a bu, du bon sang, cette terre
Sang d'ouvrier et sang de paysan
Car les bandits, qui sont cause des guerres
N'en meurent jamais, on n'tue qu'les innocents !
La Butte rouge, c'est son nom, l'baptême s'fit un matin
Où tous ceux qui montaient roulaient dans le ravin.
Aujourd'hui, y'a des vignes, il y pousse du raisin,
Qui boira d'ce vin-là, boira l'sang des copains.

Gaston Brunswick dit Montéhus, *La Butte rouge*, 1922.

La Butte rouge est une chanson pacifiste, contestataire ! La butte en question se situe dans la Marne, mais elle symbolise toutes les buttes de la Grande Guerre. Le plateau de Californie est un secteur du Chemin des Dames qui fut, en avril-mai 1917, le théâtre d'une bataille absolument terrible, celui de l'offensive Nivelle. Le général d'artillerie Robert Nivelle était polytechnicien. Il pensait qu'il pourrait enfoncer le front grâce à « l'assommoir arithmétique » de ses canons. Ce fut une véritable hécatombe. Et le 7 mai 1917, l'ami d'enfance d'Apollinaire, René Dalize, y trouva la mort ; dédicataire de *Calligrammes*, il figure aussi dans le poème « Zone », qui ouvre *Alcools* (1913). C'était un ancien marin, animateur de la revue *Les Soirées de Paris* avec Apollinaire ; il est mort à la tête d'une compagnie de mitrailleuses. Pour Apollinaire, la perte était irréparable – c'était aussi le deuil de sa jeunesse à jamais perdue.

Donnez-moi du lard !

Les Mamelles de Tirésias est un drame, joué pour la première et dernière fois du vivant d'Apollinaire en juin 1917. Le poète blessé est rentré à Paris l'année précédente. Il invente alors une pièce où le sujet très sérieux de la repopulation est traité avec une esthétique radicalement nouvelle qu'il baptise « surréaliste ». Contrairement à l'humour noir terrifiant de « Merveille de la guerre », dont on parlait plus haut,

Les Mamelles de Tirésias appartient davantage à la veine loufoque, qui plaît beaucoup à Apollinaire. Thérèse veut devenir un homme. Elle représente toutes ces contemporaines qui gagnent en autonomie et se mettent à travailler. Et son mari, lui, ne réclame que du lard. Thérèse l'apostrophe alors : « Mange tes pieds à la Sainte-Menehould. »

Les pieds de porc à la Sainte-Menehould désignent une sorte de ragoût, avec des carottes, des oignons… Ces pieds sont cuits si longtemps que l'os en devient fondant : on doit le ficeler avec la chair pour que l'ensemble se tienne. Le plat se déguste très tendre, un peu comme les pieds paquets marseillais. Les pieds de porc à la Sainte-Menehould n'était sans doute pas un plat très répandu à l'époque, plutôt une recette locale, mais, surtout, Sainte-Menehould se trouvait alors derrière la ligne de front, en Argonne de sinistre mémoire, entre la Champagne et Verdun. L'allusion d'Apollinaire à l'actualité est claire : Sainte-Menehould, qui avait changé plusieurs fois de main, au début de la guerre, était redevenue française en 1915. C'était aussi un Quartier Général, notamment celui du général Sarrail, et une ville hôpital. Mais je crois surtout que le nom « Sainte-Menehould » faisait beaucoup rire Apollinaire : chez lui, le jeu de mots est souvent lié au sensoriel et au gustatif.

Le mari clame sans cesse : « Donnez-moi du lard. » Ce à quoi Thérèse répond : « Vous l'entendez il ne pense qu'à l'amour. » Le mari est mal dégrossi, cela ennuie terriblement Thérèse, qui veut devenir présidente de la chose publique, mathématicienne, générale d'armée… Elle est nettement supérieure à son mari, qui est assez primaire. Apollinaire était féministe comme un homme de son temps pouvait l'être. Sa vision de la femme moderne vient du personnage de Juliette chez Sade. Pendant la guerre, l'affranchissement des femmes inquiétait les hommes, qui se sentaient dépossédés d'une partie de leur pouvoir, se retrouvaient au front en danger de mort et voyaient les femmes commencer à mener leur propre vie. Apollinaire, lui, laisse libre cours à sa nature androgyne en retrouvant le mythe du devin Tirésias, puni par Héra, déesse gardienne du foyer, pour s'être transformé en femme et avoir dévoilé les multiples ressorts du plaisir féminin (garder le secret servait à maintenir la sujétion des femmes).

Le vigneron champenois de Calligrammes

La ligne de front d'Apollinaire se trouve en Champagne, mais, au-delà de Reims, il y a encore des vignes et des endroits où l'on essaie de vivre à peu près comme avant la guerre. Au cours de ses pérégrinations militaires dans le secteur, Apollinaire a certainement rencontré un vigneron qui cultivait son terrain. Il a surtout été frappé par le rapport entre l'artillerie et les bouteilles de champagne qu'on débouche. J'ai retrouvé par hasard une carte postale patriotique qui faisait le même rapprochement. Apollinaire s'en est peut-être inspiré. On y voit un soldat français qui débouche des bouteilles en direction des lignes allemandes. C'est une manière d'apprivoiser la peur de l'ennemi à coups d'humour noir, puisque la guerre est tout sauf festive ; et, en même temps, de faire grincer le décalage entre ces bouchons de champagne qui sautent et ce sang qui fermente, le sang des soldats qui vont mourir, qu'on envoie de l'autre côté, qui ne reviendront jamais. C'est pour cela que le poème « Le Vigneron champenois » s'achève sur ces mots :

> C'est maintenant le soir et l'on joue à la mouche
> Puis les soldats s'en iront là-haut
> Où l'artillerie débouche ces bouteilles crémantes
> Allons Adieu messieurs tâchez de revenir
> Mais nul ne sait ce qui peut advenir

Le hérisson en terre glaise

Quand il y avait rupture ou insuffisance de ravitaillement dans les tranchées, on cherchait toujours le bon cuistot, celui qui avait travaillé au Café de Paris, celui qui était capable d'accommoder tout et n'importe quoi… On cherchait le soldat astucieux, prêt à dénicher des poulets en filant en douce vers les lignes arrière. Sinon, on tirait les oiseaux ; on pouvait aussi chasser les hérissons. Il existe une recette gitane – rapportée par Apollinaire dans l'une de ses chroniques – qui permet de préparer le hérisson dans une coque de terre glaise. Quand la bête est cuite, on enlève la gangue, qui emporte tous les piquants, et on peut déguster sa chair. Cendrars raconte, lui aussi, une histoire de hérisson dans *La Main coupée* (1946) : l'animal était un véritable alcoolique qui passait son temps à lécher le fond des quarts et à écumer les gamelles. Mais comme il était capable de sentir les gaz de combat avant l'alerte, les soldats l'avaient apprivoisé et lui passaient tout.

La cuisine coloniale

J'ignore si Apollinaire a eu l'occasion de goûter sur le front des recettes d'origine coloniale. En revanche, il a pu côtoyer l'artillerie coloniale, qui n'était pas loin de sa position. À ce sujet, il a écrit un très beau poème, « Les Soupirs du servant de Dakar ». Quant à la cuisine coloniale, il l'a plutôt trouvée dans sa bibliothèque que dans les tranchées. Comme il le rappelle dans une chronique du *Mercure de France* en 1918, les colonies de l'Empire français ont été mises à contribution pendant la guerre. C'est l'occasion de parler cuisine exotique, épicée ; c'est aussi une manière de faire rêver le lecteur qui doit manger de la saccharine, économiser le charbon, utiliser des marmites norvégiennes, supporter des succédanés en tout genre. Anecdotique, Apollinaire ouvre la fenêtre du rêve et du voyage : la cuisine des Antilles, le blaff, à base de piment, sel et poivre, permet aux lecteurs – et à l'auteur par la même occasion – de trouver un peu de réconfort, ailleurs…

La marmite norvégienne

La marmite norvégienne est un récipient qui n'est pas cubiste mais cubique, fabriqué en zinc ou en fer-blanc, que l'on bourre de papier journal. On laisse au milieu un trou, dans lequel on va déposer une marmite, qui aura préalablement été portée à ébullition. On recouvre la marmite avec une couverture ou un torchon, on la ferme et le mets continue à cuire pendant deux ou trois heures. C'est une manière de cuisiner sans combustible qui a souvent été utilisée pendant la Grande Guerre, à un moment où l'on manquait de bois et de charbon.

Il existe une chanson des années 1930, *La Cartomancienne*, dans laquelle la voyante suggère à une femme inquiète et jalouse le moyen de garder son mari infidèle : en le mettant dans une marmite norvégienne, qui devient une couveuse artificielle… « dont il pourrait sortir de jeunes mirabelles » ! Dans *Les Mamelles de Tirésias*, le récipient se transformait déjà en couveuse et permettait au mari délaissé, laissant s'épanouir sa féminité, de donner naissance à 49 051 enfants en un seul jour !

La recette du pudding britannique

J'ignore quel contact précis Apollinaire pouvait avoir avec les Britanniques, mais comme celle des colonies, la recette du *pudding*, qu'il publie dans le *Mercure de France* en 1917, est une manière d'hommage aux alliés d'outre-Manche. Apollinaire était en relation épistolaire avec l'un de ses amis graveurs, Jean-Émile Laboureur, qui était alors interprète auprès de l'armée britannique. C'est peut-être par l'artiste qu'il a obtenu la recette. Mais il était aussi allé à Londres, du temps de ses amours malheureuses avec l'inspiratrice de « La Chanson du mal-aimé », Annie Playden, dans les années 1904-1905. Dans la chronique, il prétend tenir la recette d'un officier anglais traducteur des poètes français.

Dans cette chronique, donc, le poète donne à ses lecteurs – plutôt à ses lectrices, en l'occurrence – la recette de ce plat pour temps de guerre, c'est-à-dire sans farine ni sucre. C'est là que la recette devient humoristique, car il faut bien d'autres choses, qu'on trouve très difficilement en 1916-1917 à Paris :

> Prenez une livre et demie de raisins secs que vous épépinerez et couperez en deux. Hachez une livre de graisse de bœuf hachée, une livre d'écorces d'orange et de citrons confits, plus une livre de bonnes figues sèches coupées en rondelles ; ajoutez un kilogramme de croûtes de pain écrasées et réduites en pâte dans de l'eau puis étendue dans du lait. Vous mêlerez à toutes ces choses une demi-livre d'amandes et un quart de livre de noix. Vous manierez le tout avec douze œufs. Vous ajouterez du sel, de la cannelle et un peu de muscade, plus une demi-pinte de pale-ale et deux décilitres d'eau-de-vie *(deux décilitres !)*. Vous ferez bouillir pendant trois heures *(peut-être dans la marmite norvégienne)* et votre pudding sera parfait.

C'est totalement fantaisiste mais pas du tout inexact. Apollinaire s'est inspiré d'une recette existante : chez lui, il y a toujours un fond de réalité concrète, qu'il a pu trouver dans les livres, dans son imagination ou dans son expérience. Une base à partir de laquelle il rêve et qu'il développe, qu'il nourrit – c'est le cas de le dire. Finalement, l'important à ses yeux est plutôt d'amuser le lecteur, de lui faire venir l'eau à la bouche et, surtout, de l'emmener dans un univers plus doux, plus agréable, que celui des rationnements et des restrictions quotidiennes.

Le Petit Cuisinier économe

Le Petit Cuisinier économe ou l'Art de faire la cuisine au meilleur marché est le sujet d'un compte rendu d'Apollinaire le 1er avril 1917. Il faut dire que ce texte anonyme est farci de références érudites et de citations certainement apocryphes. Mais on peut noter deux éléments qui nous en disent plus sur ce qu'Apollinaire avait sans doute en tête à ce moment-là. On y trouve une citation de Frédéric II, figure emblématique des Lumières, dans *L'Art de la guerre* : « L'art de vaincre est perdu sans l'art de subsister » (donc la nourriture est le nerf de la guerre), et une phrase de Charles Monselet, un érudit qu'on n'imaginerait pas gastronome, mais qui a écrit au XIXe siècle des *Lettres à Émilie* sur la gastronomie. Dans l'une d'elles, Monselet déclare : « Mon âme est triste jusqu'à la sobriété. » Pour le poète d'*Alcools*, c'est vraiment prendre un contrepied ! Et de commenter : « Nous n'avons pas lieu d'être tristes jusqu'à ce point. »

Ailleurs, pourtant, il affirme que les armées françaises sont très sobres. Ne nous y trompons pas : il reprend le discours officiel, il s'auto-censure ; en tout cas, il soutient à sa façon l'effort de guerre, en taisant des habitudes et des excès connus de tous. On donnait, la chose est bien documentée, du vin et de la gnôle aux soldats avant leur départ à l'assaut et, de l'autre côté, les Allemands faisaient de même. Il existe quantité de témoignages à ce propos. Apollinaire nie aussi qu'il ait circulé des paradis artificiels, des substances toxiques, mais, là encore, on sait bien, même si c'est très difficile à mesurer faute d'archives, que les hommes sur le front consommaient toutes sortes de substances, pour se donner du courage, pour tenir, pour oublier ce qu'ils avaient sous les yeux.

Recettes rêvées et festins de mots

Anne Georget

La réalisatrice Anne Georget, dans son film documentaire Festins imaginaires *(2015), évoque les carnets de recettes de cuisine rédigés à leurs risques et périls par des déportés dans les camps de concentration nazis, les goulags soviétiques et les camps de prisonniers au Japon pendant la guerre du Pacifique. Des carnets remplis de recettes fantasmées riches du gras et du sucre qui leur manquaient tant, rêves de buffets gargantuesques et de vins coulant à flots. Des carnets qui remplissaient de folles espérances et de grandes illusions les ventres affamés.*

Un festin symbolique

Ces carnets de recettes rédigés par des déportés sont des festins de mots : il ne s'agit pas de pain mais de nourritures symboliques, souvenirs des choses goûteuses du temps d'avant, du temps de la liberté, du temps où l'on vivait en famille dans une maison avec une cuisine et des amis. Mais ces souvenirs ne condamnaient pas à s'abîmer dans une mélancolie solitaire.

Ces carnets de recettes sont aussi une forme de résistance. Je ne sais pas si leurs auteurs l'ont toujours vécu comme cela. En tout cas, ils ont choisi de prendre le risque de les écrire. C'était tellement important. Alors, ensemble, en petits groupes, ils se réunissaient souvent le dimanche dans un moment de partage, l'un d'eux faisant le scribe. Beaucoup de ces échanges se sont produits dans des lieux où il n'y avait ni papier ni crayon – dans ces cas-là, il ne reste pas de trace. Mais les carnets que j'ai retrouvés témoignent, eux, des risques pris pour dérober à l'atelier des bouts de papier, des petits morceaux de mine, des chutes de tissu…

Les carnets de Minna

L'un de ces carnets a été écrit par Minna Pächter, une vieille femme tchèque, déportée au camp de Theresienstadt en 1944. Il était destiné à sa fille partie à temps pour la Palestine. J'ai raconté l'histoire de cette famille et du chemin incroyable parcouru par ce carnet. Minna est morte à Theresienstadt, elle a cependant pu le confier à un détenu en disant : « Faites ce que vous pouvez pour qu'il parvienne à ma fille. » Cela a pris vingt-cinq ans, mais de voyageurs providentiels en hasards heureux, il est finalement arrivé à sa fille, après avoir transité par la Palestine, jusqu'à New York, où elle avait émigré.

Dans *Les Carnets de Minna*, j'ai retracé et raconté cet incroyable périple. J'en ai fait un film et un livre. Je pensais à l'époque que cette histoire était extraordinaire, unique. Extraordinaire, elle le reste mais, après la diffusion du film et la publication du livre, j'ai commencé à recevoir des courriers. On m'écrivait : « Moi aussi, mon père, mon oncle, ma grand-mère ont écrit des carnets de recettes en déportation ! » J'ai été très troublée, notamment quand j'ai reçu la lettre d'Émile Letertre qui me disait que son père et ses compagnons de déportation avaient écrit durant cette période huit cents recettes de cuisine !

Pour moi, la transmission, comme dans *Les Carnets de Minna*, était avant tout féminine, celle d'une mère pour sa fille. Tout à coup, j'ai découvert que des hommes avaient eu ce même désir : échanger des recettes et les inscrire dans des carnets.

J'ai poursuivi mes recherches et j'ai trouvé un, deux, trois, quatre, cinq carnets. Un peu partout dans les camps nazis on en écrivait. Je me suis demandé si c'était quelque chose qui avait pu exister dans d'autres systèmes concentrationnaires. Du côté du Goulag, la recherche n'était pas facile, parce que les archives sur le sujet sont encore relativement embryonnaires. On ne peut pas dire que le régime actuel favorise l'histoire des camps du Goulag. Mais de hasard en hasard, j'ai fini par trouver un carnet extraordinaire, écrit par Vera Bekzadian…

Enfin, il est difficile de parler de carnet, il est écrit sur des morceaux de tissu. Dans le camp où Vera Bekzadian a été exilée, se trouvaient des femmes qui, comme elle, appartenaient à la haute société, des épouses de diplomates. Elles avaient deux activités : la broderie et le bûcheronnage. À l'atelier de broderie je pense que, à un moment donné, faute de papier, elles ont récupéré des chutes de tissu. Elles les ont entièrement recouvertes de recettes de cuisine, dans une magnifique écriture, en cyrillique.

Le camp de Kawasaki

J'ai aussi retrouvé le carnet d'un Américain, le sergent Warren Stewart, détenu au camp de Kawasaki, à côté de Tokyo. Le contexte est tout autre : celui des camps japonais où des soldats américains, anglais, néerlandais… ont été faits prisonniers dans la guerre du Pacifique. Le sergent avait une formation d'ingénieur, mais c'était un passionné de cuisine et d'épices. Il avait pris de nombreuses notes et établi des recettes de soupes où il associait toutes sortes d'épices, probablement issues des échanges qu'il avait avec ses camarades de détention.

Le chef Olivier Roellinger, triplement étoilé à Cancale et aujourd'hui reconverti dans le commerce des épices, à qui j'ai montré ces notes, a constaté que ce soldat était capable de faire la différence par exemple entre la noix de muscade et le macis, cette résille rouge qui entoure la noix de muscade – ce qui n'est pas donné à tout le monde.

L'échange

Une recette, on la reçoit et on la transmet : c'est un échange. C'est ce qu'explique Jérôme Thélot, auteur de *Au commencement était la faim : traité de l'intraitable*. Une recette, c'est un don et un contre-don. Tout le monde y trouve son compte. Il est important d'apporter à l'autre les recettes de sa région, de sa famille… Pour ces carnets, on peut imaginer une sorte d'émulation, peut-être de joutes verbales ? Mais là, on extrapole. Ce qui est sûr, c'est que tous les témoins m'ont rapporté des moments de partage. On n'écrit pas sa recette tout seul dans son coin : les recettes font l'objet d'un échange, elles sont consignées par l'un des prisonniers, peut-être celui qui écrit le mieux, qui écrit le plus petit, qui peut en caser le maximum sur le peu de papier disponible ? Pourtant ces recettes sont partagées dans un contexte où tout est fait pour que ce partage fraternel ne soit plus possible. Quand on vous donne si peu à manger, si le copain d'à côté fait tomber son morceau de pain et qu'on peut le ramasser, c'est potentiellement un jour de survie en plus. Tout ce système concentrationnaire repose sur la déshumanisation, pour que les hommes deviennent des loups les uns pour les autres. Ces moments fraternels sont beaux, parce qu'être capable de partager ce qui manque le plus prouve que l'on reste humain.

La notion de plaisir

Lorsqu'on évoque ces carnets, il y a aussi une notion très importante : celle de « plaisir ». Avec tous les guillemets qui s'imposent. Ce plaisir-là se définit en termes de survie. C'est ce qu'explique le neuroscientifique António Damásio : il est absolument capital pour l'organisme de se ménager un niveau minimal de bien-être. Et ce bien-être s'acquiert aussi par ce que l'on partage avec d'autres qui nous confortent dans l'idée que nous sommes des humains. Je crois que c'était aussi le sens de ces rendez-vous du dimanche.

> « Un jour, une copine a dit : "Je ferais bien du pot-au-feu" ou "Je mangerais bien un truc comme ça..." Et c'est parti comme ça. Y en a une qui a dû dire : "Tu sais le faire, toi ?" Et puis voilà. Et puis, il y a un truc beaucoup plus important, c'est qu'on avait faim ! Et la faim, ça fait faire n'importe quoi. Si vous voulez, quand on copiait les recettes, on salivait quand même "Tu mets de la crème fraîche ? Tu mets des champignons ?" C'était incroyable, quoi ! »
>
> Christiane Hingouët, dans *Festins imaginaires.*

Les femmes de Ravensbrück

La Bretonne Christiane Hingouët est mon seul témoin, la seule à m'avoir raconté de première main, si je puis dire, l'écriture de ces recettes. Christiane était formidable d'énergie. Elle avait beaucoup témoigné dans les lycées de son passage dans les camps, mais elle n'avait jamais jugé utile de raconter ces séances d'écriture de recettes, ces moments privilégiés de la vie du camp. Elle fut arrêtée avec Léonce, sa mère, toutes deux déportées en mai 1944 à Ravensbrück, parce que résistantes. Léonce était dans le même camp, mais dans un autre baraquement. Et elles se sont aperçues que chacune, sans savoir ce que l'autre faisait, avait commencé un carnet de cuisine.

La première voix que l'on entend dans mon film, c'est celle d'Edith Gombus, une jeune Juive hongroise qui a survécu aux camps puis émigré en Australie. Elle raconte qu'elle est arrivée à Ravensbrück *via* Auschwitz. Elle avait tout perdu, elle ne savait pas faire cuire un œuf et, parce qu'elle était déterminée à survivre, elle a noté toutes les recettes que ses camarades pouvaient échanger. Elle s'est dit que c'était un bon point de départ dans la vie.

« Des recettes non casher étaient données par les prisonnières non juives, mais même les femmes qui venaient de familles très orthodoxes participaient à notre gloutonnerie rêvée. Une faim aussi intense que la nôtre ne connaissait pas d'interdits alimentaires et tout le monde se fichait de savoir quelle nourriture pourrait nous soulager de cette faim incessante. »

Édith Gombus, dans *Festins imaginaires.*

Édith Gombus raconte les dimanches où ces femmes, toutes nationalités confondues, juives pour la plupart, se réunissaient et échangeaient d'une manière universelle. Il y avait des jeunes qui, comme elle, n'avaient jamais cuisiné de leur vie et d'autres qui avaient à cœur de transmettre leurs recettes avec tout ce que cela charriait de souvenirs heureux. Certaines femmes avaient une pratique religieuse, d'autres non. Mais toutes se retrouvaient dans ces moments d'échange de nourriture symbolique. Peu importait la classe sociale, l'âge, la religion, la nationalité.

Les Français du Kommando de Flöha

« Alors, le matin, le café c'était de l'eau noirâtre – appelez ça du café ! Et le midi, c'était un litre d'eau de soupe, eau jaunâtre, avec parfois un bout d'os dedans… Après, le soir, c'était 250 grammes de pain sec. Mais, la nuit, nous rêvions de bouffer ! Je suis à table et, d'un seul coup, on amène un confit d'oie. Je suis là, je prends la cuillère, je la plonge… et je me réveille en sursaut à ce moment-là. Jamais personne n'a dit : "J'ai mangé dans mon rêve." »

André Bessière, dans *Festins imaginaires.*

André Bessière, après être passé par les camps d'Auschwitz, Buchenwald et Flossenbürg, a été transféré à Flöha, en Saxe, à la frontière tchèque. Il faisait partie, avec Marcel Letertre, Robert Desnos et Jean Baumel, d'un groupe de résistants français internés dans ce petit camp de travail composé essentiellement de prisonniers soviétiques ou de droit commun. Ils fabriquaient des fuselages de Messerschmitt pour la Luftwaffe. Bessière avait l'habitude de rejoindre ses compagnons le dimanche après-midi pour échanger des recettes de cuisine. On les appelait les mousquetaires de la fourchette !

Précis de cuisine pour les jours heureux

Dans le film, j'évoque *Précis de cuisine pour les jours heureux*, un texte de Robert Desnos. Ce texte n'a pas été publié du vivant du poète résistant, mais après la guerre. Il écrit en particulier : « Le meilleur aliment est celui que l'on aime. » En voici un plus large extrait.

> Remettez-vous-en à votre préférence, n'aimez pas un plat parce que les gastronomes le vantent, ayez le courage de votre goût. Ne vous croyez pas obligé de manger de la viande crue si vous l'aimez très cuite et, surtout, ne tentez pas de trouver toutes les saveurs à un seul plat. Vous devez interpréter les livres de cuisine, le présent livre comme ceux qui l'ont précédé et ceux qui le suivront. Mais, avant toute chose, aimez la bonne qualité. Ne mentez pas devant les évidences. Ne soyez pas comme ce docteur dont j'ai oublié le nom et qui, en 1942, a déclaré qu'il trouvait le pain tellement bon qu'il s'en régalait comme d'un gâteau, alors qu'en temps de paix il n'en mangeait pas parce qu'il le trouvait mauvais. Ne vous laissez pas non plus influencer par les conseils médicaux. Le meilleur aliment est celui que l'on aime, que l'on mange avec appétit. Le système des régimes ne consacre, à mes yeux, que les insuffisances de la médecine – dont je ne lui fais d'ailleurs pas grief. C'est parce qu'un individu est malade qu'il ne peut manger ce qui lui plaît, ce n'est pas le guérir que de transformer ses repas en punition. J'admets pourtant que cette punition est préférable à la mort, mais attendez d'être malade pour vous priver !

Imprécis de cuisine pour les jours peureux

Daté du 13 octobre 1942, *Précis de cuisine pour les jours heureux* reste inachevé. Ce qui est extraordinaire, c'est que Desnos avait annoncé à ses camarades que, à sa sortie du camp, quand il reviendrait à Paris, il publierait un *Imprécis de cuisine pour les jours peureux* qui rassemblerait toutes ces recettes qu'ils s'échangeaient le dimanche après-midi à Flöha.

Desnos a fini emporté par le typhus en juin 1945, juste après l'évacuation du camp, mais le texte n'a pas complètement disparu, puisqu'il figure dans un carnet cosigné par Marcel Letertre, lui aussi mort du typhus en juin 1945, à Theresienstadt. Ce carnet a traversé toutes ces années et je l'ai retrouvé, enfoui dans une armoire de la famille Letertre.

> « Ce qui est étonnant, c'est la précision que chacun donne, sur des recettes que ma mère, ma grand-mère faisaient : *Tarte aux fraises : mettre un papier de soie et des noyaux de cerises ou petits cailloux sur la pâte que l'on a piquée, ceci pour l'empêcher de monter. Doser les fraises après cuisson et verser un sirop dessus, on peut aussi les faire cuire...* Ces précisions venaient des gestes qu'ils avaient vu faire chez eux, dans la cuisine de leur famille. »
>
> Émile Letertre, dans *Festins imaginaires.*

Dans mon film, Émile Letertre, le fils de Marcel, examine avec André Bessière, déporté dans le même camp, ce carnet incroyable fait de petites feuilles volantes protégées par deux plaques de métal, chutes de carlingue de Messerschmitt volées à l'atelier. Rien que pour cela ils s'étaient mis en danger. La chose la plus émouvante, c'est que ces échanges de recettes racontent un appétit de vie dont ils « se nourrissaient » lors de leurs dimanches après-midi.

Désir de douceur

J'ai essayé de voir si, proportionnellement, les recettes sucrées étaient les plus présentes. Il m'a semblé que, dans certains carnets, c'était le cas, mais je ne crois pas que l'on puisse établir de règle générale à ce sujet. Si le sucré prévaut dans les carnets soviétiques par exemple, c'est moins le cas dans celui de Letertre, où il y a autant, sinon plus, de recettes salées originaires de toutes les régions de France. À un moment donné, j'ai fait l'hypothèse que peut-être, du point de vue de l'organisme même, l'évocation du sucré provoquait une sorte de satisfaction plus rapide. L'hypothèse n'a pas été complètement confirmée.

Il y a aussi des recettes propres à la culture de l'époque. Par exemple, dans *Les Carnets de Minna*, j'avais une sorte de fil conducteur : une recette de caramel de Baden. Et, de manière tout à fait étonnante, quand il m'a fait part de l'existence du carnet de son père, Émile Letertre m'a envoyé la photocopie de la recette des caramels, qui étaient alors le bonbon à la mode : « Caramel : 500 g miel + 500 g sucre + 500 g beurre + 500 g chocolat + 10 cuillerées de crème… faire fondre dans une casserole, étaler sur un marbre et découper. » Je suis persuadée que c'est immangeable. Mais ils devaient la déguster cette recette rêvée ! On y retrouve tous les produits qui leur manquaient alors : le caramel, la crème fraîche, le beurre et le chocolat !

Dégustation virtuelle

André Bessière m'a raconté que, à Flöha, il avait travaillé face à un camarade dont il ne savait strictement rien et qu'il a appris après la guerre que celui-ci avait une femme et des enfants. Dans le camp, ils ne parlaient jamais de ces choses-là, parce que c'était potentiellement ouvrir la porte à des émotions qui risquaient de les faire flancher. Alors que partager les souvenirs d'une recette permettait de ne pas s'abîmer dans la mélancolie. André Bessière m'a aussi raconté qu'un jour, voyant son camarade de détention Jean Baumel l'air béat, il lui dit : « "Qu'est-ce qui t'arrive ?", Baumel lui répondit : "Tais-toi !" Et quelques secondes après : "Excuse-moi, j'étais en train de digérer un canard virtuel." »

Le silence des recettes

Nous avons évoqué le cas de Christiane Hingouët qui a beaucoup témoigné sur les camps, mais qui passait sous silence ces moments privilégiés d'écriture et de partage entre déportées. Peut-être, comme elle me l'a dit, parce que ces moments n'appartenaient qu'à elles ; peut-être aussi parce qu'elles considéraient qu'ils n'avaient rien d'héroïque.

J'ai parlé à d'autres résistantes qui avaient écrit des carnets de recettes, elles aussi avaient du mal à en parler, comme si c'était quelque chose de honteux. Ces écrits ont donc été tenus secrets – et beaucoup ont été perdus –, y compris par les familles de leurs auteurs, qui éprouvaient de la pudeur et de la réticence à en parler, craignant qu'ils soient mal compris. C'était le sens de la lettre que m'avait adressée Émile Letertre, après la parution des *Carnets de Minna*. Il disait : « Vous avez écrit un livre sur le sujet, vous avez réalisé un film, donc je sais que vous n'allez pas considérer qu'écrire ces recettes indiquait qu'ils n'étaient pas bien malheureux, alors que c'était justement l'inverse. »

Le dernier poème de Desnos

Si de tels écrits ont refait surface, c'est en grande partie grâce au hasard. Christiane est sortie de son silence lorsque sa petite-fille a entrepris la rédaction d'un mémoire sur la restauration du papier et lui a alors proposé de travailler sur son carnet de recettes.

Se remémorer le goût, l'odeur d'un plat, c'était une façon, dans la pire extrémité, de se raccrocher à la vie. À sa manière, Robert

Desnos le dit avec ses mots de poète quand, dans *Le Dernier Poème*, il écrit à sa femme Youki juste avant de mourir :

J'ai rêvé tellement fort de toi,
J'ai tellement marché, tellement parlé,
Tellement aimé ton ombre,
Qu'il ne me reste plus rien de toi.
Il me reste d'être l'ombre parmi les ombres,
D'être cent fois plus ombre que l'ombre
D'être l'ombre qui viendra et reviendra
Dans ta vie ensoleillée.

Gorestronomie : zombies *al dente*

Philippe Rouyer

Philippe Rouyer est un fou de cinéma. Critique bouillonnant du Cercle Cinéma *sur Canal+, co-directeur de la revue* Positif, *membre actif de l'émission « Mauvais Genres », de François Angelier, sur France Culture, il est l'auteur du livre* Le Cinéma gore, une esthétique du sang *(Le Cerf, 1997). Il aborde ici une question extrêmement préoccupante : que mangent les morts-vivants ?*

Naissance d'une passion

J'ai depuis toujours une passion pour le cinéma fantastique, le cinéma d'horreur, cette vision *bigger than life* de notre existence. De ce point de vue, le zombie, ce revenant du monde des morts dans la tradition vaudoue, ce cadavre dévorant en mouvement, est une créature formidable ! Il vit tout ce que nous ne vivrons jamais.

Le mort-vivant, tel qu'il a été réinventé par George A. Romero dans *La Nuit des morts-vivants* (1968), est la grande figure du cinéma d'horreur moderne ; la seule véritable créature apparue dans le genre depuis la fin des années 1960. Le mort-vivant ne se repaît que des êtres réellement humains, la viande morte ne l'intéresse pas. Sauf dans quelques cas, sur lesquels nous reviendrons. On ne peut donc pas le leurrer avec des cadavres, même encore tièdes. Son objectif est de dévorer l'étincelle de vie qui est en nous. Il est aussi semblable aux vampires : quand on est mordu par l'un d'eux, on devient zombie à son tour.

On se fait également manger par les vers. Tout comme le zombie qui est à lui seul un banquet de vers, de par son statut permanent de devenir cadavre. C'est pour ça que le fait d'être zombie est une malédiction : on ne peut même pas accéder au repos éternel. On est constamment obligé d'aller chercher de la nourriture, d'aller manger les humains survivants. Tant qu'il restera des êtres vivants, il y aura toujours à manger pour les zombies.

En revanche, curieusement, les humains ne mangent pas de zombies. C'est réservé aux vers de terre. Il est déconseillé de goûter, parce que si vous ingurgitez du zombie, c'est comme quand le zombie vous ingurgite : vous risquez de devenir zombie vous-même, vous devenez ce que vous mangez.

Ce qui est émouvant, c'est qu'il est notre reflet. Le zombie est l'incarnation de notre part d'ombre et de nos dérives. Les zombies ne savent pas eux-mêmes qu'ils sont zombies. J'espère que ce n'est pas notre cas.

Les bas morceaux, des pièces de choix

Dans *La Nuit des morts-vivants*, quelques humains se sont réfugiés dans une ferme et ils sont assiégés par les zombies. Ils ont essayé de faire une percée avec un camion, mais le plan a viré à la catastrophe. Le camion a explosé et les occupants ont brûlé. Ce qui est étonnant, c'est que les morts-vivants, s'ils se détournent des cadavres, sont quand même sensibles à cette odeur de brûlé, bien appétissante pour eux. Dans la mise en scène de Romero, on a l'impression d'assister à une *barbecue party*.

Ce qui est instructif, c'est de voir comment mangent les morts-vivants : ils se groupent pour attaquer un humain et, quand ils y parviennent, ils le saisissent de chaque côté et l'écartèlent, pour pouvoir arriver au meilleur morceau : la tripaille. Les zombies sont friands de tout ce qui est intestin, dont ils dévident les boyaux, cœur, organes... Et, comme ils sont assez joueurs, ils aiment prolonger leurs banquets, en ramassant un bras, une jambe, un mollet, qu'ils grignotent.

S'ils sont capables, en groupe, d'écarteler leurs victimes, d'arracher des membres pour se repaître des morceaux qu'ils apprécient le plus, c'est que les zombies possèdent une force surhumaine. Dans de nombreux films, on peut voir des êtres humains essayer de se battre à mains nues contre des zombies, mais c'est peine perdue ! Même de frêles jeunes femmes, une fois devenues des zombies, sont dotées d'une force herculéenne.

Si le zombie est seul, il attrape ce qui passe à sa portée. Il vous saisit, il vous croque. Une main, un pied qui traînent, et hop !

Mais l'essentiel du repas des morts-vivants reste la tripe chaude. C'est un peu comme de la guimauve, les zombies aiment en avoir plein la bouche. Et, comme ils n'ont pas d'estomac, ils mâchouillent plus qu'ils ne goûtent. Ils dévorent en mâchouillant. Sur un plan gastronomique, c'est une sorte d'inversion. Une fois que les morts deviennent vivants, il est normal qu'en cuisine, aussi, ils inversent les pratiques.

Un zombie à sa table

Moralité, ne recevez pas de zombie chez vous ! Parce que le seul plat susceptible de l'intéresser, ce sera vous ou l'un des vôtres. Si vous n'avez vraiment pas d'autre choix, munissez-vous de chaînes, attachez votre zombie à sa chaise et servez-lui de la viande crue. On a déjà vu un zombie affamé finir par se contenter de cette nourriture. Dans *Le Retour des morts-vivants 3* (1993) de Brian Yuzna, une sorte de *Roméo et Juliette* contemporain, une petite punkette devenue morte-vivante est très amoureuse d'un jeune garçon. Elle sait bien que, si elle le croque, il deviendra mort-vivant à son tour, ce à quoi, par amour, elle se refuse. Elle se fait alors des piercings et mange sa propre chair. Ce n'est qu'un grignotage. Et elle ne peut pas se transformer en zombie, puisqu'elle l'est déjà.

Dans *World War Z* (2013) de Marc Forster, Brad Pitt trouve une autre solution pour cohabiter avec les zombies. La terre en est envahie ; en tant que médecin, il a l'idée de s'inoculer une maladie grave. À partir de ce moment-là, il devient une nourriture avariée pour les zombies qui le laissent tranquille. Mais c'est une solution temporaire, car, même s'il ne risque plus d'être dévoré, il lui faut tout de même se soigner.

La survivance de l'instinct ou d'une part d'humanité ?

> « Ils n'ont besoin ni de circulation sanguine, ni d'organes internes. Celui-là, je viens de l'amputer de tous ses organes vitaux. Il ne reste plus rien d'autre que le cerveau et les membres, et, pourtant, il réagit ! Regardez ça ! Si je comprends ce qu'il demande, il voudrait manger et pourtant il n'a plus d'estomac ! Il ne tire aucune substance de ce qu'il ingère. Il ne marche qu'à l'instinct ! »
>
> *Le Jour des morts-vivants (Day of the Dead)*, 1985.

Ce qui reste comme instinct aux zombies, c'est celui de manger, même s'ils n'ont plus d'estomac et qu'ils ne digèrent pas – on ne voit pas les zombies déféquer. Dans *Le Jour des morts-vivants*, le troisième film de Romero sur ce thème, les zombies commencent cependant à s'humaniser. Le film est une sorte de message : alors que les humains sont sous la coupe d'un régime militaire – on est en 1986, dans les années Reagan, *Rambo 2* a triomphé sur les écrans –, il suggère que, peut-être, les zombies seraient plus sages que les humains. Certains humains tentent de les domestiquer, de leur faire découvrir la musique, mais, évidemment, les militaires n'entendent rien à tout cela : ils vont supprimer les zombies domestiqués et laisser entrer les zombies sauvages, qui vont déchiqueter les derniers survivants.

Comment se débarrasser des zombies ?

Lorsqu'on est attrapé et mordu, on devient zombie juste avant de mourir. La seule solution, c'est de demander à un bon ami encore vivant : « Reste là, guette et, dès que je meurs, tu me retues. » Mais alors, comment retue-t-on un zombie ? Il n'y a qu'une seule solution pour le tuer définitivement, il faut atteindre son cerveau. Voilà un sacré paradoxe pour une créature qui semble incapable de penser : le cerveau est le point faible. Si l'on se contente de lui couper un bras, une jambe, on ne la stoppe pas. Si cela vous effraie, le plus simple est de prendre une arme à feu, de viser la tête, de tirer, et c'est terminé. Si vous n'avez plus de cartouches, ou si vous n'avez pas d'arme à feu, il faut combattre à l'arme blanche. La pioche, ou la pelle, est une arme très pratique dans ce cas. Avec une pelle, on peut décapiter un zombie… Enfin, il faut savoir bien la manier ; il est préférable de tenir sa pelle à deux mains.

Dis-moi ce que tu manges et je te dirai qui tu es !

Les humains et les zombies forment un couple étrange, ils tendent un miroir à notre société. Les films d'horreur, comme les contes pour enfants dont ils sont un peu le prolongement, viennent toujours nous dire des choses de notre monde. Si la figure du zombie est si populaire depuis la fin des années 1960, c'est qu'elle reflète notre époque.

George Romero tourne *La Nuit des morts-vivants* au moment de la guerre du Vietnam, dont les Américains voient tous les soirs des images d'horreur à la télévision. De la même manière, les premiers morts-vivants à l'écran, en France, se trouvent chez Abel Gance dans *J'accuse !* (1919), où les morts de 1914 se relèvent et viennent reprocher aux vivants leur lâcheté pendant la guerre. Romero n'a pas forcément vu le film d'Abel Gance, mais il y a chez lui cette idée de faire des morts-vivants le reflet de ce que nous sommes.

Dis-moi ce que tu manges et je te dirai qui tu es ! Le zombie vient poser cette question. Il est toujours dans une posture critique vis-à-vis de notre société.

Le clip réalisé en 1983 par John Landis, pour la chanson de Michael Jackson, *Thriller*, est vraiment un film important, parce que, si les deux premiers films de zombies de Romero sont des classiques, déjà sortis à l'époque, ils restent réservés aux amateurs de ce cinéma de genre. Le succès du clip *Thriller* – le plus vu, le plus aimé –, qui figure dans le livre des records comme le plus long – il dure quatorze minutes –, a totalement popularisé l'image des zombies. Grâce à lui, ils sont définitivement entrés dans la culture populaire.

Les derniers films de zombies de Romero nous parlent encore de notre relation à la famille, d'internet (dans *Diary of the Dead* où les images de zombies deviennent virales, c'est le mode d'information le plus fiable), d'inégalités sociales, du terrorisme : dans *Land of the Dead* (2005), la grande tour assiégée par les zombies renvoie explicitement aux tours du World Trade Center, tandis que les zombies sont assimilés aux pauvres qui veulent dévorer les richesses des privilégiés.

Chair fraîche en libre-service

Les zombies, si on ne les détruit pas, ce sont eux qui nous détruisent. C'est très bien dit dans *Dawn of the Dead – Zombie* (1978). Dans ce film de Romero, on assiste à une émission de télévision dans laquelle des savants expliquent aux rescapés comment faire pour survivre. Si on fait du sentimentalisme parce qu'on reconnaît sa femme, sa mère ou son petit garçon, on se fait manger et on devient zombie soi-même.

Quand la chaîne de télévision elle-même est menacée d'être envahie par les zombies, un petit groupe d'humains s'enfuit et trouve refuge dans un centre commercial à l'américaine, avec toutes ses galeries marchandes. Ils y disposent de tout ce qu'il leur faut pour survivre. Le problème, c'est que les zombies sont là, eux aussi. C'est très troublant, parce que c'est là qu'ils faisaient leurs courses avant de devenir des morts-vivants et qu'ils y retrouvent des automatismes, par exemple sur les escaliers roulants.

Les zombies des origines

Le film *L'Enfer des zombies* est sorti en Italie sous le titre *Zombie 2*. Les cinéastes italiens ont fait ce qu'on appelle du « cinéma bis », c'est-à-dire qu'ils ont repris et mis à leur sauce la recette déjà éprouvée de films américains qui avaient rencontré un grand succès. C'est ainsi qu'après le succès public de *Zombie* de Romero, ils ont mis en chantier, la même année, leur propre film, sorti en Italie sous le titre de *Zombie 2*, pour faire croire qu'il s'agissait d'une suite du Romero.

Derrière cette facétie commerciale, on découvre un film très intéressant, qui renoue avec la tradition vaudoue des Caraïbes, que l'on méconnaît aujourd'hui, car elle a été abandonnée par le cinéma d'horreur contemporain (depuis la fin des années 1960). Le film commence dans la baie de New York, lorsqu'un bateau arrive avec à son bord un zombie en provenance d'Haïti. Le zombie haïtien est un homme en transe, ce n'est pas encore un mort-vivant. Dans les premiers films de zombies de l'histoire du cinéma, ces derniers étaient généralement haïtiens, et ces zombies des origines ne se nourrissaient pas. C'est seulement avec *La Nuit des morts-vivants* que le zombie commence à manger de la chair humaine.

Ce qui est intéressant, c'est que les Italiens, dans leur volonté de surenchère, mettent vraiment l'accent sur la vermine. Au début du film, un garde-côte vient faire son inspection sur le bateau et le pauvre homme ne sait pas qu'il est face à un zombie. Il trouve que l'homme est peu causant et, quand il essaie de le saisir, parce que le zombie devient agressif, il ne parvient pas à l'attraper. Le zombie étant putréfié, ses mains ne retiennent que des morceaux de chair, pleins de vers et d'asticots grouillants. Mais le zombie, lui, n'a aucun mal à le déchiqueter.

Dans le premier film de zombies de l'histoire du cinéma, *White Zombie* (1932), un film américain de Victor Halperin mettant en scène le Hongrois Béla Lugosi – un des immortels interprètes de *Dracula* et des grands films fantastiques de Tod Browning –, l'objectif du protagoniste était de zombifier les humains pour les faire travailler gratuitement dans sa plantation. C'est une méthode encore plus économique que l'esclavage, puisqu'il n'était même pas nécessaire de nourrir ces travailleurs infatigables ! Dans ce film, pour transformer quelqu'un en zombie, il fallait lui dérober un objet personnel qui était ensuite utilisé dans un rituel vaudou.

Dans *L'Invasion des morts-vivants* (1966) de John Gilling, dont l'intrigue se déroule en Angleterre mais qui s'appuie encore sur la tradition du vaudou haïtien, c'est en prélevant du sang ensuite versé sur une petite poupée que l'on transforme les humains en zombies.

Une dizaine d'années plus tard, ce sera par le biais d'un vaccin qui a mal tourné qu'une épidémie va se répandre et que les zombies reviennent à Haïti dans *L'Enfer des zombies* de Lucio Fulci (1979). Dans sa manière ineffable de touiller les ingrédients pour sa propre recette, Fulci préfigure ainsi le mode de contamination par virus qui deviendra la mode dans les films de zombies les plus récents (*28 jours plus tard*, *World War Z*, *Resident Evil*, *Dernier train pour Busan*) et également dans les séries (*The Walking Dead*, *The Last of Us*).

Avec *L'Emprise des ténèbres* de Wes Craven (1988), dont le titre original, d'inspiration animiste, est *The Serpent and the Rainbow* (le serpent et l'arc-en-ciel), on revient à Haïti, dans les années 1980 cette fois, sous l'emprise des Tontons Macoutes… C'est Baby Doc et ses hommes de main qui se servent des rites vaudous pour faire régner la terreur et ils sont même parvenus à mettre au point une poudre pour rendre zombie ! Il ne faut pas prendre la poudre mélangée à la nourriture, elle tuerait pour de bon, la chair ne pourrait jamais ressusciter.

L'apothéose du gore

Dans *La Nuit des morts-vivants*, une petite fille mange son père et sa maman les surprend… situation incestueuse par excellence ! Et l'enfant n'a d'autre solution que de tuer sa mère, sans pour autant la manger ; elle va simplement la tuer à coups de truelle.

Dans *Le Manoir de la terreur* (Andreas Bianchi, 1981), une mère se fait dévorer. C'est un film italien d'Andreas Bianchi : il faut bien comprendre que le film s'inscrit dans cette vague du début des années 1980 qui surfe sur la mode des films de cannibales italiens comme *Cannibal Holocaust* (1980) de Ruggero Deodato.

Le film de Bianchi est un mélange du film de zombies et du film de cannibales, auquel il ajoute un zeste de sexe – la recette est complète. Dans ce manoir, se sont réfugiées des personnes une fois encore assiégées par des zombies. C'est un huis clos. Les passions sont exacerbées. Il y a un garçon, Michael, un peu amoureux de sa maman. Il est sans cesse en train de lui toucher les cuisses et, quand il remonte un peu trop, elle le repousse : « Non ! Tu es un dégénéré, un pervers ! » Et le pauvre enfant s'enfuit et devient la proie des morts-vivants. Alors, la mère se lamente : « Mais c'est affreux, j'ai chassé mon enfant malgré ce grand danger. » Et soudain, elle le voit revenir… « Oh mon petit garçon chéri, mon petit enfant adoré, vient contre ta jolie maman ! Ô Michael, Michael, ô mon fils, toi mon enfant que j'adore ! On ne se quittera plus. Regarde-moi ! Tu es encore un tout-petit ! Prends-le, je te le donne. Tu l'aimais tellement… Aaaaaaaahh ! »

C'est du cinéma, mais ce qui se passe là est terrible ! Cette maman folle de culpabilité offre son sein à son petit, qui n'est tout de même plus un nourrisson et, au lieu de se contenter de téter – ce qui serait déjà audacieux –, l'enfant croque le sein et le mange tout entier ! Attention c'est une scène qu'il ne faut pas montrer aux plus jeunes.

Quand le capitaine Cook passe à la casserole

Anne Pons

Anne Pons (1934-2025), écrivaine de marine, est l'autrice de Nelson contre Napoléon, d'Aboukir à Trafalgar *(Perrin, 2005),* La Pérouse *(Gallimard, 2010),* James Cook. Le compas et la fleur *(Perrin, 2015). James Cook, roturier, a commencé tout en bas de l'échelle de la Royal Navy, avant de devenir lieutenant de vaisseau et le plus grand navigateur, explorateur et cartographe britannique. Né en Angleterre le 7 novembre 1728, le 14 février 1779 il est tué et mangé à Hawaï.*

James Cook a entrepris trois grands voyages au cours desquels il a découvert un nombre extraordinaire d'îles, notamment dans le Pacifique. Il y a même un archipel qui porte son nom, les Anglais n'hésitant pas à faire du *name dropping* sur toutes les terres qui leur appartiennent ou qu'ils découvrent chez les « sauvages » comme les appelait Claude Lévi-Strauss ; on dit aujourd'hui les « naturels » ou les « natifs », mais « sauvages » rend bien compte de ce qu'était la mentalité de ces explorateurs.

On part pour des voyages infiniment longs. Une fois les navires transformés et prêts pour la navigation en haute mer, on doit embarquer les provisions nécessaires pour des mois, voire des années de traversée.

Il s'agit de navires de petite taille (environ 30 mètres de long, moins de 10 mètres de large). On embarque le bétail sur pied. Les porcs, les moutons, les bovins sont parqués dans l'entrepont. Une chèvre « immortelle » est devenue célèbre pour avoir fait deux fois le tour du monde ! Une fois avec Samuel Wallis, celui qui a découvert Tahiti, et une fois avec Cook. Le lait de cette chèvre était réservé aux officiers.

On embarque également de la viande salée dans des barriques. Les cages de volailles, entassées par douzaines, sont accrochées à l'extérieur du navire. Elles se détachent parfois et les pauvres bêtes sont perdues.

On ne sait pas si les animaux souffrent du mal de mer, mais les hommes, oui. Nelson lui-même et Joseph Banks, le savant qui va accompagner Cook et devenir le directeur de la Royal Society, en sont terriblement affectés.

On embarque aussi des légumes caloriques, des légumes secs, de la farine, des pois secs, de quoi concocter des soupes, des biscuits de mer – préparés avec de la farine salée, longuement pétrie et cuite généralement deux fois pour leur faire perdre le plus possible de leur humidité. Le résultat est assez rustique. Cook, lui, tient surtout à la choucroute qu'il stocke par tonnes et qu'il fait fermenter, pour lutter contre le scorbut.

Le problème, c'est qu'au bout de trente-cinq jours de mer les légumes pourrissent et les vivres deviennent immangeables. Les réserves d'eau s'altèrent. On l'entrepose dans des barriques, qu'il faut aérer ou passer à l'alambic, ou à travers des torchons pour qu'elle redevienne potable. Mais les marins s'aperçoivent souvent trop tard que cette eau peut les empoisonner.

Heureusement, il y a de l'alcool, beaucoup d'alcool ! Les marins le volent parfois dans les soutes. On trouve de la bière, du brandy, du vin pour les officiers, de l'arak… Le châtiment pour vol d'alcool est de douze coups de fouet. Mais quand un marin ivre passe par-dessus bord, impossible de le secourir.

Les repas à bord

À bord d'un navire de Cook, on compte environ quatre-vingt-dix marins. Tous les métiers sont représentés. Il y a évidemment les officiers, puis les savants, souvent botanistes, naturalistes, géographes, qui participent aux expéditions pour rendre compte des découvertes. Il y a aussi les charpentiers de marine, l'équipage, les mousses… et bien sûr un cuisinier. L'amirauté a voulu mettre à son service un unijambiste, que Cook a refusé et remplacé par un *cook* manchot… qui ne l'était pas pour cuisiner !

Les menus sont très différents selon qu'on est officier ou matelot. La « grande cuisine », à base de produits de la chasse et de la pêche, est destinée aux officiers. À bord, on chasse le canard et tous les oiseaux de mer par centaines, voire par milliers. Albatros, pétrels, fous de Bassan… bien cuisinés, nappés de sauce, en tourte ou en soupe, tous passent à la casserole.

Pour les matelots, les repas sont plus rudimentaires : des biscuits de mer, de la graisse incorporée dans la pâte à pain, des galettes confectionnées avec de la gélatine pour les trois jours de la semaine où l'on fait maigre, l'équipage étant composé de quakers. Parfois de la viande bouillie est au menu avec des pois, de l'avoine.

L'équipage a failli mourir de faim à plusieurs reprises, en Antarctique et en Arctique. Dans les glaces, impossible de chasser les oiseaux. On mange alors des « veaux de mer » ou des « chevaux marins », des morses qui se roulent sur la glace comme des cochons et poussent des grognements ou des rugissements bruyants. Cook note que leur nom – morses – vient sûrement du russe, car ils ne ressemblent en rien au cheval *(horse)*.

Les recettes de Cook

Cook se soucie énormément de la santé de ses hommes. Contre le scorbut, il préconise sa fameuse choucroute et des jus de citron.

Le scorbut, c'est la « peste des mers », avec toutes les descriptions horribles qu'on peut imaginer : les dents qui se déchaussent, les plaies, les ecchymoses, l'odeur infecte qui émane des malheureux malades… Cook connaît très peu de cas de scorbut, sauf lors de son premier voyage. Il donne préventivement du chou fermenté et une bière d'épinette ou de sapinette, aromatisée avec les bourgeons, les aiguilles ou l'essence d'épicéa, mélangée avec de la mélasse et puis fermentée. Il appelle ce breuvage la *Spruce Beer*, ses hommes le jugent infect mais sont contraints de le boire sous peine de coups de fouet.

La Pérouse s'est beaucoup servi des recettes de Cook contre le scorbut. Même si les vertus du citron sont connues depuis longtemps (dès le XVIIe siècle, on embarque des citrons et des oranges), rien n'est plus efficace que la choucroute et la bière de sapinette de Cook. Le commandant du navire qui navigue de conserve avec Cook pendant son deuxième voyage n'a aucune autorité. Il n'oblige pas ses marins à prendre ces « remèdes », résultat : sur son navire, beaucoup de marins sont morts ; en revanche pas un seul sur celui de Cook, qui a sauvé ses hommes en faisant régner la discipline à coups de fouet.

Escales au bout du monde

Le réapprovisionnement dépend des peuplades que Cook rencontre lors des escales.

Généralement, quand un navire atteint une baie, les indigènes envoient des pirogues, ou les marins vont chercher en chaloupe des vivres frais : noix de coco, ignames… autant de nourritures alors inconnues, mais qu'ils affirment trouver délicieuses.

Souvent dans les journaux de bord, on enjolive les choses ; il faut rassurer l'amirauté sur le bon déroulement du voyage. Ils comparent je ne sais quel poisson au veau anglais ; indiquent que les légumes sont aussi frais que ceux qu'on trouve à Londres, au marché de Covent Garden. Ces journaux de bord révèlent que les marins se montrent très enthousiastes quant à la qualité de la nourriture qu'ils découvrent.

Cook est un homme d'une austérité terrible. L'un des savants qui l'accompagnent dans son deuxième voyage – Forster – dit qu'il ne l'a jamais vu sourire. Il est sévère, mais il aime ses hommes et c'est réciproque, un peu comme Nelson. Cook est si bon navigateur que ses hommes lui font une totale confiance. Jusqu'au moment où il tombe malade. La situation alors dégénère.

Un dieu assassiné

En bons omnivores, les Maoris sont aussi cannibales. Le dessinateur du bord lors du premier voyage, l'Écossais Sydney Parkinson, a laissé ce témoignage :

> Nous trouvâmes également des ossements humains dans les bois à proximité des fours, où ils ont l'habitude de partager leurs horribles repas de minuit. Les « naturels » semblaient fiers de leur cruauté. Ils nous montrèrent leur façon d'achever leurs ennemis : ils les assomment avec leur *patou patou*, ils les ouvrent et ils les dépècent.

C'est exactement ce qui va arriver à Cook. On a trouvé des rangées de crânes pendus en haut des autels maoris, sur des piques, qui prouvent que des hommes ont été sacrifiés aux dieux. Cook a d'abord essayé de défendre cette pratique, en expliquant qu'il s'agit d'un rituel.

La première fois, à Hawaï, il a été reçu de façon très amicale. Il a même été adoré comme un dieu. Quand il se lie d'amitié avec un explorateur, le chef de l'île échange son nom – c'est le cadeau suprême. À ce moment-là, l'explorateur est révéré. C'est ce qui arrive à Cook.

Il repart ensuite chargé de nourritures fraîches. Quelques semaines plus tard, le bateau a une avarie et il est obligé de revenir. Mais le rituel calendaire a changé, ce n'est plus le même dieu qui gouverne l'île. C'est désormais le dieu de la guerre, alors qu'auparavant c'était le dieu de la paix. Les Maoris s'aperçoivent que Cook est un mortel et c'est là qu'il finit à Hawaï, sous leurs coups.

Sa mort est abominable. Il est démembré, une partie de son corps brûlée. Les Maoris ont gardé des ossements pour les révérer. Les marins demandent qu'on leur restitue sa dépouille. On leur apporte ce qui reste du capitaine, un bras, une main. Une main identifiable à sa blessure causée par un éclat de poudrière pendant la guerre de Sept Ans. Ses restes sont placés dans un linceul, avec son fusil complètement démoli, et immergés en mer, comme c'est l'usage.

La mission de Cook et La Pérouse

George III et Louis XVI, les deux monarques qui règnent à l'époque de Cook et La Pérouse, sont des passionnés d'agriculture. Ils ont de nombreux projets pour assainir leurs terres et y développer des plantations.

La mission civilisatrice qu'ils s'assignent passe par l'alimentation, les plantes et les animaux.

On assiste à un va-et-vient de plantes, de bétail et de graines entre l'Europe et ses nouvelles colonies. Les fleurs et plantes européennes se sont d'ailleurs bien acclimatées chez les « sauvages », à qui on apprend à créer des jardins et à cultiver des légumes comme les carottes. Sur le plan de l'agriculture, c'est un succès, les semences arrivant dans des bocaux bien fermés. Mais pour l'élevage, ça marche moins bien, parce que le bétail est souvent mangé avant d'avoir eu le temps de se reproduire.

Dans l'autre sens, les Européens rapportent des plantes inconnues chez eux pour les faire pousser ou pour compléter les jardins botaniques. Les jardins ainsi créés sont extraordinaires. Les Kew Gardens à Londres sont les plus beaux, selon le botaniste anglais Joseph Banks, qui a accompagné Cook dans son premier voyage au Brésil et à Tahiti ; en France, ce sont les jardins du roi. Des mers du Sud parviennent aussi des cannes à sucre, des goyaves, des ignames…

Capitaine courageux

Chaque fois qu'on lit la vie d'un explorateur ou qu'on en rencontre un, on se rend compte qu'ils ne connaissent pas la peur. Cook était peut-être le plus courageux. Il disait : « J'irai plus loin que jamais aucun autre homme n'est allé », et il l'a fait. C'était un géographe extraordinaire évidemment, car, à l'époque où il est parti, les cartes étaient encore très incomplètes avec des blancs, des pointillés... Cook a fait deux fois le tour de la Nouvelle-Zélande, il a découvert qu'il y avait deux îles ; il a reconnu la côte est de l'Australie. Il a cartographié des territoires qui ne figuraient jusqu'alors nulle part. On croyait que la Tasmanie était reliée à l'Australie. Avant Cook, le Hollandais Abel Tasman (1603-1659) avait, comme son nom l'indique, découvert la Tasmanie, sans voir l'Australie. Cook se moquait de lui en disant qu'il avait fait le tour de l'Australie sans pouvoir la découvrir !

Ces navigateurs maîtrisaient la longitude, ils savaient donc à peu près où ils se trouvaient, mais, la plupart du temps, il peut s'écouler des centaines de jours avant de rencontrer une île. Les vents tournent et ils avaient parfois l'impression qu'il s'agissait d'îles errantes, comme si elles se déplaçaient. Ils ne parvenaient pas à retrouver les îles découvertes par leurs prédécesseurs. Tout cela parce que les cartes étaient erronées. C'est là que Cook a joué un rôle majeur. Et sa grande découverte est en fait une non-découverte, pour trouver la *Terra Australis*, ce mythique continent dans le Pacifique Sud supposé « équilibrer la Terre ». Cook est allé aussi loin qu'il a pu et il ne l'a pas trouvé. Tout simplement parce qu'il n'existe pas. Pas plus qu'il n'a découvert le continent Antarctique, sa progression ayant été stoppée par les glaces. Dans son journal, Cook évoque seulement ce qu'il découvre. Ses contacts avec les « sauvages », c'est ce qui a été le plus important, être leur ami, jusqu'à y laisser sa vie et sa chair.

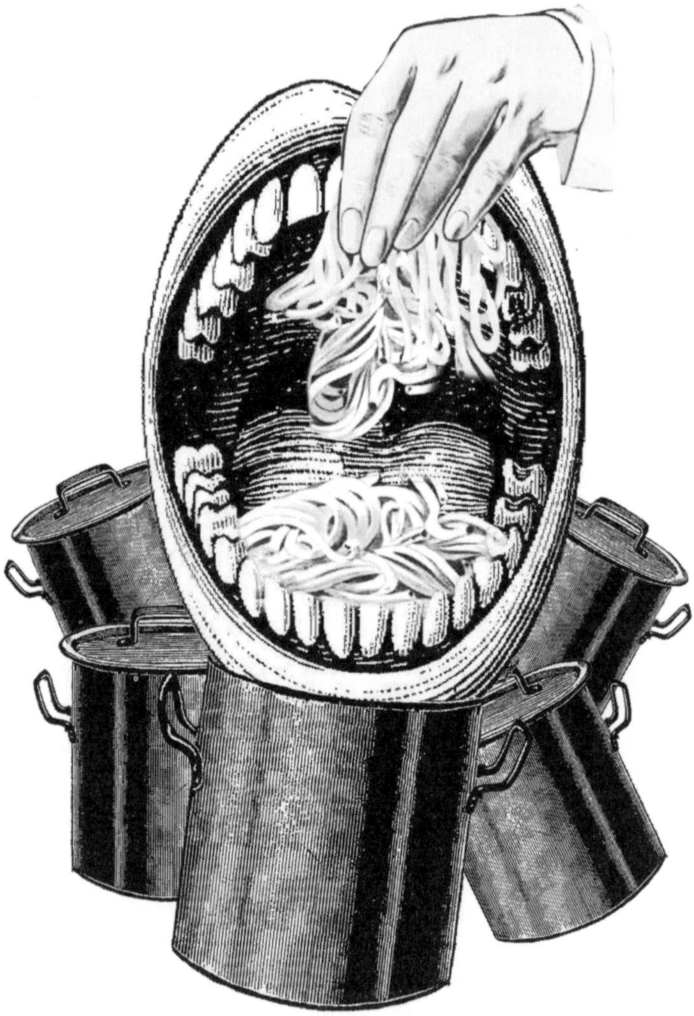

La Grande Bouffe ou l'art de creuser sa tombe avec les dents

Philippe Sarde

Philippe Sarde a composé plus de trois cents musiques de film pour Claude Sautet, Georges Lautner, Jacques Doillon, Philippe de Broca, Maurice Pialat, Roman Polanski, Pierre Granier-Deferre, Bertrand Tavernier… et bien sûr Marco Ferreri. Il se souvient de la genèse de La Grande Bouffe *(*La Grande Abbuffata, *1973), le plus gros scandale et le plus gros succès du réalisateur italien.*

Philippe Sarde se souvient des bacchanales inspiratrices du film et de la rumba lancinante, entêtante et funèbre qu'il a composée et qui accompagne ce grand banquet macabre.

J'ai commencé à travailler avec Marco Ferreri pour *Liza* (*La Cagna*, 1971), son film avec Catherine Deneuve et Marcello Mastroianni, et notre collaboration s'est terminée avec *I Love You* (1986). Après l'échec de *Liza*, plus personne ne voulait produire Marco, même son épouse refusait de le voir. Il habitait chez moi, à Paris, passage du Lido, sur les Champs-Élysées. Il dormait dans un canapé-lit, dans mon salon-salle de projection. Mon père lui montait tous les matins un petit café au lait. Un jour, Marco m'a dit : « Qu'est-ce que tu dirais d'aller manger du poisson ? J'ai très envie d'aller chez Prunier. » Nous étions avec Ugo Tognazzi et Bertrand Tavernier, l'attaché de presse de *Liza*.

Nous arrivons chez Prunier, avenue Victor-Hugo, près de l'Arc de triomphe. En entrant dans le restaurant, nous tombons sur Annie Girardot, l'épouse d'Ugo dans le film de Ferreri, *Le Mari de la femme à barbe* (*La Donna scimmia*, 1964). Annie était en train de se chamailler avec son vrai mari, l'acteur Renato Salvadori. Nous montons au premier étage où notre table est réservée... Nous mangeons comme des goinfres, tous les meilleurs plats de la carte. Mort d'épuisement, à la fin du repas, Marco se tourne vers moi, comme vers son complice et me dit en italien : « Ce qui serait bien, ce serait que tu demandes au garçon un énorme morceau de parmesan, sans la croûte. Ce soir, Ugo va nous cuisiner quatre sortes de pâtes et, sans *parmigiano reggiano*, c'est impossible. Essaye d'obtenir un assez gros un morceau. » Le garçon me prend pour un fou, mais il rapporte le beau morceau de fromage.

En sortant de table – et dans quel état ! –, nous arrivons chez moi dans un grand taxi, énorme... impossible, même pas envisageable, de rentrer à pied. Marco ne se déplaçait qu'en taxi... Après avoir discuté pendant une petite demi-heure, le temps de digérer – si on peut appeler ça digérer –, Ugo est allé dans la cuisine et a commencé la préparation de ses merveilleuses sauces. Ugo était un cuisinier hors pair, d'une extraordinaire inventivité. Les sauces qu'il composait, à la bolognaise, aux anchois, aux fruits de mer... étaient incroyables. Il a même fait un livre de recettes. Il faut l'imaginer en train de préparer ces sauces. Puis Ugo nous a dit : « Maintenant faut les laisser reposer, le moment venu, je ferai cuire les pâtes. » Marco s'est rapproché de moi : « Tu ne connaîtrais pas des putes ? » (Il convient ici de rappeler que l'action se passait dans le monde débauché du cinéma, il y a plus d'un demi-siècle.) « Oh ben, j'sais pas... faut que je passe un coup de fil. » Pendant ce temps-là, Tavernier, jeune marié, a préféré rejoindre son épouse.

Puis est arrivé le moment fatal où Ugo a plongé les pâtes dans une énorme marmite, juste le temps requis... Nous avons dressé une table dans mon salon-salle de projection. Ugo, en bon chef cuisinier, ne laissait à personne le soin de l'aider pour la cuisson des pâtes, ou la répartition des sauces. Et le morceau de parmesan, rapporté de chez Prunier, a fini râpé. Marco avait raison de demander un gros morceau sans la croûte, car je n'avais chez moi aucun couteau capable d'enlever cette croûte. Ensuite, il s'est passé ce que vous imaginez : c'est-à-dire, pâtes, bouffe, sexe ; sexe, bouffe, pâtes… Chacun est allé dans un coin de l'appartement, pour dormir ou pour continuer à baiser, ou à bouffer !

Le lendemain matin, Marco m'a dit :

« Quelle soirée, hein !

– Oui, et quel film ! Jean-Pierre Rassam est un producteur qui voudrait faire un film avec toi. Je pense franchement que les aventures que nous avons vécues hier soir et une partie de la nuit vont beaucoup l'amuser. »

Marco est revenu de chez Rassam une ou deux heures après : « Rassam est emballé, il fait le film. » (Le film a été financé en fonds propres par Jean-Pierre Rassam et Vincent Malle.)

Une petite rumba

Marco voulait absolument faire venir son scénariste espagnol, Rafael Azcona, un génie qui a écrit avec lui pratiquement tous ses films. Marco m'a demandé : « Tu sais, Philippe, ce serait quand même pas mal si tu pouvais écrire une petite musique, ça nous aiderait, notre ami espagnol et moi, à développer notre scénario. J'ai envie d'une rumba. » Je trouve le thème de la rumba au piano, il plaît beaucoup à Marco, qui ajoute : « Écoute, on va l'enregistrer avec les vieux musiciens qui ont joué avec le Hot Club de France et Django Reinhardt. »

La séance d'enregistrement avec tous ces musiciens fut absolument homérique et, comme je suis un perfectionniste, on a fait peut-être cinquante, soixante prises. Mon problème était de parvenir à réellement faire entendre le sens de la musique. Ce qui compte, c'est que la musique devienne un personnage. Il y a donc eu cette rumba, avec notre petit orchestre, puis une version jouée par Michel Piccoli au piano. C'est son père, Henri Piccoli, qui lui avait appris à la jouer. Et enfin celle d'Andréa Ferréol. Andréa était venue chez moi apprendre le thème. Elle était très douée.

Le personnage d'Andréa, l'institutrice, cette maîtresse femme, symbolise la mort. *La Grande Bouffe*, c'est beaucoup plus profond qu'une simple histoire de bouffe et de baise. Même s'il y a aussi des pâtes et des putes dans le film, ces dernières sont remerciées assez rapidement, un peu comme lors de notre soirée prémonitoire et inspiratrice. Il ne reste alors qu'Andréa et ses quatre hommes, condamnés à manger à mort ! Car ces quatre bonshommes se sont enfermés dans cette maison pour mourir ! Un suicide collectif, et l'arme du crime, c'est la bouffe. Chacun va « creuser sa tombe avec les dents ». Comme dans cette scène où Andréa offre à Philippe Noiret un flan en forme de sein nourricier et meurtrier que Noiret va téter jusqu'à ce que mort s'ensuive ! Comme cette scène où Piccoli reçoit d'Andréa Ferréol la cuillérée de purée du condamné ! Je n'ai jamais vu un film où la mort est montrée de cette manière-là. Je pense que c'est un des plus beaux films sur la mort, sous le couvert d'un film drôle, tendre, émouvant, érotique, c'est un film profondément désespéré.

Tout est écrit, rien n'a été improvisé, rien. Ferreri a choisi les acteurs dès le départ, à commencer par Ugo, présent dès les prémices, et Marcello, l'ami d'Ugo et son acteur de *Liza*. Michel Piccoli avait joué dans *Dillinger est mort* (*Dillinger è morto*, 1969) ; quant à Philippe Noiret, Marco ne le connaissait pas, mais il savait le plaisir que Philippe prenait à table.

À côté de la maison où l'on tournait, dans le XVIe arrondissement, il y avait un restaurant où Noiret se goinfrait toute la journée et buvait du champagne ! Sur le tournage, rien n'était factice ! Il y avait des camions entiers chargés de plats qui arrivaient de chez Fauchon, le traiteur du film.

La Grande Bouffe est un film totalement réaliste. Il ne faut pas oublier que Ferreri est un cinéaste réaliste. Pour les dialogues, Marco avait fait appel à Francis Blanche, qui est crédité au générique. Francis Blanche le faisait rire dans les deux ou trois sketchs qu'il avait vus de lui, mais quand il a lu ce qu'il avait écrit, ce n'était pas du Ferreri. Cela n'a pas plus à Marco, qui n'a finalement rien gardé.

La Grande Bouffe, c'est un hommage à Bacchus pour l'ivresse et le vin, mais aussi pour le festin. Que l'on pense à la scène où Ugo moule les fesses d'Andréa dans de la pâte ! D'ailleurs, quand il prépare la pâte, Ugo casse des œufs, prend de la farine ; on se croirait dans une émission de cuisine. Le déroulé de la recette est filmé dans sa quasi-totalité. Et cette recette, il ne peut la finir qu'avec le cul d'Andréa, la maîtresse de la maisonnée.

La rumba, tout le monde l'a en tête ! Je ne sais pas combien de semaines le tournage du film a duré, peut-être entre douze et quinze. Mais, pendant tout ce temps, cette musique est passée sans arrêt sur le plateau. Un véritable *leitmotiv* très important pour les acteurs, pour l'atmosphère. C'est un film extrêmement mélancolique.

Après on est passés à l'étape du montage. Le premier durait près de trois heures. Puis Marco a choisi le frère de Marcello : Ruggiero Mastroianni, également monteur des films de Fellini. Il est venu à Paris et, en trois jours, il a raccourci le film de une heure. C'est lui qui montera tous les autres films de Marco.

Puis Jean-Pierre Rassam est entré en jeu pour que le film soit sélectionné au festival de Cannes, où il y a fait un scandale historique et reçu le prix de la critique internationale *ex aequo* avec *La Maman et la Putain* de Jean Eustache. Le critique, François Chalais, a écrit : « On se demande, et je me pose toujours la question, comment Monsieur Philippe Sarde, après la si délicate musique de *César et Rosalie*, a accepté qu'on pète et qu'on chie sur sa musique. » Ce fut une véritable guerre froide qui a duré entre nous jusqu'à la fin de sa vie.

Dessert

La vie est un millefeuille

On la croque à pleines dents, en riant parfois, et puis soudain, sans qu'on s'en aperçoive, on glisse entre les couches. Certaines sont légères comme un souffle, d'autres épaisses, denses, translucides et croquantes comme une caramélisation. Il arrive même qu'on traverse un étage sans même s'en rendre compte, comme emporté par un courant invisible.

Tout a commencé – ou du moins, tout a pris forme – lors d'un enregistrement. Dans notre petit studio sans fenêtre, presque clos comme une boîte à musique. Philippe Sarde, le compositeur, notre invité, parlait d'une voix posée, douce et imperceptible à la fois. On l'écoutait avec attention, suspendus à son souffle, comme si le temps s'était mis en veille.

Mon ami Alain Kruger, créateur et animateur de l'émission, a ce don étrange de faire déborder les choses, de les laisser s'échapper aux lisières. Il frôle l'indicible, ouvre des interstices.

Et puis, sans que je m'y attende, mon regard s'est échappé. J'ai quitté la scène, sans un bruit, happé par une sensation. Je n'étais plus là. J'étais ailleurs – peut-être dans cette soirée racontée par Sarde, dans un appartement feutré du VIIIe arrondissement après un déjeuner chez Prunier. Il évoquait la genèse de *La Grande Bouffe*, sa scie musicale, les plats, les excès, les silences, l'amitié. C'était cru, drôle, un peu gênant, mais, curieusement, émouvant.

Dans cet étrange mélange de trivialité et de tendresse, quelque chose s'est ouvert en moi. Une lumière douce. Une nécessité. Je me suis dit : moi aussi, j'ai envie de nourrir. Pas seulement dire. Faire. Offrir. C'était là, soudain limpide. Nourrir, c'est aimer. C'est ma langue à moi.

J'ai imaginé un lieu. Un lieu que j'appellerais « Table ». Un endroit simple, vivant, essentiel. Un lieu qui me ressemble.

Quelques jours plus tard, dans l'avion pour Singapour, j'ai ouvert mon ordinateur. Une page blanche. Format A4. Et sans vraiment réfléchir, j'ai écrit ce mot : « Table ». Puis j'ai rempli la page. Vingt-cinq lignes. L'ADN du lieu. Tout y était déjà, comme si je l'avais porté depuis longtemps sans le savoir. Un lieu unique, intemporel.

Un endroit où j'aurais envie de manger. Une cuisine tournée vers les produits, vers les saisons. Une cuisine faite par quelqu'un qui aime nourrir, partager, donner ce qu'il a de plus sincère. Comme on le fait pour ceux qu'on aime, chez soi, sans chercher à briller.

Quelques mois plus tard, je quittais cette merveilleuse émission du dimanche midi, *On ne parle pas la bouche pleine*. Et « Table » naissait.

Bruno Verjus

Hommages et Remerciements

Je tiens à rendre hommage à Étel Adnan, Florence Delay, Anne Pons, qui m'ont accordé leur confiance et qui ont hélas disparu avant que ce livre ne paraisse.

Je salue Marc Grinsztajn qui a eu l'idée de proposer à Albin Michel d'adapter cette émission que j'avais eu tant de bonheur à concocter. Je remercie Anna Pavlowitch et Gilles Haéri, ainsi que toutes celles et tous ceux qui, dans la maison, ont œuvré à l'édition de ce livre.

Je suis très reconnaissant à mon frère, l'écrivain Jean-Yves Katelan, et à ma sœur, Danielle Bondy, de m'avoir accompagné pour l'adaptation et la relecture scrupuleuse des textes ; merci aussi à mon fils, l'avocat Léopold Kruger, pour ses excellents conseils.

Merci à Olivier Poivre d'Arvor d'avoir transformé une série estivale en rendez-vous régulier sur France Culture et à Romain de Becdelièvre, Dominique Compétissa et Daphné Abgrall de m'avoir aidé dans la préparation des émissions et l'accueil de nos invités.

Et enfin, ma profonde gratitude va à mes chers invités, ces merveilleuses personnes qui ont partagé généreusement leur culture de ce monde vu du ventre et à vous, fidèles auditrices et auditeurs devenus lectrices et lecteurs.

Frise p. 9, 13, 411 © Shutterstock / Wonder Vibes Studio

Impression : Normandie Roto Impression s.a.s. en octobre 2025
Éditions Albin Michel
22, rue Huyghens, 75014 Paris
www.albin-michel.fr
ISBN : 978-2-226-48850-3
N° d'édition : 25663/01
N° d'impression : 2503863
Dépôt légal : novembre 2025
Imprimé en France